KB069301

흥미로운
중국어 글쓰기

흥미로운
중국어 글쓰기

이종구 지음

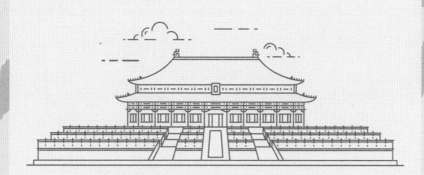

IB 인터북스

필자는 20여 년 전부터 중국어 전공자들의 중국어 실력 향상에 어떻게 하면 실질적인 도움을 줄 수 있을까 하는 고민을 하다 이전에는 시도되지 않았던 방법을 개발하게 되었다.

필자가 생각하는 중국어 잘하기의 첩경은 많은 중국어로 된 문장을 접하는 것이라고 본다. 그러나 아무런 문장이나 접하는 것은 자칫 흥미 유발을 하지 못해 결과적으로 성공적인 학습으로 연결되지 않을 가능성이 크다. 즉, 흥미 유발이 우선이라는 것이다. 그래서 필자는 누구나가 보편적으로 흥미를 느낄 만한 소재의 스토리를 발굴하여, 그 위에 학생으로 하여금 직접 그 문장을 작성하도록 하는 장치의 개발이 필요하다 여겨졌다. 그래서 고안해낸 방법이 흥미로운 스토리를 제시하되, 곧바로 중국어 문장을 제시하는 것이 아니라, 학생으로 하여금 스스로 생각하면서 중국어 문장을 완성하도록 하는 방법을 만들어내게 되었다. 즉, 병음을 한국어 문장과 더불어 제시하고, 학생으로 하여금 그것을 漢字로 옮기게 하여, 과정에서 중국어 문장 구조를 자연스럽게 터득하게 함으로써, 그로 인해 중국어 독해력 및 작문 실력을 쌓아가게 하는 것이다. 이렇게 수업을 들을 학생 중엔 이미 HSK 6급 취득자도 많은데, 그들은 하나 같이 이 방법이 훌륭하다고 입을 모은다.

이러한 형식의 교재편찬은 이미 2017년 한 차례 있었으나. 좀 더 다양한 스토리가 필요하다 여겨져, 새로이 100편 가까운 문장을 가져와 새 교재를 구성하게 되었다. 모쪼록 이 교재를 접하는 학생들 모두가 끝부분까지 漢字 옮기기를 실천하여, 하루빨리 중국어통달자로 탈바꿈하길 희망할 따름이다.

2020년 여름 끝자락에서
저자 이종구 씀

01 '吹牛皮'가 뭐지?
Shénme jiào 'chuī niúpí'?

사람들은 흔히 "소가죽은 부는 것이 아니고, 태산은 쌓는 것이 아니다."라는 말로 허풍을 떠는 사람들을 비꼰다. 왜 허풍을 떠는 것을 "소가죽을 불다"라고 할까?

Rénmen cháng yòng "Niúpí bú shì chuī de, Tàishān bú shì lěi de" zhè jù huà lái jīfěng nàxiē shuō dàhuà de rén。 Wèishénme bǎ shuō dàhuà jiàozuò "chuī niúpí" ne?

옛날에, 황하의 상류는 물살이 급하고 여울이 험해, 대나무로 만든 뗏목으로 가로 지르는 것은 매우 위험했다. 그래서 소가죽을 꾀 매어 만든 가죽 뗏목을 발명해서 강을 건너는 도구로 삼았다. 하지만 소가죽 뗏목은 바람을 넣어야 했는데, 그 당시에는 공기 펌프 같은 공기를 넣는 도구도 없어서, 물에 들어가기 전에는, 반드시 사람이 입으로 불어야만 했는데, 충분한 기력이 없으면 불수가 없었다. 따라서 소가죽 뗏목에 바람을 불어넣는 것은 한 사람의 능력의 크기를 가늠하는 상징이 되었다. 누구든지 자신이 능력이 있다 말하거나 허풍을 잘 떠는 사람이 있으면, 사람들은 그에게 "네가 진짜 능력이 있으면 황하강가에 가서 소가죽을 불어봐!"라고 대꾸하곤 했다. 오랜 시간이 흘러, "소가죽을 불다"는 "허풍떨다"의 대명사가 되어버렸던 것이다.

Gǔshíhòu, Huánghé shàngyóu shuǐ jí tān xiǎn, yòng zhúmù zhìchéng de fázi héngdù hěn bù ānquán, yúshì jiù fāmíng le yòng niúpí féngzhì de pí fázi dāngzuò dùhé de gōngjù。

Dàn niúpí fázi xūyào chōngqì, nàshí yòu méiyǒu dǎqìtǒng zhīlèi de chōngqì gōngjù, xiàshuǐ shí quán kào rén yòng zuǐ chuī, méiyǒu zúgòu de qìlì shì chuī bù qǐlái de. Yīncǐ, gěi niúpí fázi chuīqì jiù chéngwéi héngliáng yígè rén nénglì dàxiǎo de biāozhì. Shéi yào shuō zìjǐ yǒu běnshì huò hǎo shuō dàhuà de rén, rénmen jiù huì duì tā shuō :"Nǐ yǒu zhēn běnshì qù huánghébiān bǎ niúpí chuī qǐlái!" Jiǔérjiǔzhī, "chuī niúpí" jiù chéng le shuō dàhuà de dàimíngcí.

'商人'은 어디에서 왔나?

'Shāngrén' cóng hé ér lái?

사람들은 '장사치', '매매인', '거래인' 및 노점상들을 모두 통틀어 '상인'이라고 부른다. 이 "商"은 중국 역사상의 商나라의 "상"과 직접적인 관계가 있는 것으로, "상인"이라는 단어는 바로 "상나라의 사람"에서 부터 변천되어진 것이다.

Rénmen bǎ "shēngyì rén"、"mǎimài rén"、"jiāoyì rén" jí tānfàn tǒngchēng wéi shāngrén。 Zhè ge "shāng" yǔ Zhōngguó lìshǐ shàng de Shāng cháo zhī "Shāng" yǒu zhíjiē de guānxi, "shāngrén" zhè ge cí jiùshì yóu "Shāng cháo zhī rén" yǎnbiàn lái de。

商은 중국 노예사회의 한 왕조이다. 상나라의 통치가 주 왕조에 의해 전복된 후, 상나라 신하와 백성의 지위는 매우 하찮게 되어, 그들은 정치적 권리도 없고, 땅도 잃었다. 그들은 도성에서 외지로 옮겨갔고, 판매활동으로 생계를 유지할 수밖에 없었다. 시간이 길어지자, 이러한 행위는 고정된 직업을 이루게 되었다. 이 직업에 종사하는 대부분의 사람들이 상나라 유민이었기 때문에, 주나라 사람들은 그들을 "상인", 즉 "상나라 사람"이라 불렀다. 더불어 그들이 하는 거래 매매를 "상업"이라고 부르고, 판매하기 위해 만들어낸 물품을 "상품"이라고 불렀던 것이다. 이 호칭들은 지금까지도 그대로 답습되어지고 있다.

"Shāng" shì Zhōngguó núlì shèhuì de yí ge cháodài。 Shāng cháo de tǒngzhì bèi Zhōu wángcháo tuīfān hòu, Shāngcháo chén mín de dìwèi shífēn dīxià, tāmen jì méiyǒu zhèngzhì quánlì, yòu sàngshī le tǔdì. Tāmen cóng dūchéng qiān wǎng wàidì, zhǐhǎo yǐ fànmài huódòng lái wéichí shēngjì. Rìzi yì cháng, zhè zhǒng huódòng biàn xíngchéng le yí ge gùdìng de zhíyè. Yóuyú cóngshì zhè ge zhíyè de rén dàdōu xì Shāng cháo yímín, suǒyǐ Zhōu rén chēng tāmen wéi "Shāngrén". Bìng jiāng tāmen suǒ zuò de jiāoyì mǎimài, chēng zhī wéi "shāngyè", jiāng wèile chūshòu ér shēngchǎn de wùpǐn chēng wéi "shāngpǐn" děngděng. Zhèxiē chēnghū yìzhí yánxí zhì jīn.

03 '公主'의 남편을 왜 '駙馬'라고 하나?
Wèishénme bǎ gōngzhǔ de zhàngfu jiàozuò fùmǎ?

    사람들은 "부마"가 황제의 사위를 이르는 말임을 다 알고 있다. 그러나 사실 부마란 어휘에 이 뜻이 생기기 전에는, 고대 관직의 줄임말로, 온전한 명칭은 부마도위駙馬都尉였고, 한나라 때 황제의 고급 시종관으로, 그 직책은 황제의 안전을 보위하는 것이었다.

    Rénmen dōu zhīdào fùmǎ shì zhǐ huángdì de nǚxu, qíshí fùmǎ zài cǐyì chǎnshēng yǐqián, shì gǔdài yìzhǒng guānzhí jiǎnchēng, quánchēng shì fùmǎdūwèi, wéi Hàn shí huángdì de gāojí shìcóngguān, qí zhízé shì bǎowèi huángdì de ānquán.

    그 당시 황제가 밖으로 순시를 나갈 때면, 자객을 막기 위해, 언제나 그가 탄 正車 외에, 여러 대의 副車를 따로 세웠는데, 그 외관의 장식은 正車와 완전히 똑같게 하여, 차의 부대를 결성하여 움직였으며, 이 副車들의 관리를 책임지는 관리가 부마도위였다. 부마도위는 부수입이 많은 직책肥缺으로, 년 수입이 2000석으로, 예로부터 주로 황제의 친척이나 공후왕손이 맡았다.

    Dāngshí huángdì chūxún, wèi fáng cìkè, cháng zài tā chéngzuò de zhèngchē yǐwài, lìngshè fùchē ruògàn liàng, qí wàiguān zhuāngshì yǔ zhèngchē wánquán yíyàng, jiéchéng chēduì ér xíng, fùzé zhǎngguǎn fùchē de guān jiù jiào fùmǎdūwèi. Fùmǎdūwèi shì ge féiquē, niánxīn fèng èr qiān shí, lìlái duō wéi huángqīn guóqī, gōnghóu wángsūn dānrèn.

晉나라 때에 이르러, 晉武帝 司馬炎은 이렇게 중요한 직위를 다른 사람이 맡는 것은 미덥지 못하다 여겨, 공주의 남편만이 이 직위를 수여받을 수 있도록 규정하였다. 성정이 호방하고 사치스러워, 돈을 물 쓰듯이 한 王濟도 진 무제의 딸 상산공주와 결혼하였기 때문에, 부마도위로 봉하여졌고, 부마란 이름으로 줄여서 불렸다. 이때에 이르러서는, 부마란 명칭이 황제 사위란 뜻의 정식적인 대명사가 되어버렸다.

　　Dào le Jìn cháo, Jìn Wǔdì SīmǎYán pà zhèyàng zhòngyào de zhíwèi yóu biéren dānrèn bù kěkào, guīdìng zhǐyǒu gōngzhǔ de zhàngfu cái néng shòugěi zhè ge zhíwèi。 Xìngqíng háochǐ, huī jīn rú tǔ de WángJì yě yīn qǔ le Jìn Wǔdì zhī nǚ chángshān gōngzhǔ, fēng wéi fùmǎdūwèi, jiǎnchēng fùmǎ。 Zhìcǐ, fùmǎ zhèngshì chéng le huángdì nǚxù de dàichēng。

천당과 지옥
Tiāntáng hé dìyù

선종에 한 이야기가 전해진다. 한 노승이 좌선을 하고 있는데, 무사 한 명이 들어왔다. 이 무사는 산 넘고 물 건너 꽤나 고생해서 온 것으로, 천당과 지옥이 어디 있는지 알고 싶었다.

Chánzōng yǒu yí ge gùshì。 Yǒu yí wèi lǎosēng zài dǎzuò de shíhou, jìn lái le yí ge wǔshì。 Zhè ge wǔshì chángtú báshè ér lái, xiǎng yào zhīdào tiāntáng hé dìyù dàodǐ zài nǎlǐ。

그는 들어오자마자 소리쳤다. "노스님, 알려주세요, 천당과 지옥은 어디에 있나요? 눈을 뜨고, 빨리 대답해주세요!"

Tā yí jìnlái jiù hǎndào。 "Lǎo héshàng, nǐ gàosu wǒ tiāntáng hé dìyù dàodǐ zài nǎr? Nǐ zhēngkāi yǎn gǎnjǐn huídá wǒ。"

노스님은 그를 쳐다보고 말을 했다. "당신은 말이에요, 옷도 잘 갖추어 입지 않고, 이처럼 오만하며, 이처럼 우악스럽거늘, 이러한 문제를 묻는 게 가당하다고 생각하나요?"

Lǎosēng zhēngkāi yǎnjīng kàn le kàn tā, shuō: "Nǐ zhèyàng yí ge rén yīshān bù zhěng, rúcǐ àomàn, rúcǐ cūlǔ, hái pèi lái wèn zhèyàng de wèntí?"

무사는 조급해져, 자신의 무기를 꺼내어, 달려들어 노승을 내리치려, 손을 치켜드는 순간, 노승이 그에게 말을 했다. "알겠어요? 이게 바로 지옥이요."

Wǔshì jí le, ná chū zìjǐ de wǔqì, shànglái yào dǎ lǎosēng, shǒu gānggang jǔ qǐlái, lǎosēng gàosu tā shuō: "Míngbai ma? Zhè jiùshì dìyù。"

이 때, 무사는 퍼뜩 깨달음을 얻게 되었다. 그의 손은 허공에 멈춘 채, 이 노승을 보며, 얼굴에 부끄러운 기색을 보였다.

Zhè ge shíhòu wǔshì tūrán míngbai le。 Tā de shǒu tíng zài bànkōng zhōng, kàn zhe zhège lǎosēng, liǎnshàng lùchū cánkuì zhī sè。

이 때, 노승이 또 넌지시 그에게 말했다. "지금이 바로 천당이오." 천당과 지옥은 이처럼 짧은 사이에 존재한다.

Zhèshíhòu lǎosēng yòu jìngjìng de gàosu tā shuō: "Xiànzài jiùshì tiāntáng le。" Tiāntáng hé dìyù jiù zài yí niàn jiān。

샌프란시스코의 중국명칭은?

Jiùjīnshān zhǐ nǎr?

샌프란시스코는 미국 서부 태평양 연안의 가장 큰 도시이며, 본명은 샌프란시스코이다.

Jiùjīnshān shì Měiguó xībù Tàipíngyáng yán'àn de zuì dà chéngshì, běnmíng Shèngfúlánxīsīkē。

샌프란시스코는 화교들이 '금산', 즉 금을 캐는 곳이라고 부른다. 18세기 때, 사람들은 이곳에서 4억 달러 어치이상의 금을 개발하였고, 그래서 "금산"이라는 명성을 얻게 되었다. 그러나 금을 남김없이 모두 파낸 뒤로는, 금을 캐낸 자들이 점점 이동해버려, 사람들은 이곳을 "옛 금산"이라고 부르게 되었다.

Jiùjīnshān, huáqiáo chēng zhī wéi "Jīnshān", jí táojīn de dìfang。 shí bā shìjì shí, rénmen zài zhèlǐ kāifā chū jiàzhí sì yì duō měiyuán de huángjīn, yúshì bódé le "Jīnshān" de měimíng。 Dàn jīnzi wākōng zhī hòu, táojīn zhě zhújiàn zhuǎnyí, yīn'ér rénmen chēng zhè dìfang wéi "Jiù jīnshān"。

19

19세기 중반에, 하그레브스哈格雷夫斯라는 사람이 있었는데, 그는 호주의 시드니에서도 금광석을 발견해냈다. 1869년, 사람들은 멜버른墨尔本 근처에서 중량 70킬로그램짜리의 초대형 금덩이를 발견했다. 미국의 舊金山과 구별하기 위해서, 멜버른은 新金山으로 불리게 되었다. 新金山은 단지 舊金山의 상대적 별칭일 뿐으로, 지명은 여전히 멜버른이다. 하지만 舊金山은 고정적인 지명이 되어버렸다. 이는 아마도 미국에 사는 화교들이 호주에 사는 화교보다 그 수가 많기 때문일 것이다.

Shí jiǔ shìjì zhōngqī, yǒu ge jiào Hāgéléifūsī de rén, zài Àozhōu Xīní yě fāxiàn le jīnkuàng. Yī bā liù jiǔ nián, rénmen zài Mò'ěrběn fùjìn fāxiàn yí zhòng qī shí gōngjīn de tèdà jīnkuài. Wèi qūbié yú Měiguó de Jiùjīnshān, Mò'ěrběn bèi chēngwéi Xīnjīnshān. Xīnjīnshān zhǐshì yú Jiùjīnshān xiāngduì de biéchēng éryǐ, dìmíng réng jiào Mò'ěrběn, ér Jiùjīnshān chéngwéi gùdìng de dìmíng. Zhè dàgài shì yīnwèi zhù zài Měiguó de huáqiáo duō yú Àozhōu de huáqiáo de yuángù ba.

샌프란시스코는 산과 강으로 둘러싸여있으며, 풍광이 수려하고, 경치가 아름다운, 세계적으로 유명한 관광지이다.

Jiùjīnshān shān huán shuǐ bào, fēngguāng yǐnǐ, jǐngsè xiùlì, shì shìjiè zhùmíng de lǚyóu shèngdì.

鲁迅은 왜 의사되기를 포기했나?
Lǔ Xùn wèihé qì yī cóng wén?

처음, 노신은 의학을 통해 중국인의 체력을 회복하여 민족의 위기와 패망을 구하려 했지만, 그의 이런 꿈은 오래가지 못하고 혹독한 현실에 의해 산산조각이 되고 말았다.

Qǐchū, LǔXùn xiǎng tōngguò yīxué qiángjiàn zhōngguórén de tǐpò, wǎnjiù mínzú wēiwáng, dàn tā de zhè zhǒng mèngxiǎng méiyǒu wéichí duōjiǔ jiù bèi yánkù de xiànshí fěnsuì le。

한 번은, 한 영화 속에서, 루쉰은 "체격은 건장한데 표정이 마비된 듯 무표정한" 수많은 중국인들이, 냉담한 표정을 한 구경꾼들에 둘러싸인 채 러시아 간첩으로 몰려 처형되는 동포들의 모습을 보게 되었다. 노신은 엄청난 충격을 받았고, 이것은 그에게 정신적 무감각이 육체적인 허약함보다 더 무섭다는 것을 깨닫게 했다. 그래서 그는 의학을 버리고 문학을 따르게 되어, 센다이 의학전문학교를 떠나 도쿄로 돌아와 외국 문학작품을 번역하고, 문학잡지를 기획하는 등, 문학 활동에 종사하게 되었다.

Yǒu yícì, zài yì chǎng diànyǐng zhōng, LǔXùn kàndào zhòngduō "tǐgé qiángzhuàng, shénqíng mámù" de zhōngguórén, zài dànrán de wéiguān bèi dāngzuò Éguó zhēntàn chùsǐ de tóngbāo。 LǔXùn shòudào jídà de dǎjī, zhè shǐ tā rènshi dào, jīngshén shàng de mámù bǐ shēntǐ shàng de xūruò gèngjiā kěpà。 Yúshì tā qì yī cóng wén, líkāi Xiāntái yīxué zhuānkē xuéxiào, huídào Dōngjīng, fānyì wàiguó wénxué zuòpǐn, chóubàn wénxué zázhì, cóngshì wénxué huódòng。

당시 그는 친구들과 가장 많이 토론을 벌였던 주제가 중국 국민성에 대한 것으로, 어떠한 것이 이상적인 인성이며, 중국 국민성 중 가장 부족한 것은 무엇이며, 그 병의 뿌리는 어디에 있는가 하는 것들이었다. 이러한 사고를 통해, 루쉰은 개인의 인생 체험을 중국민족 전체의 운명과 연관 지음으로써, 그의 훗날 문학가와 사상가로서의 기초를 다지게 되었다.

Dāngshí, tā yǔ péngyou men tǎolùn zuì duō de shì guānyú Zhōngguó guómínxìng de wèntí: Zěnyàng cái shì lǐxiǎng de rénxìng? Zhōngguó guómínxìng zhōng zuì quēfá de shì shénme? Tā de bìnggēn hé zài? Tōngguò zhèzhǒng sīkǎo, Lǔ Xùn bǎ gèrén de rénshēng tǐyàn tóng zhěngge zhōnghuámínzú de mìngyùn liánxì qǐlái, diàndìng le tā hòulái zuòwéi yíge wénxuéjiā、sīxiǎngjiā de jīchǔ。

청바지를 왜 '牛仔褲'라 하지?

Niúzǎikù de yóulái

1950년대에, 미국 서부에는 골드러시 현상이 나타났다. 리바이스·스트라우스勒维·斯特劳斯라는 독일 청년이 황금을 찾는 사람들이 반드시 거쳐 가는 곳 — 샌프란시스코에 오게 되었고, 거기에 정착해서 텐트를 파는 작은 가게를 열었다.

Shí jiǔ shìjì wǔ shí niándài, Měiguó xībù chūxiàn le táojīnrè。 Yí wèi míng jiào Lēiwéi Sītèláosī de Déguó qīngniánrén láidào táojīn zhě de bìjīng zhī dì — Jiùjīnshān, bìng zài nàlǐ luòjiǎo kāishè le yì jiā jīngyíng zhàngpéng de xiǎo diàn。

가게는 열었지만, 찾아오는 사람들은 거의 없었다. 그는 창고에 쌓아둔 텐트 천을 죄다 바지로 만들기로 결정하는데, 얼마 지나지 않아, 바닥이 나도록 다 팔리고 말았다. 나중에 그는 옷 공장을 하나 만들어, 이 바지를 개량하여, 바지의 허리 부위와 엉덩이 부위의 호주머니 위에 구리로 된 금속 잠금장치를 달아, 바지로 하여금 새로움과 독특함을 갖게 하였는데, 아주 이채로웠다. 이 호주머니가 여러 개인 바지는 재질이 튼튼하여, 오래도록 입을 수 있어, 서부의 목동들이 입기에 훨씬 적합했는지라, 특수한 형식의 목동작업복으로 자리 잡게 되었다. 이 바지는 홍콩을 통해 최초로 중국의 광동지역에 들어오게 되었는데, 광동사람들은 목동을 "뉴짜이"라고 불렀던지라, 그들은 이 바지를 "뉴짜이쿠"라 부르게 되었다.

Xiǎo diàn kāizhāng hòu, jīhū wúrénwènjīn。 Tā juédìng bǎ kùcún de zhōngpéngbù quánbù zuò chéng kùzi chūshòu, guǒrán méi guò duōjiǔ, biàn xiāoshòu yìkōng。 Hòulái tā yòu kāishè le yì jiā fúzhuāngchǎng, duì zhèzhǒng kùzi jìnxíng le gǎijìn, zài kùzi de yāobù hé tūnbù de kǒudài shàng zhuāng le jǐ gè tóngdīng tiě kòu, shǐ kùzi xīnyǐng dútè biéjùyìgé。 Yóuyú zhèzhǒng duō kǒudài de kùzi yòngliào hòushí, nàichuān, gèng shìhé xībù mùqū mùtóng chuān yòng, zhèyàng biàn xíngchéng le yìzhǒng tèshū kuǎnshì de mùtóng gōngzuòfú。 Zhèzhǒng kùzi jīng xiānggǎng zuìxiān chuánrù Zhōngguó Guǎngdōng, ér Guǎngdōngrén chēng mùtóng wéi "niúzǎi", suǒyǐ tāmen jiù bǎ zhèzhǒng kùzi jiàozuò "niúzǎikù"。

이러한 형태의 옷이 미국 서부 영화에 자주 나타났기 때문에, 청바지는 미국 청년들이 추구하는 유행용품이 되었으며, 동시에 세계각지에서도 빠르게 유행되어지게 되었다.

Yóuyú niúzǎi de xíngxiàng jīngcháng zài Měiguó xībù diànyǐng shàng chūxiàn, niúzǎikù biàn chéngwéi Měiguó qīngniánrén zhuīqiú de shíshàng, bìng hěnkuài fēngxíng shìjiè gèdì。

'上當'이 무슨 뜻이지?

'Shàngdàng' de yóulái

사람들은 속는 것을 '上当'이라고 부른다. 사실 "上当"의 본래의 뜻은 전당포에 가서 물건을 전당 잡히는 것이다.

Rénmen bǎ shòupiàn jiàozuò "shàngdàng". Qíshí, "shàngdàng" de běnyì jiùshì qù dàngpù diǎndàng dōngxī.

소문에 따르면 청말 시기에, 清河지역에 왕(王)씨 성을 가진 가문이 전당포를 차려서, 집안 대대로 경영하였는데, 장사가 나름 잘되었다고 한다. 몇 대가 지난 후, 王씨 가족들은 경영을 게을리 하기 시작하여, 자금을 전당포에 묻어두고 주식을 투자하는 주주가 되었다. 전당 업무는 寿萱이라는 젊은이가 주관하였다. 寿萱는 책을 읽는 문인으로, 장사에 대해서 뭘 잘 몰랐으며, 전당 업무를 처리하는 것도 아주 제멋대로였다.

Xiāngchuán wǎn Qīng shíqí, Qīnghé yǒu jiā xìng Wáng de kāile yì jiā dàngpù diàn, shìdài jīngyíng, shēngyì dào yě hónghuo. Jǐ dài yǐhòu, Wáng shì zúrén kāishǐ lǎn yú jīngyíng, bǎ zījīn cún dào dàngpù lǐ zuò le rùgǔ de gǔdōng. Yí ge jiào ShòuXuān(壽萱) de niánqīngrén zhǔchí le dàngpù yèwù. ShòuXuān(壽萱) shì gè dúshū de wénrén, bìng bù dǒngdé shēngyìjīng, chǔlǐ diǎndàng yèwù fēicháng suíbiàn.

왕씨 가족들은 좋은 기회라고 생각하여, 집에서 쓸모없거나 필요 없는 물건들을 꺼내서 자기 가게에 가서 전당 잡히고 고가를 책정했다. 전당포 점원은 그들이 본인과 같은 성씨의 주주임을 알기에, 감히 밉보일 수가 없어, 값을 부르는 대로 돈을 지불해야만 했으며, 寿萱 또한 막으려하지 않았다. 이렇게 몇 달도 지나지 않아, 전당포의 원금은 얼마 남지 않게 되어, 한때 자금이 넘쳐나던 이 전당포는 이렇게 파산하고 문을 닫아버리게 되었다.

Wáng shì zúrén rènwéi yǒujī kě chéng, dōu cóng jiāzhōng ná chū yìxiē xiánzhì huò wúyòng de wùjiàn, dào zìjiā dàngpù lǐ diǎndàng, bìng zì dìng gāojià。 Dàngpu huǒjì jiàn shì běnzú gǔdōng, bù gǎn dézuì, zhǐhǎo rú shǔ fù qián, ShòuXuān yě bù zǔlán。 Zhèyàng méi guò jǐ gè yuè, dàngpù yuánběn suǒ shèng wújǐ, zhè jiā zījīn chōngyíng de dàngpù jiù zhèyàng pòchǎn dǎobì le。

훗날, 사람들은 사기를 당하고 손해를 보는 것을 '上当'이라고 하게 되었다.

Hòulái, rénmen jiù bǎ shòupiàn, chīkuī jiàozuò "shàngdàng" le。

'넥타이'의 유래
Lǐngdài de yóulái

양복을 입을 때, 넥타이는 화룡점정 역할을 한다. 그것에는 하나의 진화 과정이 있다. 고대에 깊은 산속의 오래된 숲속에 살던 게르만日耳曼인은 사냥을 주로 했으며, 그들은 짐승의 가죽을 몸에 걸쳐 보온하여 추위를 막았는데, 짐승의 가죽이 벗겨지지 않도록, 새끼줄로 그것을 목에 묶었다. 이것이 넥타이의 초기형태라고 한다.

Zhuó xīzhuāng shí, lǐngdài qǐ zhuó huàlóngdiǎnjīng de zuòyòng。 Tā yǒu yíge yǎnhuà guòchéng。 Gǔdài jūzhù zài shēnshān lǎolín lǐ de Rìěrmàn rén yǐ shòuliè wéi zhǔ, tāmen pī zhe shòupí qǔnuǎn yùhán, wèile bù shǐ shòupí tuōluò, jiù yòng cǎoshéng bǎ tā zā zài bózi shàng。 Jùshuō zhè jiùshì lǐngdài de chúxíng。

진정으로 "넥타이"의 의미가 약간 있는 것은, 17세기 중엽의 유럽에서 최초로 나타났다. 1660년, 프랑스가 고용한 크로아티아克罗地亚 기병대가 전쟁에서 승리하여 파리巴黎 번화가에 등장했는데, 기사들마다 말쑥한 제복을 입었고, 목덜미에 흰색 천을 매고 있었는데, 유행에 민감한 파리사람들로부터 커다란 관심을 받게 되었고, 이내 서로 경쟁하여 모방을 했고, 그렇게 하는 것을 자랑으로 여기게 되었다.

Zhēnzhèng yǒudiǎn "lǐngdài" yìwèi de, zuì zǎo chūxiàn yú shí qī shìjì zhōngyè de

Ōuzhōu。Yī liù liù líng nián, Fǎguó gùyòng de yì zhī Kèluódìyà qíbīngduì kǎixuán zǒu dào Bālí nàoshì jiētóu, qíshì men gège chuān zhuó zhěngqí bǐtǐng de zhìfu, bójǐng shàng xì zhe yì tiáo báisè bùtiáo, zhè yǐnqǐ le chóngshàng shímáo de Bālí rén de jídà xīngqù, suíjí zhēngxiāng mófǎng, yǐ shì róngyào。

그 후, 한 신하가 입조를 하면서, 목덜미에 흰색 비단 수건을 매고, 거기에 또 예쁜 나비넥타이를 맨 상태였다. 루이 14세는 크게 찬사를 보냈고, 나비넥타이를 고귀한 표시로 선포하여, 상류 인물들이 모두 이렇게 치장하도록 명령하였다. 현재의 나비넥타이는 끊임없는 변화 과정을 거쳐 1850년경에 이르러서야 비로소 정형화되었다.

Hòulái, yí wèi dàchén shàngcháo shí, bójǐng shàng xì zhe yì tiáo báisè chóujīn, hái dǎ zhe yí gè piàoliang de lǐngjié。Guówáng Lùyì shísì dàwéi zǎnshǎng, bìng xuānbù yǐ lǐngjié wéi gāoguì de biāozhì, xiàlìng shàngliú rénwù dōu rúcǐ dǎbàn。Xiàndài de huó lǐngjié jiùshì jīngguò búduàn yǎnbiàn dào yī bā wǔ líng nián qiánhòu cái dìngxíng de。

'성냥'의 유래
'Huǒchái' de yóulái

19세기 초, 왈크华尔克라는 영국인은 유황과 인의 혼합물을 막대에 발라서 마찰을 하면 불을 낼 수 있는 성냥을 만들었다. 그 후 스웨덴인 렌스트로伦斯特罗는 독이 없는 아카인赤磷을 성냥머리로 사용했는데, 이것이 지금 통행되어지는 안전성냥이다.

Shí jiǔ shìjì chū, yí wèi míng jiào Huáěrkè de Yīngguórén bǎ liúhuáng hé lín de hùnhéwù tú zài mùgùn shàng, zhìzào chū yìzhǒng jīng mócā biàn néng fāhuǒ de huǒchái。 Hòulái Ruìdiǎn rén Lúnsītèluó yòu zuò le jìn yíbù de gǎijìn, cǎiyòng wúdú de chìlín zuò huǒchái tóu jiùshì xiànzài tōngxíng de ānquán huǒchái。

성냥이 '洋火'로 불리게 된 것은 淸나라 도광道光황제 때라고 한다. 1839년, 영국의 한 상인이 몇 통의 성냥을 선물로 삼아 중국 청나라 도광황제에게 조공을 하게 되었다. 도광황제는 이 영국 상인이 허리를 굽히지 않고 무릎을 꿇지 않는 것이, 무례하기 그지없다 여기며, 곧 얼굴에 노기를 띠었다. 수행대신은 급히 무릎을 꿇고 아뢰었다. "오랑캐나라 사람들은 상국의 예의를 알지 못하오니, 황제께선 화를 삭이시고, 서양인이 불을 취하는 걸 보십시오." 얼핏 보니, 영국 상인은 상자 안에서 작은 나뭇가지를 꺼내어, 붉은 색이 칠해진 머리를, 거친 철판 위에, 살짝 그으니, 곧 "쉬릿"하는 소리를 내며 불이 붙는 것이었다. 도광 황제와 여러 신하들은 이 서양식 놀이를 본 적이 없어서, 마술이거니 하고 여겼다. 도광 황제는 "양인이 발명한 양화洋火의 사용은 편리하군."하고 말했다.

Huǒchái chēngwéi yánghuǒ jùshuō shì Qīng Dàoguāng huángdì shǒuchuàng。 Yī bā sān jiǔ nián, Yīngguó yí wèi shāngrén dài le jǐ hé huǒchái zuòwéi lǐwù jìngòng gěi Zhōngguó Qīngcháo Dàoguāng huángdì。 Dàoguāng huángdì jiàn zhè wèi Yīngguó shāngrén bù wānyāo bú guìbài, quán wú lǐshù, jí miàn xiàn nùsè。 Péitóng dàchén liánmáng guì zòu: "Yí bāng zhī rén, bù zhī shàng guó lǐyí, huángshang xīnù, qǐng guān yángrén qǔ huǒ。" Zhǐjiàn Yīngguó shāngrén zài hé zhōng qǔchū yì gēn xiǎo mùgěng, jiāng tú zhe hóngsè de yì tóu, zài cūcāo de xiǎo tiěbǎn shàng, qīngqīng yì huá, suíjí fāchū "sīsī" shēngyīn, jiù rán qǐ huǒ lái。 Dàoguāng huángdì jí zhòng dàchén cóngwèi jiàn guò zhè yàng wányìr, hái rènwéi shì biànxìfǎ。 Dàoguāng huángdì shuōdào "Yángrén suǒ fāmíng yánghuǒ qǔyòng fāngbiàn。"

아편전쟁 이후, 외국의 양행이 중국에서 성냥을 팔기 시작했기 때문에, 사람들은 그것을 "양화"라고 불렀다. 5·4운동 이후에 이르러서야, 비로소 "自來火" 또는 "火柴"로 개칭되었다.

Yāpiàn zhànzhēng hòu, wàiguó yángháng kāishǐ zài Zhōngguó chūshòu huǒchái, yīncǐ, rénmen bǎ tā chēngwéi "yánghuǒ"。 Wǔsì yùndòng hòu, cái gǎichēng "zìláihuǒ" huò "huǒchái"。

'月餅'이 뭐지?
'Yuèbǐng' de yóulái

추석에 월병을 먹는 풍습은, 당대에 기원을 두고 있다. 당고조 때 대장 이정李靖은 북방의 돌궐突厥을 토벌하고 돌아왔는데, 그날이 바로 8월 15일이었고, 마침 長安에 와 통상을 하던 투루판吐蕃 인들은 唐의 皇帝에게 떡을 바치며 승리를 축하해 주었다. 고조 이연李淵은 화려한 떡 상자를 받아들은 후, 동그란 떡을 쥐고 웃으며 하늘에 걸린 달을 향해 말했다. "오랑캐 떡으로 달 속의 두꺼비를 초대해도 되겠는 걸." 그리고는 곧바로 둥근 떡을 문무백관들에게 돌려, 함께 즐겼다. 그 후, 開元시기에 이르러, 어느 해인가 추석날 밤, 당 현종은 양귀비와 함께 달을 감상하며 호떡을 먹고 있었는데, 당 현종은 '호떡'이라는 이름이 상스럽다 말했고, 양귀비는 하늘의 새하얀 달을 바라보며, 자신도 모르게 "월병"이란 두 글자를 입 밖으로 내뱉었다. 이때부터 월병이라는 명칭이 세간에 퍼져나갔다.

Zhōngqiūjié chī yuèbing de xísú qǐyuán yú Tángdài. Táng Gāozǔ shíqī dàjiàng LǐJìng zhēngtǎo běifāng Tūjué déshèng huán cháo, zhè tiān zhèng shì bā yuè shí wǔ rì, shí yǒu dào Cháng'ān tōngshāng de Tǔfān rén xiàng Táng huáng xiàn bǐng zhù jié. Gāozǔ Lǐ Yuān jiē guò huálì de bǐng hé, ná chū yuán bǐng xiào zhǐ zhe xuánguà zài tiānkōng de míngyuè shuō: "Yīng jiāng húbǐng yāo chánchú(jí yuèliang)." Suíjí jiāng yuán bǐng cìgěi wénwǔ bǎiguān, yìtóng xiǎngyòng. Hòulái, dào le Kāiyuán niánjiān, yǒu yì nián zhōngqiū zhī yè, Táng Xuánzōng hé YángGuìfēi shǎngyuè chī húbǐng shí, Táng Xuánzōng xián húbǐng míngzi bù yǎ, YángGuìfēi yǎngwàng kōngzhōng jiǎojié de míngyuè, tuōkǒu'érchū "yuèbǐng" èr zì. Cóngcǐ, yuèbing de míngchēng biàn zài mínjiān liúchuán kāilái.

위의 사실로부터, 당나라 이전에는 월병의 전신이 호떡이었음을 알 수 있다. 사료는 기록하고 있기를, "한나라가 장건을 서역에 보낸 후, 호도와 참깨 등을 들여와, 떡 종류를 가공할 때 쓰이는 재료가 많아지게 하였고, 호도로 속을 채운 둥그런 떡을 만들어냈으며, 사람들은 이것을 '호떡'이라 불렀다"고 한다. 宋대에 이르러, 월병은 추석에 달을 향해 제사 드리는 데 쓰이는 가장 중요한 음식이 되었다. 월병은 흩어졌던 사람들이 다시 모이는 것을 상징하기에, 사람들은 월병을 '團圓餅'이라고도 불렀다. 북송 시대의 시인 소동파는 "작은 떡은 달을 베문 것과 같고, 그 속엔 바삭한 소와 쫄깃함이 들어있네."라는 시를 지어, 월병이 일반 떡과 다른 특징과 의미가 있음을 밝히고 있다.

Kějiàn, zài Tángdài yǐqián, yuèbing de qiánshēn jiùshì "húbǐng"。 Shǐliào jìzǎi: Hàn shǐ ZhāngQiān chūshǐ Xīyù hòu, yǐnrù hútáo、zhīma děng wèi bǐng shí jiāgōng zēngjiā le zuǒliào, zhìzuò chū le yǐ hútáorén wéi xiàn de yuán bǐng, rénmen chēng zhī wéi "húbǐng"。 Dào le sòngdài, yuèbing chéngwéi Zhōngqiūjié jìbài yuèliang zuì zhǔyào de shípǐn。 Yóuyú yuèbing xiàngzhēng tuányuán, rénmen yòu jiāng yuèbing chēngwéi "tuányuán bǐng"。 BěiSòng shīrén SūDōngpō céng zuò guò yì shǒu shī: "Xiǎo bǐng rú jué yuè, zhōng yǒu sū hé yí。" Dàochū le yuèbing bùtóng yú pǔtōng bǐng de tèsè hé hányì。

'拜年'의 유래
'Bàinián' de yóulái

정월 초하룻날, 사람들은 모두 일찌감치 일어나, 새 옷을 단정하게 차려입고, 집집마다 다니며, 서로 명절 인사를 나누는데, 이 때 하는 말이 "설 잘 보내세요." 하는 말이다. 이를 세배라고 한다. 전통적으로 세배에는 拜年과 賀年의 구분이 있다. 拜年은 아랫사람이 윗사람에게 머리를 숙여 인사하는 것이고, 賀年은 동년배 사이에 주고받는 새해인사를 말한다. 이것은 중국에서 이미 그 유래가 오래된 풍습이다. 그렇다면, 세배의 풍습은 어떻게 생겨난 것일까?

Dà nián chū yī, rénmen dōu zǎozǎo qǐlái, chuān shàng zhǎnxīn de yīshang, dǎbàn de zhěng zhěngqíqí, zǒu jiā chuàn hù, hù zhì jiérì wènhòu, wèn yīshēng "guònián hǎo"。 Wèi zhī bàinián。 Chuántǒng yǒu bàinián hé hènián zhī fēn, bàinián shì wǎnbèi xiàng zhǎngbèi kòu suì; hènián shì tóngbèi zhī jiān de dào hè。 Zhè zài zhōngguó yǐ shì gè yóulái yǐ jiǔ de xísú。 Nàme, bàinián xísú shì zěnme lái de ne?

전설에 의하면 먼 옛날에 일종의 괴수가 있었는데, 그 머리에는 촉감을 느끼는 뿔이 있고, 입은 핏빛 대야처럼 생겼으니, 사람들은 그것을 '년'이라고 불렀다고 한다. 매번 섣달 그믐날 밤만 되면, 그 녀석은 산림 속에서 뛰쳐나와, 집집마다 돌아다니며 닥치는 대로 사람과 가축들을 먹어치웠다고 한다. 사람들은 하는 수 없이 고기들을 준비해 문 밖에 놓고는, 대문을 닫고, 집안에 숨어야만 했다. 그렇게 하여 초하루 아침이 되면, 사람들은 문을 열고 나와

33

마주치게 되면, 서로 두 손을 공손히 모아 예를 표하고, '年'에게 잡혀 먹히지 않은 것을 서로 축하했다. 이렇게 세배하는 풍습은 형성이 되어 끊임없이 이어져 내려오고 있다.

Chuánshuō yuǎngǔ shíhòu yǒu yī zhǒng guàishòu, tā tóu shàng zhǎng yǒu chùjiǎo, kǒu sì xuè pén, rénmen jiào tā "nián". Měi féng làyuè sānshí wǎnshàng, tā biàn cuàn chū shānlín, āimén āihù de cán shí rénchù. Rénmen zhǐhǎo bèi xiē ròushí fàng zài mén wài, ránhòu bǎ dàmén guānshàng, duǒ zài jiālǐ. Zhídào chū yī zǎoshang, rénmen kāimén jiàn le miàn, hùxiāng gǒngshǒu zuòyī, qìngxìng wèi bèi "nián" chī diào, yúshì bàinián zhī fēng miánmián xiāngchuán.

그런가하면, '年'에 대해, 사람들은 장기간의 경험을 통해, '年'이란 괴물이 붉은 색을 싫어하고, 시끄러운 소리를 싫어하며, 번쩍거리는 불빛도 싫어하는 약점을 가졌음을 짚어냈다. 그래서 어느 한 해의 12월 30일 밤에는, 많은 수의 사람들이 모닥불을 태우며, 그 속에 대나무를 하나씩 집어던져, 터지면서 "빠지직 빠지직" 소리가 나게 하였다. 그러자 '年'은 놀라서 마을로 접근하지 못하게 되어, 끝내는 숲속에서 굶어죽었다고 한다. 비록 '年'은 이미 죽어 존재하지 않게 되었지만, 이러한 새해맞이 풍속들은 여전히 세대를 이어가며 전해져 내려오고 있다.

Ér duìyú 'nián', rénmen zài chángqī de shíjiàn zhōng, mōzhǔn le "nián" yǒu pà hóng yánsè, pà xiǎngshēng, pà yángguāng de ruòdiǎn. Yúshì, yǒu yī nián làyuè sān shí wǎnshàng, dàhuǒr rán qǐ gōuhuǒ, tóurù yī gēn gēn zhúzi, shāoliè shí fāchū "pīpīpāpā" de xiǎngshēng, nà 'nián' xià de bùgǎn jìn cūn, jùshuō èsǐ zài shēnshān lǎolín lǐ le. Suīrán 'nián' yǐjīng méiyǒu le, dànshì zhèxiē guònián de xísú què yídàidài chuán le xiàlái.

13

피임루프의 유래
Bìyùnhuán de yóulái

현재 전 세계적으로 가장 많이 통용되어지는 피임기구는 콘돔으로, 이것은 남성 성기에 씌어서 사용하는 것이다. 그렇다면 여성이 주동적으로 피임하는 방법은 없나? 있다, 그것은 바로 피임용 루프다. 피임용 루프는 절육환('생육을 조절하는 고리'의 뜻)이라고도 하는데, 현재 각국에서 보편적으로 채택하여 사용하고 있는 여성 자궁 내 삽입 피임기구이다.

Xiànzài quánshìjiè zuìwéi tōngxíng de bìyùn qìjù shì bǎoxiǎntào, zhè shì tào zài nánxìngqì ér shǐyòng de。 Nà méiyǒu nǚrén zhǔdòng bìyùn de fāngfǎ ma? Yǒu, nà jiùshì bìyùnhuán。 Bìyùnhuán yòu jiào jiéyùhuán, shì mùqián gèguó pǔbiàn cǎiyòng de nǚxìng gōng nèi bìyùn qìjù。

최초의 피임용 루프는 아랍인들이 발명했다. 이 피임용 루프는 처음엔 인체에 사용되어진 것이 아니라, 낙타에게 사용되어진 것이었다. 그 당시 사막에서의 유일한 교통수단은 낙타였고, 아랍 상인들은 낙타에 의지해 무거운 화물들을 싣고 장거리를 이동했던 것으로, 암컷 낙타가 임신하여 수송시간이 지체되는 일을 막기 위해서, 그들은 교묘한 방법을 생각해냈으니, 길고 좁은 관을 이용해, 작은 원형 돌멩이를 암컷 낙타의 자궁 내에 집어넣어, 암컷 낙타로 하여금 피임할 수 있게끔 하는 것이었다.

Zuì zǎo de bìyùnhuán shì Ālābórén fāmíng de, búguò búshì yòng zài réntǐ shàng, érshì yòng zài luòtuo shàng。 Nà shí dà shāmò zhōng wéiyī de jiāotōng gōngjù jiùshì luòtuo, Ālābó shāngrén men kào luòtuo tuó zhe chénzhòng de huòwù chángtú báshè。 Wèi le fángzhǐ mǔ luòtuo zài túzhōng huáiyùn ér dānwù yùnshū, tāmen jiù xiǎng chū yí ge qiǎomiào de bànfǎ, jièzhù yìzhǒng xiácháng de guǎnzi, bǎ yí kuài xiǎo de yuánxíng shíkuài, fàng jìn mǔ luòtuo de zǐgōng qiāng nèi, cóngér dádào shǐ mǔ luòtuo bìyùn de mùdì。

1909년 독일인 의사 레카르트雷卡特는 누에의 창자를 이용하여 동그란 환형 절육기를 만들었는데, 이것이 바로 현대 피임용 루프의 모태였다. 1934년, 일본의 한 의사는 금과 은이 도금된 피임용 루프를 고안해 냈다. 20세기 70년대에는 활동성을 가진 구리로 만든 피임용 루프가 출시되었다.

Yì jiǔ líng jiǔ nián, Déguó yīshēng Léikǎtè yòng cáncháng sī zhìchéng le yìzhǒng huánxíng jiéyùqì, jīng zài kěyùn fùnǚ shēn shàng shìyòng, qǔdé le mǎnyì de bìyùn xiàoguǒ, zhè jiùshì xiàndài bìyùnhuán de chúxíng。 Yì jiǔ sān sì nián, yǒu ge Rìběn yīshēng shèjì le jīn zhì hé yín zhì dùjīn de bìyùnhuán。 Èr shí shìjì qī shí niándài shí, yǒu huóxìng de tóng zhì bìyùnhuán wènshì。

결혼반지의 유래
Jiéhūn jièzhǐ de yóulái

결혼반지는 본래 영원한 사랑을 상징하는데, 유럽의 약탈결혼시대에 있어서는, 오히려 약탈의 상징이었다. 그 당시 남자는 잡아온 여자를 반지를 끼워 표시로 삼았는데, 이 여자가 이미 자신의 사유 재산이 되었음을 나타냈다.

Jiéhūn jièzhǐ běnlái xiàngzhēng yǒnghéng de àiqíng, ér zài Ōuzhōu luèduó hūnyīn de shídài, què shì luèduó de xiàngzhēng. Nà shí, nánzi bǎ zhuā lái de nǔzi tào shàng jièzhǐ zuòwéi biāozhì, biǎomíng zhè nǔrén yǐ chéngwéi tā de sīyǒu cáichǎn.

결혼반지는 고대 이집트에서 시작되었다. 당시 결혼반지와 약혼반지는 모두 계약 반지였으며, 신부의 약지에 착용하여 남편에 대한 충성과 순종을 나타냈다. 고대 이집트에서는 한때 반지 붐이 일어났었다. 고대 로마시대에는 결혼반지가 보편적으로 유행하여, 귀족의 결혼은 금으로 만든 것을 사용했고, 평민들은 쇠로 만든 것을 사용했다. 11세기에 이르러서는 이미 신랑이 신부에게 반지를 끼워주는 풍습이 성행되었다. 이때의 결혼반지는 두 개의 반지가 연결되어져있는 쌍가락지 반지로 변하여, 한 쌍이 되었음을 표시하였고, 반지 안쪽에는 양측의 이름과 결혼 날짜를 새겨, 기념으로 삼았다.

Jiéhūn jièzhǐ qǐyuán yú gǔ Āijí. Dāngshí jiéhūn jièzhǐ hé dìnghūn jièzhǐ tóng shǔ qìyuē jièzhǐ, dài zài xīnniáng de wúmíngzhǐ shàng biǎoshì duì zhàngfū zhōngchéng shùncóng. Zài gǔ Āijí, céng yídù chūxiàn jièzhǐ rè. Zài gǔ Luómǎ shídài, jiéhūn jièzhǐ pǔbiàn liúxíng qǐlái, guìzú jiéhūn shǐyòng jīn zhì de, píngmín zé shǐyòng tiě zhì de. Dào le shí yī shìjì, yǐ shèngxíng xīnláng gěi xīnniáng dài jièzhǐ de xísú. Nà shí jiéhūn jièzhǐ yǐ biàn wéi bǎ liǎng zhī jièzhǐ lián zài yìqǐ de shuāng lián jièzhǐ, biǎoshì chéng shuāng chéng duì, bìng zài jièzhǐ nèicè kè shàng shuāngfāng de míngzì hé jiéhūn rìqí, yǐ shì jìniàn.

현재 결혼반지의 재질과 모양은 일정한 규정이 없으며, 신부반지는 일반적으로 다이아몬드를 많이 사용하는데, 순결을 상징한다. 그 외 옥, 루비, 사파이어, 진주 등이 결혼반지로 쓰일 수 있다. 신랑의 반지는 주로 금으로 만들어진다.

Xiànzài, jiéhūn jièzhǐ de zhìliào hé xíngzhuàng méiyǒu yídìng de guīdìng, xīnniáng jièzhǐ yìbān duō yòng zuànshí, xiàngzhēng chúnjié wúxiá. Qítā rú fěicuì, hóngbǎoshí, lánbǎoshí, zhēnzhū děng dōu kě yòng yú jiéhūn jièzhǐ. Xīnláng jièzhǐ duō yòng huángjīn.

왜 봉급을 '薪水'라고 하지?

'Xīnshuǐ' míngchēng yóu hé ér lái ?

'薪水'란 곧 공직자가 일을 하거나 노동을 하는 보수로, 우리는 일반적으로 임금이라고 부른다.

Xīnshuǐ jí gōngzhí rényuán cóngshì gōngzuò huò láodòng de bàochou, wǒmen yìbān chēngwéi gōngzī。

하지만 '薪水'의 원래의 의미는 나무를 하고 물을 길다는 뜻이었다. 《南史经》의 기록에 따르면, 陶潛은 그의 아들에게 인력을 한 명 보내면서, 편지를 써서 알리기를: "너는 매일 생활비 용을 지출하느라, 스스로 해결하기도 벅찰 것이니, 지금 너에게 땔감과 물을 길어다 줄 수 있는 일꾼을 하나 보내주마." 그렇다면 나중에 어째서 임금을 '薪水'라고 부르게 되었을까?

Dàn xīnshuǐ yuánxiān de yìsī shì dǎ chái jí shuǐ。 Jù 《Nánshǐjīng》 jìzǎi: táoqián sònggěi tā érzi yí ge rénlì, bìng xiě xìn shuō: "Nǐ měitiān shēnghuó kāizhī fèiyong, zìjǐ nán yú gōngjǐ zìjǐ, xiànzài pài yí ge láolì lái bāng nǐ dǎ chái jí shuǐ。" Nàme hòulái wèihé bǎ gōngzī jiàozuò xīnshuǐ ne?

한대 이전에는, 정부가 공직자에게 준 일이나 노동에 대한 보수는, 돈으로 주는 것이 아니라, 실물을 주었는데, 주로 식량을 지급했으며, 이를 "록"이라고 불렀다. 한 대에 이르러, "록"을 "봉"으로 명칭을 바꾸었으나, 여전히 식량으로 지급했고, "石"이나 "斛"을 그 계량단위로 썼다. 동한의 상제殤帝 연평延平시기에 이르러서야, "곡식 반 금전 반"의 형식으로 지급이 바뀌었고, 그 명칭도 "月俸"을 "月錢"으로 바꾸었다. 당대 이후에 와서야 녹봉이 점차 전부 금전으로 지급하는 방식으로 바뀌었다. 그러나 당나라 초기엔, 관원의 녹봉은 여전히 주로 현물을 지급했으며, 가외로 일부는 "俸料钱"이란 명칭으로 현금이 지급되었다.

Hàndài yǐqián, zhèngfǔ gěi gōngzhí rényuán cóngshì gōngzuò huò láodòng de bàochou, bú shì fā qiánbì, érshì shíwù, zhǔyào shì liángshi, chēngzuò "lù". Dào hàndài, "lù" gǎiwéi "fèng", réng fā liángshi, yǐ "shí" huò "hú" wèi jiliáng dānwèi. Dào Dōnghàn shāngdì yánpíng niánjiān, cái gǎiwéi "bàn gǔ bàn qián", "yuèfèng" gǎiwéi "yuèqián". Tángdài yǐhòu fènglù cái zhújiàn gǎiwéi quánbù fāfàng qiánbì. Dàn zài Táng chū, guānyuán de fènglù háishì zhǔyào yǐ shíwù zhīfù, lìngwài zài fā yíbùfen "fèngliàoqián".

명대의 중엽에 이르러, 상품 경제가 어느 정도 발전하면서, 관봉을 "薪金"이라 바꾸었는데, 당시에는 "月費"라고 불렀으며, 그 후에 다시 "柴薪银"으로 개칭하였으니, 관원의 땔감, 쌀, 기름, 소금 등의 비용을 해결하는 지급이란 뜻으로, "薪水"라는 단어는 바로 여기에서 변하여 생겨난 것이다.

Dào Míngdài zhōngyè, shāngpǐn jīngjì yǒu le yídìng de fāzhǎn, guānfèng gǎiwéi "xīnjīn", dāngshí chēng "yuèfèi", hòu yòu gǎichēng "cháixīnyín", yìsī shì jiějué guānyuán de chái mǐ yóu yán fèiyòng de kāizhī, "xīnshuǐ" jí yóu cǐ zhuǎnbiàn ér lái.

---

16 여자들이 좋아하는 식초

Nǚrén jiào xǐhuān 'chī cù'

연애하는 중엔, 자주 "吃醋"란 표현을 듣게 되는데, "吃醋"의 유래의 고증과 관련해, 흥미로운 이야기가 있다.

Zài àiqíng shēnghuó zhōng, jīngcháng huì tīng dào "chīcù" de shuōfǎ, kǎozhèng "chīcù" de yóulái, yǒu yī duàn yǒuqù de gùshì。

당나라 개국공신 房玄齡은 당나라를 세우는데 있어 크나큰 전공을 세웠는지라, 당태종은 그를 梁公으로 봉하고, 그에게 여러 명의 미녀를 첩으로 하사할 생각이었다. 방현령의 부인 은 질투심이 아주 심해, 평소에 방현령으로 하여금 기생집에는 절대 드나들지 못하게 하였고, 집에도 첩을 들인 적이 없었다.

Tángcháo kāiguó yuánxūn Fáng Xuánlíng wèi jiànlì Táng wángcháo lì xià hànmǎ gōngláo, Táng Tàizōng fēng tā wéi Liáng gōng, bìng xiǎng cì gěi tā jǐ míng měinǚ zuò qiè。Fáng Xuánlíng de fūrén dù xīn jí shèng, píngshí gēnběn bùxǔ Fáng Xuánlíng niān huā rě cǎo, jiāzhōng cóng wú shì qiè。

임금의 호의에 대해, 방현령은 완곡한 언어로 사양을 했지만, 당태종은 그 연유를 꼬치꼬치 캐물은 후, 환관의 우두머리로 하여금 방현령 집에 가 임금이 첩을 내린 성지를 읽게 하고, '독주' 한 병을 가지고 가, 만일 방씨 부인이 거절할 경우 독주를 마시게끔 조치하였다. 방씨 부인은 성지를 다 들은 후 조금도 두려운 기색이 없이, 독주를 받아들자 단 숨에 비워버리고 말았다.

Duìyú huángshàng de měiyì, Fáng Xuánlíng jiù wǎnyán xièjué le, Táng Tàizōng wèn qīng yuányóu hòu, jiù mìng tàijiàn dào Fáng fǔ xuānbù huángdì cì qiè de shèngzhǐ, bìng dài qù yī hú "dú jiǔ", shēngchēng rúguǒ Fáng fūrén bù tóngyì jí yǐn dú jiǔ cì sǐ. Fáng fūrén tīng bà háo wú jùsè, duān guò dú jiǔ yī yǐn ér jǐn.

방현령은 아연실색하여, 조급한 나머지 노구에도 눈물이 뒤범벅이 되어, 부인을 껴안은 채 흐느끼기 시작했다. 모여 있던 사람들이 웃기 시작했는데 그도 그럴 것이, 원래 방부인은 죽지 않았고, 주전자에 든 것은 독주가 아니고, 진한 식초였기 때문이었다. 당 태종은 방부인의 이런 성질을 보고, 하는 수없이 명을 거둬들일 수밖에 없었다.

Fáng Xuánlíng dà jīng shīsè, jí de lǎo lèi zònghéng, bào zhe fūrén chōuqì qǐlái. Zhòngrén xiào le qǐlái, yuánlái Fáng fūrén bìng méiyǒu sǐ, hú zhōng zhuāng de búshì dú jiǔ érshì nóng cù. Táng Tàizōng jiàn Fáng fūrén zhèyàng de píqì, zhǐhǎo shōuhuí chéngmìng.

한 주전자의 농익은 식초는 방씨 부인으로 하여금 머리를 내밀고 팔꿈치를 떨게 만들어서, (그 우스꽝스런 모습에)방현령도 울음을 그치고 웃게 되었다. "吃醋"란 말은 이 이야기에서 유래된 것인데, 이때부터 "吃醋"는 여자들 사이의 질투심의 대명사가 되었다.

Yī hú nóng cù bǎ Fáng fūrén suān de shēn tóu dǒu zhǒu, Fáng Xuánlíng yě pòtì wéi xiào, "chīcù" zhè ge cí jiùshì cóng zhè ge gùshì zhōng lái de, cóngcǐ, "chīcù" jiù chéng le nǚrén jiān dùjì xīn de dàimíngcí。

거울의 유래
Jìngzi de yóulái

거울은 신석기 시대에 최초로 등장했다. 그때 거울은 "監"이라 불렀는데, 옛날에 "監"字의 뜻은 사람이 한 쪽 눈을 뜬 채로 대야에 담긴 물에 자신의 얼굴을 비춤을 뜻했다.

Jìngzi zuì zǎo chūxiàn yú Xīnshíqì shídài. Nàshí jìngzi jiàozuò "jiān", gǔshí "jiān" zì de yìsi shì yígè rén zhēng zhe yì zhī yǎnjīng duì zhe yì pén shuǐ zhào zìjǐ de miànyǐng.

商代에 이르러, 사람들은 구리와 주석을 합금하여 "監"을 만들었으며, "鑒"이라고도 했다. 漢나라와 唐나라 때에는, 거울은 구리, 주석, 알루미늄 합금으로 주조되었고, 형상은 팔각형, 팔호, 원형, 사각형 등이 있으며, 손잡이가 있는 거울도 나타났다. 청동거울은 실용품에서 공예품으로 승화되기 시작했다.

Dào le Shāngdài, rénmen yòng tóng xī héjīn zhìchéng "jiān", yì chēngwéi "jiàn". Hàn Táng shí, jìngzi yòng tóng, xī, lǚ héjīn zhùchéng, xíngzhuàng yǒu bā léng, bā hú, yuánxíng, fāngxíng děng, hái chūxiàn le yǒu bǐng de jìngzi. Qīngtóng jìng kāishǐ yóu shíyòngpǐn xiàng gōngyìpǐn shēnghuá.

유리로 만든 거울은 16세기 베네치아威尼斯인이 발명한 것으로, 주석과 수은의 혼합용액을 유리에 발라 얇은 막을 형성하게 하여 수은거울을 만들었는데, 수은거울은 청동거울보다 한 걸음 앞선 것이다. 유럽의 귀족 계층은 수은거울을 유행용품으로 간주하여, 경쟁적으로 베니스에 가서 구입하였다. 그러나 수은거울을 만드는 데는 품도 많이 들고 시간도 많이 소요되는데다, 게다가 수은엔 독이 있기 때문에, 사람들은 거기에 대해 개선을 진행하였다. 19세기 말, 독일의 과학자들은 금속 은을 이용해 도금 입히는 면을 만들었더니, 수은거울보다 훨씬 더 밝아지게 되었는데, 이것이 바로 지금 우리가 사용하는 거울이다.

Bōli zhì jìng shì shí liù shìjì Wēinísī rén fāmíng de, jiāng xī hé shuǐyín de hùnhé róngyè tú zài bōli shàng xíngchéng yìcéng báomó, zhìchéng shuǐyín jìng, shuǐyín jìng bǐ qīngtóng jìng xiānjìn le yí dà bù. Ōuzhōu de guìzú jiēcéng shì shuǐyínjìng wéi yìzhǒng shímáo yòngpǐn, jìngxiāng dào Wēinísī gòumǎi. Dàn zhìzào shuǐyínjìng fèi gōng fèi shí, kuàngqiě shuǐyín yǒu dú, yúshì, rénmen duì tā jìnxíng le gǎijìn. Shí jiǔ shìjì mò, Déguó kēxuéjiā fāmíng le yòng jīnshǔ yín zuò dùcéng, bǐ shuǐyínjìng gèngwéi míngliàng, zhè jiù shì xiànzài wǒmen suǒ shǐyòng de jìngzi.

....

....

....

....

....

18 중국인은 종이돈을 왜 태우게 된 거지?
Shāo zhǐqián de yóulái

중국 민간에는 죽은 사람을 위해 지폐를 태우는 풍습이 있다. 이 풍습의 기원은 蔡伦의 형과 관련이 있다고 한다.

Zhōngguó mínjiān yǒu gěi wáng rén shāo zhǐqián de xísú, zhè yī xísú de yóulái, jùshuō yǔ zhǐzhāng de fāmíng rén Cài Lún de gēgē yǒuguān.

전설에 따르면 蔡伦이 종이를 발명하자, 종이는 매우 잘 팔렸다고 한다. 蔡伦의 형수 慧娘은 제지가 돈벌이가 잘 되는 것을 보고, 남편인 蔡莫더러 동생을 찾아가 제지 기술을 배우게 했다. 蔡莫는 3개월 동안 배운 후, 종이 만드는 공장을 세웠다. 하지만 그가 만든 종이는 너무 거칠어서, 팔려나가지 않았다. 慧娘는 꾀를 내어, 목매달아 죽은 척하고, 남편더러 관 앞에서 그가 만든 종이를 태우게 하였다. 蔡莫는 울면서 종이를 불태웠고, 어찌나 숨넘어갈 듯이 울었던지, 사람들이 몰려와 구경하게 만들었다. 이때 慧娘은 관에서 소리쳤다. "문을 열어 줘요, 나가게 해 줘요." 사람들은 이 소리를 듣자 겁이 덜컥 났으나, 용기를 내어 관을 열었고, 慧娘은 일어나 앉아 그럴듯한 목소리와 자세로 말을 했다. "이승의 돈이 온 세상에서 다 쓰이듯, 저승 돈이 거래에 쓰이네. 남편이 종이를 태우지 않았더라면, 누가 다시 날 돌려보냈겠어요?" 현장에 있던 사람들은, 종이를 태우는 것이 이처럼 큰 이점이 있다고 듣자, 모두가 蔡莫에서 종이를 사다 태웠다. 이틀이 채 지나지 않아, 쌓여있던 하품 종이들이 죄다 팔려나갔다.

Chuánshuō Cài Lún fāmíngliǎo zàozhǐ, zhǐzhāng hěn shòu rénmen huānyíng. Cài Lún

46

de săozi Huì Niáng kàn dào zàozhǐ hěn zhuànqián, jiù ràng zhàngfū Cài Mò zhǎo dìdì xué zàozhǐ jìshù。 Cài Mò xuéxí le sān gè yuè, jiù bàn qǐle zàozhǐ zuòfāng。 Kěshì tā zào de zhǐ tài cūcāo, mài bu chūqù。 Huì Niáng xīn shēng yī jì, shàng diào zhuāng sǐ, ràng qí fū zài guāncái qián shāo tā zào de zhǐ。 Cài Mò biān kū biān shāo, kū de sǐ qù huó lái de, xīyǐn zhòngrén qián lái guānkàn。 Zhè shí Huì Niáng zài guāncai lǐ hǎnjiào: "Bǎ mén kāi kāi, ràng wǒ huílái。" Rénmen yì tīng kě xià huài le, zhuàng zhe dǎnzi bǎ guāncai dǎkāi, Hu Niáng zuò qǐlái zhuāng qiāng zuò shì de shuō: "Yángshì qián néng xíng sìhǎi, yīnjiān zhǐ zài zuò mǎimài, bú shì zhàngfū bǎ zhǐ shāo, shéi kěn ràng wǒ zài huílái。" Zài chǎng de rénmen yì tīng, rènwéi shāozhǐ hái yǒu zhème dà de hǎochù, dōu xiàng Cài Mò mǎi zhǐ shāo。 Bú dào liǎng tiān, duījī de cūcǎo zhǐ bèi qiǎnggòu yì kōng。

착하기만 한 사람들이 어떻게 알았겠는가? 이것은 慧娘이 쌓여있는 거친 종이를 팔고자 만들어낸 조작극이었던 것을. 어쨌든 이리하여, 죽은 자를 위해 종이돈을 태우는 풍습은 이 때부터 전해져 내려오게 되었다.

Shànliáng de rénmen nǎlǐ xiǎodé, zhè shì Huì Niáng wèile mài chū jīyā de cào zhǐ ér shè xià de yī zhǒng piànjú。 Yě jiù zhèyàng, gěi sǐrén shāo zhǐqián de fēngsú cóngcǐ jiù chuán le xiàlái。

19

세상을 밝히는 장님의 손전등
Zhàoliàng zhōuwēi de mángrén de dēnglong

옛날이야기에, 한 마을에 한 장님이 있었는데, 그가 밤에 밖에 나오기만 하면, 그가 어디에 가는지, 다른 사람들이 다 알게 되는데, 그것은 그가 밤에 등불을 켜들고 다니는 습관이 있었기 때문이었다. 마을사람들은 모두 어두운 곳에서 걷는 것에 습관이 되어 있었던지라, 등불이 보이면 이 장님이 나왔음을 알아차렸던 것이다.

Yǒu yí ge gùshi, shuō yí ge cūnzi lǐmiàn yǒu yí ge mángrén, zhǐyào shì yèwǎn chūlái, tā zǒu dào nǎr biérén dōu zhīdào, yīnwèi tā yǒu ge xíguàn, yèwǎn chūmén yídìng yào dǎ yì zhǎn dēnglong. Cūnzi lǐ de rén dōu xíguàn yú zài hēi'àn zhōng xíngzǒu, kànjiàn yǒu dēnglong jiù zhīdào zhè ge mángrén chūlái le.

나중에, 외지에서 온 사람이 이 일을 목도하고는, 소리 내어 눈물을 흘리며 감동했다, 이 장님의 성품이 너무나 훌륭하구나, 자신은 밝음과 어둠을 분간하지 못하지만, 한밤중에 밖에 나올 때는 다른 사람이 앞을 못 볼지를 걱정하여, 늘 다른 사람을 위해 등을 들고 다니니, 이 얼마나 고상한 인격인가!

Hòulái, yǒu wàidì lái de rén kàndào zhè jiàn shì, jiù xīxū gǎnkǎi, zhè ge mángrén de pǐndé tài hǎo le, tā zìjǐ méiyǒu guāngmíng hēi'àn zhī fēn, dàn shēngēng bànyè chūlái, tā zǒngyào cāoxīn biérén kàndejiàn kànbujiàn, zǒngyào wèi biérén dǎ yì zhǎn dēnglong, zhè ge rén duō gāoshàng a。

이 장님은 이 말을 듣자 담담하게 말했다. "나는 장님이라서, 난 다른 사람들이 나와 부딪치는 것을 원치 않습니다. 제가 등을 드는 것도 저를 위해서하는 일이죠."

Zhè ge mángrén tīng hòu jiù dàndàn de shuō : "Yīnwèi wǒ shì xiāzi, wǒ bù xīwàng biérén zhuàngdào wǒ, wǒ dǎ dēnglong yě shì wèi wǒ zìjǐ。"

우리 생각해봅시다, 이것이야말로 혼자서 이 세상을 돌아다니는 이치가 아닐까요? 등불을 켜드는 것은 객관적으로 다른 사람들에게 길을 비추어 주는 것이지만, 사실 주관적으로 볼 땐 자신을 위해서 많은 위험을 회피할 수 있도록 조절한 장치인 것이다.

Wǒmen xiǎng yì xiǎng, zhè bú jiùshì yí ge rén xíngzǒu yú zhè ge shìjiè de dàolǐ ma? Dǎ yì zhǎn dēnglong, kèguān shàng shì gěi biérén zhào liàng le lù, qíshí zhǔguān shàng yě gěi zìjǐ guībì le hěn duō fēngxiǎn。

우리 중 누가 감히, 이 세상에, 끝없는 현상들로 꽉차있는 이 세상에서, 우리 모두가 다 밝은 눈을 가지고 있다 자신할 수 있을까요? 우리 모두가 세상의 모든 상황을 꿰뚫어보며, 모든 위험을 피할 수 있을까요? 때로는 다른 사람들의 편리를 위해, 등을 듦으로써, 다른 사람이 길을 확인하게 하여, 당신을 피해서 가게 한다면, 당신 자신의 위험도 없어지게 되는 것입니다.

Wǒmen shéi gǎn shuō, zài zhège shìjiè shàng, zài zhège bùmǎn le cāngmáng jǐngxiàng de shìjiè shàng, wǒmen dōu shì míngyǎnrén ne? Wǒmen dōu néng dòngxī yíqiè shìxiàng, guībì yíqiè fēngxiǎn ma? Yǒu shíhòu wèi le ràng biérén fāngbiàn, dǎ zhe dēnglong, biérén kànjiàn lù le, duǒkāi le nǐ, nǐ zìjǐ de fēngxiǎn yě jiù méiyǒu le。

20

되돌아온 베풂의 결과
Kuānhuì yǔ bàodá

모두들 알다시피, 춘추시기 초나라 莊王 재위 시엔, 초나라 국력이 절정에 달했었다. 한번은 초나라 왕궁에서 마음껏 노래하고 춤을 추고 있을 때, 갑자기 한바탕 바람이 불어와, 횃불이 모두 꺼져버리게 되었다. 어둠뿐인 속에서, 초장왕은 한 미인의 비명소리를 들었다.

Dàjiā zhīdào, Chūnqiū shíqī Chǔ Zhuāng wáng zàiwèi shí, Chǔguó guólì dǐngshèng. Yǒu yí cì Chǔguó wánggōng zhōng huān'gē yànwǔ de shíhòu, tūránjiān yí zhèn fēng chuī guò, huǒzhú quán xī. Yí piàn hēiàn zhī zhōng Chǔ Zhuāngwáng tīngjiàn yí ge měirén jiānjiào le yíxià.

────────────────────────────

────────────────────────────

────────────────────────────

그는 어찌된 일인지를 물었다. 그러자 이 미인이 답했다 : "대신 안에서 누군가 저를 희롱했어요, 그렇지만 괜찮아요, 저는 이미 그의 모자 끈을 잡아채어 끊어버렸어요, 왕께선 불을 켜시고, 누가 모자 끈이 끊긴 지만 확인하시면, 곧 누가 범인인지 알 수 있습니다." 초장왕은 조급하게 불을 켜지 않고, 그 자리에 있는 신하들 모두에게 모자 끈을 끊으라고 한 후에야 비로소 불을 켰다. 이렇게 하여, 징벌을 받는 사람은 없게 되었다.

Tā wèn zěnme le. Zhège měirén shuō: "Dàchén lǐmiàn yǒu rén tiáoxì wǒ, búguò búyàojǐn, wo yǐjīng bǎ tā de mào dàizi gěi jiū duàn le, dàwáng zhǐyào diǎn shàng huǒzhú, kàn sheí de mào dàizi duàn le, jiù zhīdào shì sheí le." Chǔ Zhuāng wáng méi zháojí diǎn huǒzhú, tā ràng zàichǎng de chénzi dōu bǎ mào dàizi chě duàn, zhīhòu cái diǎn shàng huǒzhú. Zhèyàng méiyǒu rén shòudào chéngfá.

곧이어, 晋과 楚 두 나라는 전쟁을 시작했고, 초나라 운명이 위협에 직면했을 때, 한 신하가 죽을힘을 다해 전투하여, 대단히 용맹스러웠고, 마침내는 초나라가 대승할 수 있게 하였다.

Jiē xiàlái, Jìn Chǔ liǎng guó dǎ qǐ zhàng lái le, zài Chǔguó mìngyùn miànlín wēixié de shíhou, yǒu yì míng chénzi pīnsǐ zhàndòu, fēicháng yīngyǒng, zuìhòu shǐ Chǔguó dàshèng.

초장왕은 매우 이상해서, 이 신하에게 물었다: "나는 평소에 당신에게 특별한 은혜를 베푼 적이 없는데, 당신은 어째 이와 같이 죽을힘을 다하는 것이오?" 그가 대답했다: "제가 바로 그날 밤 미인에게 모자 끈을 끊긴 사람입니다. 그 날 술에 취해서 실례를 범했는데, 사형이 마땅한 죄였으나, 대왕의 너그러운 용서를 받았습니다, 그래서 저는 생명을 바쳐서라도 왕께 보답하고자 하는 것입니다."

Chǔ Zhuāng wáng hěn qíguài, wèn zhè míng chénzi: "Wǒ píngrì lǐ méiyǒu gěi nǐ tèbié de ēndiǎn, nǐ zěnme rúcǐ chū sǐlì ne?" Tā huídá shuō: "Wǒ jiùshì nà tiān wǎnshàng bèi měirén chě duàn mào dàizi de rén, dāngrì zuìjiǔ shīlǐ, qí zuì dāng sǐ, dédào dàwáng de kuānshù, suǒyǐ wǒ yuàn gānnǎotúdì yǐ bàodá dàwáng."

무엇을 관대하고 자애로운 마음이라 할까? 때로는, 당신이 큰 그림에서 출발해, 부하의 작은 과실을 따지지 않는다면, 당신은 더 많은 호응을 받을 수 있습니다. 이러한 심리 상태를 가지면, 당신은 한 단체의 진정한 존중을 받을 수 있습니다. "은혜는 사람을 부릴 수 있게 한다."는 말처럼, 은혜를 베풀 수 있는 마음이 있으면, 당신은 충분히 이 단체를 이끌 수가 있게 되는 거죠.

Shénme jiào kuānhuì zhī xīn ne? Yǒushíhòu, nǐ cóng dàjú chūfā, bú jìjiào shǔxià de xiǎo guò, nǐ jiù huì dédào gèng duō de yōnghù. Yǒu zhèyàng yìzhǒng xīntài, nǐ jiù nénggòu dédào yí ge tuánduì zhēnzhèng de zūnzhòng. "Huì zé zú yǐ shǐ rén", yǒu ēnhuì zhī xīn, nǐ jiù nénggòu dài de qǐ zhè ge tuánduì lái.

21

벌과 파리 중의 승자는?

Yōuyì néngfǒu fāhuī dàodǐ

한 자의 길이도 짧을 때가 있고, 한 치의 길이도 길 때가 있다. 쓰이는 곳에 따라, 한 자도 짧아 보일 때가 있고, 한 치의 길이도 길어 보일 때가 있다. 그렇다면, 자와 치를 적합한 장소에 쓴다면, 그들의 단점을 피하고 그들의 장점을 살리게 되지 않을까?

Chǐ yǒu suǒ duǎn, cùn yǒu suǒ cháng. Yóuyú yìngyòng de dìfāng bùtóng, yì chǐ yě yǒu xiǎnde duān de shíhòu, yí cùn yě yǒu xiǎnde cháng de shíhòu. Nàme, rúguǒ jiāng chǐ hé cùn yìngyòng zài héshì de dìfāng, shì bú shì gānghǎo jiù néng bìkāi tāmen de duǎnchù ér fāhuī tāmen de chángchù?

우리는 발견할 수 있다, 우리 모두가 가장 고귀하고, 가장 머리가 뛰어난 사람이라고 여기는 자라 하더라도 모든 일에 적합할 수 없다는 것을, 그 누구도 모든 일에 다 능숙할 수는 없는 법이다.

Wǒmen yě kěyǐ kándào bù yídìng shì wǒmen dàjiā rènwéi zuì gāoshàng、zuì yǒu zhìlì de rén zuì shìhé gàn rènhé shìqing, shéi yě bù néng bǎishì jiē néng.

아주 재밌는 실험이 있다. 둘 다 입구가 넓은 유리병을 사용했고, 한쪽 유리병 안에는 벌 다섯 마리를 넣고, 한쪽 병 안에는 파리를 다섯 마리 넣었다. 병 바닥은 빛이 나는 곳을 향하게 했고, 병 입구 쪽은 어두운 곳을 향하게 해서, 그들이 어떤 선택을 하는지 살폈다.

Yǒu yí ge shíyàn hěn yǒuyìsi: dōu yòng guǎng kǒu bōlí píng, yí ge lǐmiàn fàng wǔ zhī mìfēng, yí ge lǐmiàn fàng wǔ zhī cāngyíng, píngdǐ chōng zhe guāngliàng fāngxiàng, píngkǒu cháo zhe hēiàn fāngxiàng, zài nàli fàng zhe, kàn tāmen zuò shénme xuǎnzé。

꿀벌의 생활환경은 확실히 파리보다 훨씬 우수하다, 그들은 협동하여 꿀을 만들고, 조직생활을 하며, 기율이 있다. 마치 사고능력과 인지력을 가지고 있는 듯하여, 그들은 끝까지 출구가 반드시 빛이 있는 쪽에 있다고 여겼다. 결과는 어땠을까? 다섯 마리 꿀벌은 모두 병에 부딪혀 죽었다, 그들은 쉼 없이 병 바닥만을 향해 날았고, 날아서 나갈 수 없는데도 그곳으로만 날아가려 했기 때문이었다.

Mìfēng de shēnghuó huánjìng xiǎnrán bǐ cāngyíng yào hǎo hěn duō, tāmen hézuò niàng mì, shì yǒu zǔzhī, yǒu jìlǜ de。 Hǎoxiàng shì yǒu luójí de rènzhī, tāmen jiānchí rènwéi chūkǒu yídìng shì zài guāngliàng chù。 Jiéguǒ ne? Wǔ zhī mìfēng dōu zhuàng sǐ le, yīnwèi tāmen bùtíng de wǎng píngdǐ shàng fēi, fēi bu chūqù yě yào wǎng nàr fēi。

'머리 없는 파리'가 무슨 뜻인가? 병 안의 파리가 바로 그러했다. 끝내 그 다섯 마리 파리는 모두 살아서 날아가 버렸는데, 그들은 빛이 있는 방향만 고집하지 않았기 때문이었다.

그들은 이리저리 날다보니 우연히, 나갈 수 있는 곳으로 나가게 되었던 것이다.

Shénme jiào wú tóu cāngyíng? Píngzi lǐ de cāngyíng jiùshì. Zuìhòu nà wǔ zhī cāngyíng dōu huó zhe fēi chūqù le, yīnwèi tāmen bú shì fēi cháo zhe guāngliàng de fāngxiàng fēi bùkě. Tāmen wù dǎ wù zhuàng, nǎr néng chū qù jiù chūqù nǎr le.

....

....

젊음의 가치
Niánqīng de jiàzhí

오랜 기간 동안, 사람들은 전에 가지지 못했던 물건을 중히 여기며, 겉은 번지르르 하지만 속은 빈 것들을 지나치게 갈망하고, 이미 가지고 있는 것을 아낄 줄 모르는 경향이 있어왔다.

Hěn duō shíhòu, rénmen zǒng huì kànzhòng bù céng yōngyǒu de dōngxi, shēwàng yōngyǒu nàxiē huáérbùshí de dōngxi, ér duì yǎnqián yōngyǒu de yíqiè bù dǒngde zhēnxī.

한 젊은이가, 백발이 성성한 철인에게 고민을 호소했다. "저는 어리고, 타고난 능력도 없고, 돈도 없고, 직업도 없는, 가진 거라곤 아무것도 없는 사람입니다. 제 인생은 너무나 희망이 없습니다."

Yǒu yí ge xiǎohuǒzi, gēn yí ge báifà cāngcāng de zhérén sùkǔ: "Nǐ kàn wǒ xiànzài hěn niánqīng, méiyǒu zīlì, yě méiyǒu cáifù, yě méiyǒu hǎo de zhíyè, wǒ zài shìjiè shàng yìwúsuǒyǒu, nǐ shuō wǒ zhè yíbèizi de rénshēng duō wúwàng a!"

노인이 말을 받았다. "자네는 돈이 없다 말하는데, 그렇다면 자네의 손가락을 자르고, 그 대가로 백만 원을 준다면, 그리하겠는가?"

Lǎorén shuō: "Nǐ shuō nǐ méiyǒu cáifù, nàme rúguǒ xiànzài kǎn nǐ yì gēn shǒuzhǐtóu, gěi nǐ yì qiān kuài qián, nǐ gàn ma?"

―――――――――――――――――――――――――――――――――――

―――――――――――――――――――――――――――――――――――

젊은이가 말을 했다. "안 하죠." 노인이 말을 했다. "더 많이 쳐주어, 손가락을 자르고, 대가로 천만 원을 주겠네." 젊은이는 "그래도 안 해요."라고 대꾸했다.

Xiǎohuózi shuō: "Bú gàn a。" Lǎorén shuō: "Gěi nǐ gèng duō, kǎn nǐ yì gēn shǒuzhǐtóu, gěi nǐ yì wàn kuài qián。" Xiǎohuózi shuō: "Nà wǒ yě bú gàn a。"

―――――――――――――――――――――――――――――――――――

―――――――――――――――――――――――――――――――――――

노인이 말했다. "만일 자네더러 당장 80세가 되게 하고, 10억을 준다면, 어쩌겠는가?" 젊은이는 "그건 더욱 더 안 될 말이죠."라 대꾸했다.

Lǎorén shuō: "Rúguǒ ràng nǐ xiànzài mǎshàng biàn dào bā shí suì, gěi nǐ yì bǎi wàn ne。" Xiǎohuózi shuō: "Wǒ gèng bú gàn le。"

―――――――――――――――――――――――――――――――――――

―――――――――――――――――――――――――――――――――――

―――――――――――――――――――――――――――――――――――

노인은 다시 말을 했다. "지금 당장 죽으면, 백억을 주겠네." 젊은이는 버럭 화를 냈다. "죽어버리는데, 백억이 무슨 소용이겠어요?"

Lǎorén yòu shuō: "Xiànzài ràng nǐ mǎshang jiù sǐ, gěi nǐ yí qiān wàn." Xiǎohuózi bórán dànù: "Wǒ dōu sǐ le, wǒ yào nà yì qiān wàn gàn shéme a?"

노인이 말을 했다. "그래, 자네의 현재 재산은 이미 백억 원이 되었네. 생각해보게, 방금 말한 모든 값들이 자네의 몸에서 비롯된 것이 아니던가? 자네는 이처럼 젊으니, 이게 바로 자네의 자산인 것이네."

Lǎorén shuō: "Hěn hǎo, nǐ xiànzài de zīchǎn yǐjīng yǒu yì qiānwàn yuán le. Nǐ xiǎng xiǎng, gāngcái suǒ shuō de yíqiè bù dōu méi zài nǐ shēnshàng fāshēng ma? Nǐ hái rúcǐ niánqīng, zhè jiùshì nǐ de zīběn."

아라비아숫자의 유래
Ālābó shùzì de yóulái

우리는 수학에서 쓰이는 1, 2, 3, 4, 5, 6, 7, 8, 9, 0을 아라비아숫자라고 부른다. 실제로, 이 숫자부호를 최초로 발명하고 사용한 것은 아라비아사람이 아니고 인도인이었다. 그렇다면 왜 아라비아숫자라고 부르는 걸까?

Wǒmen bǎ shùxué shàng shǐyòng de 1、2、3、4、5、6、7、8、9、0 chēngwéi Ālābó shùzì。 Shíjì shàng, zhèxiē shùzì fúhào zuìzǎo fāmíng hé shǐyòng de bìng búshì Ālābórén, érshì Yìndùrén, nàme wèishénme bǎ tā jiào zuò Ālābó shùzì ne?

일찍이 고대 인도의 마우리아孔雀왕조(기원전 324~기원전 187)의 통치시기에, 인도인들은 이미 이 숫자를 이용해 계산을 했다. 굽타笈多왕조(기원후 320~540)에 이르러서는 이 숫자가 점차 완벽한 모습을 갖추게 되었는데, 특히 '0'이란 부호를 만들었다. 인도인이 만들어낸 이 숫자부호는 수학발전사에 있어서 아주 귀중한 공헌인 것이다.

Zǎo zài gǔ Yìndù Kǒngquè wángcháo (gōngyuán qián324~qián187) tǒngzhìshíqī, Yìndùrén jiù yǐ shǐyòng zhèzhǒng shùmǎ jìnxíng jìsuàn。Dào Jíduō wángcháo tǒngzhì shíqī(gōngyuán320~540), zhèzhǒng shùzì zhúbù dádào wánshàn, tèbié shì zhìdìng le "líng" de fúhào。Yìndùrén chuàngzào de zhè tào shùzì fúhào shì duì shùxué fāzhǎn shǐ shàng fēicháng bǎoguì de gòngxiàn。

기원후 771년이 되어, 인도의 천문학자이자 여행가인 무깟毛卡파(al-Muqqafa)가 아라비아 왕궁을 방문하게 되었다. 그는 인도에서 만든 天文鐘과 천문학저서를 가지고 와, 당시의 국왕에게 바쳤다. 이 저서 속에 대량의 인도숫자가 있었는데, 번역을 통해, 인도숫자부호는 아라비아인들에게 받아들여지고 널리 보급되어졌으며, '인도숫자'로 불렸다. 인도숫자와 인도의 셈법이 간단하고 또 편리했던지라, 아라비아인들에 의해 빠르게 유럽의 여러 나라들로 전파되어져, 점점 로마숫자를 대체하게 되었고, 유럽인들은 이것이 아라비아인들이 발명한 것으로 여겨, 아라비아숫자로 부르게 되었던 것이다.

Dào le gōngyuán 771 nián, Yìndù tiānwén xuéjiā、 lǚxíngjiā Máokǎ bàifǎngwèn le Ālābó wánggōng。 Tā dàilái le Yìndù zhìzuò de tiānwén biǎo yǐjí yī bù tiānwénxué zhùzuò, bǎ tā xiàn gěi le dāngshí de guówáng。 Zài zhè bù zhùzuò zhōng, yǒu dàliàng de Yìndù shùmǎ, tōngguò fānyì hòu, Yìndù shùmǎ biàn wéi Ālābórén cǎinà hé tuīguǎng shǐyòng, bìng chēng zhī wéi "Yìndù shùzì"。 Yóuyú Yìndù shùzì hé Yìndù jìsuàn jì jiǎndān yòu fāngbiàn, hěnkuài yóu Ālābórén chuánbō dào Ōuzhōu gèguó, zhújiàn qǔdài le Luómǎ shùzì, Ōuzhōurén rènwéi zhè shì Ālābórén de fāmíng, biàn chēng zhī wéi Ālābó shùzì。

미키마우스의 탄생
Mǐlǎoshū de yóulái

예전에 미국에 한 명의 가난한 화가가 있었는데, 그가 가장 가난했을 때는, 유성페인트, 캔버스, 채색물감을 구입할 돈도 없게 되어, 다만 길거리에서 남들에게 광고를 그려주면서 생계를 유지할 수밖에 없게 되었다. 그 후에 그는 떠돌다가 캔자스 주에 흘러들어, 한 교회에서 벽화를 복원하는 일을 해주었다. 이 때, 그는 밤에 망가진 차고 안에서 살 수 밖에 없는 비참한 지경이었다.

Měiguó céngjīng yǒu yí ge qióngkùn lǎodǎo de huàjiā, tā dào zuì pínkùn de shíhòu, yǐjīng lián mǎi yóuqī, huàbù, cǎisè yánliào de qián dōu méiyǒu le, zhǐ néng kào zài jiē shàng gěi rén huà guǎnggào móushēng。 Hòulái tā liúluò dào Kānsàsī zhōu, zài yí zuò jiàotáng lǐmiàn gěi rén xiūbǔ bìhuà。 Zhè ge shíhòu, tā yǐjīng cǎn dào wǎnshàng zhǐnéng zhù zài yí ge pòbài de chēkù lǐ。

그 차고 안에는 한 마리의 쥐가 있었다. 이 쥐는 항상 찍찍거리며 그의 근처에서 이지저리 뛰어 다녔지만, 그는 외로웠던지라, 어린 쥐조차 훌륭한 친구라고 여겼다.

Nà chēkù lǐmiàn yǒu yì zhī xiǎo hàozi。 Zhè zhī xiǎo hàozi jīngcháng zhīzhīyāyā de zài tā shēnbiān pǎo lái pǎo qù, tā hěn gūdú, suǒyǐ juéde xiǎo hàozi yěshì tǐng hǎo de péngyǒu。

62

바로 이러하던 때에, 우연한 기회가 그에게 떨어졌다. 때마침 할리우드가 한 편의 만화영화를 만들려 하였는데, 주요창작자를 찾는 프로듀서가 그를 찾아낸 것이었다.

Jiù zài zhè ge shíhòu, yǒu yí gè ǒurán de jīyù jiù luò zài tā shēnshang. Qiàhǎo Hǎoláiwù yào tuī yí bù dònghuàpiàn, xúnzhǎo zhǔchuàng de shèjìshī zhǎodào le tā.

그는 그림을 그리고 또 그려, 4~5컷의 그림을 그렸지만 모두 폐기해버렸다. 저녁에 그가 차고 안에 앉아서, 펜을 입에 물고, 종이를 뚫어져라 쳐다보며, 막다른 골목에 이르렀다고 느꼈을 때, 그 생쥐가 그의 캔버스 위에 웅크리고 앉아서, 조그만 두 눈을 반짝이며 그를 바라보고 있었다. 그는 이 쥐를 보며, 갑자기 머릿속에 한 개의 이미지가 떠올랐고, 펜 아래에 그려지니, 이것이 바로 미키마우스인 것이다.

Tā jiù huà a huà a, huà le sì wǔ gǎo dōu tuīfān le. Wǎnshàng, tā zuò zài chēkù lǐmiàn, yǎo zhe huàbǐ, dīng zhe huàzhǐ, juéde yǐjīng zǒu dào qióngtúmòlù de shíhòu, nà zhī xiǎo lǎoshǔ yòu dūn zài tā de huààn shàng, liǎng zhī xiǎo yǎnjīng liàngjīngjīng de kàn zhe tā. Tā kàn zhe zhè zhī xiǎo hàozi, nǎozi lǐmiàn tūrán tiàochū yí ge zàoxíng, luò zài bǐ xià, zhè jiùshì Mǐ lǎoshǔ.

이 화가가, 바로 훗날 그토록 유명해진 디즈니 씨이다.

차고 안의 생쥐가 이렇게 거장을 만들어 냈고, 미키 마우스라는 클래식한 캐릭터를 만들어 낸 것이다.

Zhè ge huàjiā, jiùshì hòulái dàmíngdǐngdǐng de Díshìní xiānsheng。

Chēkù lǐ de yì zhī xiǎo hàozi chéngjiù le zhème yí wèi dàshī, chéngjiù le Mǐ lǎoshǔ zhè ge jīngdiǎn de kǎtōng xíngxiàng。

행복의 조건
Xìngfú de tiáojiàn

적절하게 말한 이야기가 하나 있다. 한 사람이 새해를 맞이하면서, 새 신발을 한 켤레 사고 싶어서, 여러 신발가게를 들러 신발을 고르게 되었다. 그는 완벽주의자여서, 이 신발가게의 신발은 촌스럽고, 저 신발가게는 가격이 비싸고, 스타일과 가격이 모두 맘에 들면 사이즈가 없든지 하여, 온종일을 골랐지만, 맘에 드는 신발을 고를 수가 없었다.

Yǒu yí ge gùshì shuō de hǎo。 Yǒu yí ge rén guò xīnnián, xiǎng mǎi shuāng xīn xié, qù gè ge xiédiàn tiāo。 Tā shì yí ge wánměizhǔyì zhě, juéde zhège xiédiàn de kuǎnshì bù hǎo, nà ge xiédiàn de jiàqián tài guì, děng dào kuǎnshì, jiàqián dōu héshì, yòu méiyǒu shìhé tā de hàomǎ le, suǒyǐ tiāo le yì zhěngtiān, yì shuāng hǎo xié yě méi zhǎo zháo。

황혼 무렵이 되어, 그는 아주 막막한 기분으로 집을 향해 걸어가고 있을 때, 맞은편에서 오는 휠체어를 탄 사람과 마주치게 되었다. 그는 이 사람을 보며, 생각했다, 이 사람은 발도 없으니, 신발을 고를 고민도 없고, 신발을 고르러 갈 필요도 없겠군.

Děng dào huánghūn, tā wúbǐ yùmèn de wǎng jiā zǒu de shíhòu, yíngmiàn guòlái yí ge zuò lúnyǐ de rén。 Tā kàn zhe zhège rén, xiǎng, zhège rén lián jiǎo dōu méiyǒu, yě jiù méiyǒu tiāo xiézi de fánnǎo, yòngbuzháo qù tiāo xié le。

생각이 여기에 미치자, 그는 갑자기 깨우쳐지는 바가 있는 것이었다. 신발을 고를 수 있는 삶이라니, 이 얼마나 행복한 일인가! 굳이 그렇게 까다롭게까지 신발을 고를 이유가 있을까, 어쨌든 자신에 맞는 신발을 구할 수는 있는 건데. 신발을 고를 기회조차 없는 저들에 비하면, 너는 분명 행복한 사람인 것이야.

Xiǎng dào zhèlǐ, tā tūrán míngbái le yí ge dàolǐ, rénshēng hái yǒu xié kě tiāo, shì duōme xìngfú de yí jiàn shì! Hébì yào nàme tiāotī ne, nǐ zǒng néng zhǎodào shìhé zìjǐ de xiézi。 Xiāng bǐ yú nàxiē lián xié dōu méiyǒu jīhuì qù tiāo de rén, nǐ zǒngguī shì xìngyùn de。

우리는 이 세상을 대하면서, 어떠한 태도를 지녀야만 할까? 우리는 종종 일종의 편면적인 정서 안에서 자신의 고통을 확대해석하는 경우가 있어, 저 신발을 고르는 사람처럼, 내내 다운된 기분이 되어, 잠시 적당한 신발을 고르지 못하는 것을 너무나 고통스러운 일로 여기곤 한다.

Wǒmen kàn zhège shìjiè, gāi bào zhe shénmeyàng de tàidù ne? Wǒmen wǎngwǎng zài yìzhǒng piànmiàn de qíngxù lǐ kuādà le zìjǐ de tòngkǔ, gēn nà ge tiāo xié de rén yíyàng, yìzhí qíngxù dīluò, yǐwéi yìshí tiāobuzháo héshì de xiézi shì duōme dà de tòngkǔ。

하지만 사실, 자신의 생명을 어떻게 보고, 마음 속 가치기준을 세우는 일은, 우리가 세상에 대해 희망과 관용을 품을 수 있느냐를 결정하는 전제조건인 것이다.

Qíshí, zěnme kàndài zìjǐ de shēngmìng, jiànlì zìjǐ nèixīn de jiàzhí zuòbiāo, shì nǐ néng bu néng duì shìjiè bàoyǒu xīwàng hé kuānróng de qiántí。

의미 없는 삶은 없다
Suǒyǒu de shēngmìng dōu yǒu yìyì

한겨울이 오기 전, 늦가을의 밭두둑에서 세 마리의 들쥐가 바쁘게 월동준비를 하고 있었다. 첫 번째 쥐는 죽어라 식량거리를 찾아다니며, 각종 낱알과 벼이삭을 한 차례 한 차례씩 움 속으로 날랐다. 두 번째 쥐는 안간힘을 쓰며 방한용 기물들을 찾아다녀, 많은 지푸라기와 솜들을 움 속으로 끌어 날랐다.

Lóngdōng láilín zhī qián, zài shēnqiū de tiángěng shàng, yǒu sān zhī xiǎo tiánshǔ mángmáng lùlù de zuò zhe guòdōng zhǔnbèi. Dì yì zhī tiánshǔ pīnmìng de qù zhǎo liángshí, bǎ gèzhǒng gǔsuì, dàolì yí tàng yí tàng bān jìn dòng lǐ. Dì èr zhī tiánshǔ màilì de qù zhǎo yùhán de dōngxi, bǎ hěn duō dàocǎo, miánxù tuō jìn dòng lǐ.

세 번째 쥐는 어찌했나? 내내 밭두둑에서 빈둥거리며, 잠시 하늘을 쳐다보는가 하면, 잠시 땅을 쳐다보고, 그런가하면 잠시 드러누워 쉬기도 했다. 그 두 마리 쥐는 바쁘게 일을 하며, 세 번째 들쥐를 책망하며 말했다. "너 이렇게 게을러 가지고, 월동준비를 하지 않다가, 겨울이 되면 어떻게 하려고 그래!"

Ér dì sān zhī tiánshǔ ne? Jiù yìzhí zài tiángěng shàng yóuyóudàngdàng, yíhuìr kàn kan tiān, yíhuìr kàn kan dì, yíhuìr tǎng xià xiūxí. Nà liǎng ge huǒbàn yìbiān mánghuó, yìbiān zhǐzé dì sān zhī tiánshǔ shuō, nǐ zhème lǎnduò, yě bù wéi guòdōng zuò zhǔnbèi, kàn nǐ dào le dōngtiān zěnmebàn!

이 들쥐는 별 변명을 하지는 않았다. 그 후 겨울이 정말로 도래했고, 세 쥐는 아주 비좁은 움 속에 숨어, 먹을 양식을 보곤 걱정을 하지 않게 되었고, 방한용 물품도 다 갖추어져 있겠다, 매일 아무 일도 하는 일이 없게 되었다. 점점, 모두가 무료함을 느끼게 되자, 앞으로의 긴 시간을 어떻게 지내야 할지 걱정이었다.

Zhè zhī tiánshǔ yě bú biànjiě. Hòulái dōngtiān zhēn de lái le, sān zhī xiǎo tiánshǔ duǒ zài yí gè fēicháng xiázhǎi de dòng lǐmiàn, kàn zhe chī de dōngxi bù chóu le, yùhán de dōngxi yě dōu qíbèi le, měitiān wúsuǒshìshì. Jiànjiàn de, dàjiā juéde fēicháng wúliáo, bùzhīdào zěnme dǎfā zhèxiē shíguāng.

이 때, 세 번째 쥐가 다른 두 마리 쥐에게 이야기를 들려주기 시작했다. 예를 들면 어느 가을날 오후에, 그가 밭둑에서 한 아이와 마주쳤는데, 그 아이가 어떤 행동을 했는지 라든가, 또 어느 한 가을날 아침에는, 그가 저수지 옆에서 한 노인을 만났는데, 그가 어떤 행동들을 했는지 라든가, 그가 일찍이 사람들의 대화를 들었고, 새들이 노래를 부른 것들을 알려주었다.

Zài zhè ge shíhòu, dì sān zhī tiánshǔ kāishǐ gěi lìng liǎng zhī tiánshǔ jiǎng gùshì. Bǐrú zài yí gè qiūtiān de xiàwǔ, tā zài tiángěng shàng yùdào le yí gè háizi, kàndào tā zài zuò shénme shénme; Yòu zài yīgè qiūtiān de zǎochén, tā zài shuǐchí biān kàn dào yīgè lǎorén, tā zài zuò shénme shénme; Tā shuō céngjīng tīng dào rénmen de duìhuà, céngjīng tīng dào niǎor zài chàng yì zhǒng gēyáo……

그의 두 동료는 그제야 이 쥐가 당시 모두를 위해 겨울을 나는데 필요한 햇빛을 저축해 놓고 있었다는 사실을 알게 되었다.

Tā de nà liǎng ge huǒbàn zhè cái zhīdào, zhè zhī tiánshǔ dāngshí shì zài wéi dàjiā chúbèi guòdōng de yángguāng.

紹興의 특산품은?
"Nǚérhóng" de yóulái

‘女儿红’술은 ‘女儿酒’, ‘女贞陈绍’, ‘花雕酒’라고도 부르며, 절강성 소흥의 특산물 중의 하나이다. ‘女儿红’술의 유래에는 재미있는 이야기가 있다.

Nǚérhóng jiǔ yě jiào nǚér jiǔ、nǚ zhēn chén shào、huādiāojiǔ, shì Zhèjiāng Shàoxīng de tèchǎn zhī yī。Nǚérhóng jiǔ de yóulái, háiyǒu yí gè yǒuqù de gùshì。

전해져오는 바에 따르면, 소흥지역에 옛날 한 재봉사가 있었는데, 아내가 임신을 하자, 그는 도자기로 된 단지 두 개를 사와, 잘 빚어진 술을 이 두 단지에 담아, 아들 녀석이 생후 한 달이 되면, 친지들에게 대접할 참이었다. 그런데 생각지도 않게 아내는 딸을 낳았고, 남아를 선호하던 재봉사는 화가 나서, 술 단지를 땅 속에 묻었고, 손님을 대접하지도 않았다.

Xiāngchuán Shàoxīng gǔshí yǒu ge cáiféng, qīzi huáiyùn hòu, tā mǎi lái liǎng zhī táotán, jiāng niàng hǎo de jiǔ chéng zài zhè liǎng zhī tánzi lǐ, zhǔnbèi dài érzǐ mǎnyuè zhī rì, zhāodài qīnpénghǎoyǒu。Shéi zhī qīzi shēng le ge nǚér, zhòngnánqīngnǚ de cáiféng yí qì zhī xià, jiāng liǎng tán jiǔ mái zài le dìxià。Yě bù yàn qǐng kèrén le。

세월은 빠르게 흘러 딸아이는 성인이 되어, 결혼할 날이 되었는데, 재봉사는 그제야 18년 전에 땅 속에 묻어두었던 술 단지가 생각이 나서, 급히 꺼내어 손님들에게 대접하게 되었다. 단지를 열자마자, 바로 집 안이 상큼한 향내로 가득하게 되었고, 손님들은 오렌지 빛을 띤 맑고 투명한 잘 익은 축하주를 마시며, 칭찬을 끊임없이 하며, 줄곧 재봉사에게 술 빚는 기술을 전수해달라고 난리도 아니었다.

Zhuǎnyǎnjiān nǚér zhǎngdà le, dào le chéngqīn zhī rì, lǎo cáiféng zhè cái xiǎng qǐ shí bā nián qián máizài dìxià de liǎng tán lǎojiǔ, liánmáng wā chū lái yànqǐng kèrén。 Yī qǐkāi tán, dùnshí mǎn wū qīngxiāng, kèrén men hē zhe chénghuáng qīngchè、chúnhòu de xǐjiǔ, zànbùjuékǒu, fēnfēn xiàng lǎo cáiféng tǎojiào niàng jiǔ jìshù。

이때 이후로, 소흥지역엔 이러한 풍습이 생겨났으니, 딸을 낳은 가정에서는, 부모가 딸이 태어난 날에 술을 빚어, 땅굴 속 깊이 두었다가, 딸이 결혼할 때가 되면, 다시 꺼내어 손님을 접대하거나 혼수품으로 삼아 신랑 집에 선물로 보내게 되었다.

Cóngcǐ hòu, Shàoxīng biàn xíngchéng zhèyàng yì zhǒng fēngsú, fánshì shēng nǚér de jiātíng, fùmǔ biàn zài nǚér chūshēng zhī rì niàng jiǔ yī tán huò shù tán, shēn cáng zài dìjiào lǐ, dài nǚér chūjià shí, zài qǔchū dàikè huò zuò wéi jiàzhuāng zènggěi nánjiā。 Rénmén bǎ zhè zhǒng jiǔ jiào "Nǚérhóng"。

아들을 낳은 가정도 이를 모방하여 술을 빚어서, 땅굴에 묻었다가, 아들이 과거시험에 합격하면, 축하연 때 마시게 했던지라, 이 술은 '状元红'이라 부르기도 했다. 이 술의 술 단지엔 종종 산수의 풍경과 꽃과 새 등의 정교하고 아름다운 도안을 새기곤 했던지라, 사람들은 이것을 '花雕酒'라고 부르기도 한다.

Ér jiāzhōng shēng zǐ de rénjiā yě fǎng cǐ niàng jiǔ, máizài dìjiào lǐ, dài érzi zhòng bǎng hòu, qìnghè shí yǐnyòng, gù cǐ jiǔ yòu jiào "Zhuàngyuánhóng". Yīnwèi zhèzhǒng jiǔtán shàng wǎngwǎng háiyào diāokè xǔduō shānshuǐ huāniǎo děng jīngměi de tú'àn, suǒyǐ rénmen yòu chēng zhī wéi Huādiāojiǔ.

반딧불은 왜 반짝일까?
Yínghuǒchóng wèishénme huì fāguāng?

여름날 밤, 때때로 밝은 작은 불빛들이 공중에서 반짝거리며 날아다니는 것을 볼 수 있는데, 이것이 반딧불이라는 것을 모두 알고 있지만, 반딧불이 왜 빛을 내는지는 알고 있나요?

Xiàtiān de yèwǎn, yǒushí nénggòu kàndào míngliàng de xiǎo dēngguāng zài kōngzhōng yì shǎn yì shǎn de fēilái fēi qù, dàjiā dōu zhīdào zhè jiùshì yínghuǒchóng, dàn nǐ zhīdào yínghuǒchóng wèishénme huì fāguāng ma?

반딧불이의 복부 끝에는 녹색 빛을 내는 발광 기관이 있다. 수컷 벌레의 발광기는 두 마디이고, 암컷은 한 마디이다. 발광기의 피부 밑에는 발광층이 있다. 발광층은 황백색을 띠며, 멜라닌이라 불리는 단백질 발광 물질이 있다. 반딧불이가 숨을 쉴 때, 이 멜라닌은 들이마시는 산소와 화학작용을 일으켜 형광성효소로 변하게 되어, 녀석들의 꼬리부위는 반짝거리며 빛을 내게 된다. 반딧불은 성충만이 빛을 발할 수 있는 것이 아니라, 알과 애벌레, 번데기도 빛을 발한다. 반딧불이가 내는 빛은, 대부분의 에너지가 빛에너지로 바뀌며, 적은 량만 열에너지로 변하기 때문에, 반딧불은 상당히 긴 시간 동안 빛을 발할 수 있다. 반딧불의 빛을 반사하는 세포는, 빛을 더 밝게 보이게 한다.

Yínghuǒchóng de fùbù mòduān yǒu yígè néng fāchū lǜsè guāngmáng de fāguāng qìguān. Xióngchóng de fāguāngqì wéi liǎng jié, cīchóng wéi yìjié. Zài fāguāngqì de pífū xiàmiàn

74

yǒu fāguāngcéng. Fāguāngcéng chéng huángbái sè, yǒu yìzhǒng jiàozuò yínghuǒsù de dànbáizhì fāguāng wùzhi. Dāng yínghuǒchóng hūxī shí, zhè zhǒng yínghuǒsù biàn hé xī jìn de yǎnghuà héchéng yíngguāng sùméi, yúshì, tāmen de wěibù jiù kāishǐ yì shǎn yì shǎn de fāguāng le. Yínghuǒchóng bùjǐn chéngchóng kěyǐ fāguāng, jiù lián luǎn、yòuchóng hé yǒng yě huì fāguāng. Yínghuǒchóng fā chūlai de guāng dàbùfen de néngliàng dōu zhuǎnwéi guāngnéng, zhǐyǒu shǎobùfen huàwéi rè néng, suǒyǐ yínghuǒchóng kěyǐ fāguāng xiāngdāng cháng yíduàn shíjiān. Yínghuǒchóng de fǎnguāng xìbāo, shǐ guāng kànlái gèng liàng.

다른 종류의 반딧불은, 발광의 형식이 다르다. 성충의 발광은 배우자를 찾는 것 외에, 다른 생물들에게 경고하는 역할도 한다. 반딧불은 놀란 후에는 빛을 꺼서, 적이 자신을 발견하는 것을 방지한다.

Bùtóng zhǒnglèi de yínghuǒchóng fāguāng de xíngshì bùtóng. Chéngchóng de fāguāng chúle zhǎoxún pèiǒu zhīwài, háiyǒu jǐnggào qítā shēngwù de zuòyòng. Yínghuǒchóng shòudào jīngxià hòu huì guānbì guāngliàng, fángzhǐ tiāndí fāxiàn zìjǐ.

'她'字는 언제 생겨났나?
"Tā(她)" zì de yóulái

중국어 어휘 중의 "她"字가 여성 제3인칭 대명사로 된 것은 현대의 유명한 시인이자 언어학자인 劉半農이 1920년에 만들어냈기 때문이다. 고대 중국어에는 "她"字가 없었다. 그 이전까지는, 사람들이 문장을 쓸 때 남성을 나타내든 여성을 나타내든, 모두 "他"를 이용했다. 여성에 대한 존중을 나타내고자, 5·4운동 전후로, "伊"字로 여성을 지칭하자는 사람도 있었지만, "他"와 "伊"를 병용하는 것은 종종 혼란을 초래하곤 했다.

Hànyǔ cíhuì zhōng de "tā(她)" zì zuòwéi nǚxìng dì sān rénchēng dàicí shì xiàndài zhùmíng shīrén、yǔyánxuéjiā Liú Bànnóng yú yī jiǔ èr líng nián chuàngzào de。Gǔ hànyǔ shì méiyǒu "tā" zì de。Zài zhè zhīqián, rénmen xiě wénzhāng wúlùn shì biǎoshì nánxìng huòshì nǚxìng, dōushì yòng "tā" zì。Chūyú duì nǚxìng de zūnzhòng, wǔ sì yùndòng qiánhòu, yǒurén yě yòng "yī" zì lái dài zhǐ nǚxìng, dàn "tā" yǔ "yī" bìngyòng, chángcháng zàochéng hùnluàn。

劉半農은 일찍이 프랑스에 유학하여 언어학을 전공하였다. 그는 백화문의 흥기와, 거기에 더해 외국 문학 작품의 급속한 번역의 증가로, 제3인칭대사의 사용이 빈번해졌는데, 성별의 구분이 없는 "他"字만을 쓰는 것은 불충분한 것이라고 여겼다. 그래서 劉半農은 "女"字를 편방으로 하는 "她"字를 만들어 여성을 지칭하게 했는데, 생각지도 않게 커다란 반향을 불러일으켜, 지지하는 사람도 있고, 공격하는 사람도 있었다. 이를 위해, 1920년 6월, 劉半農은 《"她"字問題》라는 문장을 발표했다. "她"字가 널리 쓰이게 하고자, 그는 또 《그녀를 어떻게 해야 생각하지 않을 수 있는지 가르쳐 줘》라는 노래를 썼다. 이 노래는 후에 널리 불려졌고, "她"字는 빠르게 각계인사들의 칭찬과 인정을 받게 되었다. 그 후로, "她"는 여성 제3인칭 대명사로 됨과 더불어 널리 쓰이게 되었다.

Liú Bànnóng céng liúxué Fǎguó zhuāngōng yǔyánxué。 Tā rènwéi báihuàwén de xīngqǐ, jiāzhī fānyì wàiguó wénxué zuòpǐn zhòuzēng, dì sān rénchēng dàicí shǐyòng pínfán, jǐn yí gè bùfēn xìngbié de "tā" zì shì búgòu de。 Yúshì Liú Bànnóng zhuānmén chuàngzào le yí gè "nǚ" zì páng de "tā" lái dài zhǐ nǚxìng, shéi zhī zhè zài dāngshí wénhuàjiè yǐnqǐ fǎnxiǎng, yǒurén zhīchí, yǒurén pēngjī。 Wèi cǐ, yī jiǔ èr líng nián liù yuè, Liú Bànnóng fābiǎo 《"Tā" zì wèntí》yì wén。 Wèi tuīguǎng shǐyòng "tā" zì, tā hái xiě le shīgē 《Jiāo wǒ rúhé bù xiǎng tā》。 Zhè shǒu shīgē hòulái guǎngwéi chuán chàng。 "Tā" zì hěn kuài dédào gèjiè rénshì de zàntóng hé rènkě。 Cóngcǐ, "tā" jiù chéngwéi nǚxìng dì sān rénchēng dàicí bìng bèi guǎngfàn shǐyòng。

승리의 'V'표시는 언제 생겨났나?

"V"shǒushì de yóulái

서양인들은 흔히 V라는 손짓을 써서 승리를 표시하는데, 언제부터 시작되었는지 모르지만, 우리나라도 차용한 지 이미 오랜 시간이 흘렀다, 그렇다면 여러분은 그 손짓의 유래를 알고 있나요?

Xīfāngrén cháng yòng "V" shǒushì biǎoshì shènglì, bùzhī shì shénmeshíhòu qǐ, wǒguó yě jièyòng yǐjīng hěn cháng shíjiān le, nàme nǐ zhīdào tā de yóulái ma?

"V"기호는 제2차 세계대전 중 영국에서 기원했지만, 발명인은 벨기에인 빅토르ㆍ델라빌리 维克托ㆍ德拉维利였다. 델라빌리는 벨기에에서 영국으로 도망쳐 간 한 방송인으로, 그는 영국의 대항군 조직에 가입했다. 유럽을 대상으로 방송을 내보낼 때면, 그는 먼저 베토벤贝多芬 5번 교향곡의 앞부분에 나오는 그 4개의 음표 "띠嘀-띠-띠-다嗒"로 시작을 알렸다.

"V"fúhào qǐyuán yú dì èr cì shìjiè dàzhàn qījiān de Yīngguó, dàn fāmíngrén què shì Bǐlìshí rén Wéikètuō · Délāwéilì。 Délāwéilì shì cóng Bǐlìshí táowáng dào Yīngguó de yí wèi guǎngbōyuán, tā jiārù le Yīngguó de kàngdí zǔzhī。 Zài duì Ōuzhōu guǎngbō shí, tā shǒuxiān yòng Bèiduōfēn dì wǔ jiāoxiǎngqǔ qǐshǒu de nà sì gè yīnfú "dí——dí——dí——dā" kāitou。

이 세 번은 길고 두 번은 짧은 음표는, 모스부호摩尔斯码로 바꾸면 바로 "V"라는 기호가 되어, 동맹군이 반드시 승리할 것임을 나타냈던 것이다. 순식간에, 유럽 각 점령 국가에서는, 문을 두드리거나, 기적을 울리거나, 자동차 경적을 울리는 소리 등은 모두 "띠-띠-띠-다"였다. 식당 종업원은 일부러 나이프와 포크를 "V"모양으로 차려 놓았고, 상점은 시계를 모두 11시 5분 방향으로 배열해, 시계 바늘을 "V"자 모양으로 맞추어 놓았으며, 독일군 화장실조차도 그들이 섬뜩하게 여길 이 기호가 등장했다.

Zhè sān cháng liǎng duǎn de yīnfú, yìchéng móěrsīmǎ qiàhǎo shì "V" de fúhào, biǎoshì méngjūn bìjiāng shènglì。 Yì shíjiān, zài Ōuzhōu gè ge lúnxiàn guójiā, wúlùn shì qiāomén、 lā qìdí、àn qìchē lǎba dōu shì "dí——dí——dí——dā"。 Cānguǎn fúwùyuán yǒuyì bǎ dāozi hé chāzi bǎi chéng "V"xíng, shāngdiàn bǎ shízhōng dōu bǎi dào shí yī diǎn wǔ fēn, ràng shízhēn chéng "V"xíng, jiù lián Déguó jūnyíng de cèsuǒ lǐ yě chūxiàn le zhège lìng tāmen xīnjīngròutiào de fúhào。

같은 시기에, 영국의 수상 처칠丘吉尔은 기자회견에서 처음으로 검지와 중지를 분리해 "V" 형태의 손짓을 내보이며 동맹군의 필승을 나타냈다. 이 손짓은 영국에서 빠르게 유행하기 시작했다. 이때부터, 친구들끼리 만날 때도 "V"손짓을 사용해 인사했다. "V"는 곧 승리의 표시가 되었고, 동시에 점차 전 세계로 보급되어 세계적으로 통용되어지는 손짓 언어가 되었다.

Yǔ cǐ tóngshí, Yīngguó shǒuxiāng Qiūjíěr zài yícì jìzhě zhāodàihuì shàng shǒuchuàng jiāng shízhǐ hé zhōngzhǐ fēnkāi, xíngchéng "V"xíng shǒushì, biǎoshì méngjūn bìshèng。 Zhè yì shǒushì xùnsù zài Yīngguó guǎngfàn liúxíng qǐlái。 Cóngcǐ, péngyoumen jiànmiàn yě shǐyòng "V"shǒushì dǎ zhāohu。 "V" biàn chéngwéi shènglì de biāojì, bìng zhújiàn zài quánshìjiè pǔjí, chéngwéi shìjiè xìng shǒushì yǔyán。

소는 당신을 기억해낼 수 있다

Niú rèndechū nǐ lái

금나라 때, 허난성 싱양현에 李復亨이라는 사람이 있었는데, 그는 총명하고 배우길 좋아하여, 18세에는 진사에 합격하여, 그 후 벼슬길이 탄탄대로를 걸어, 금나라 선종 때에는 参知政事를 역임했다.

JīnCháoshí, Hénán Xíngyángxiàn yǒu ge rén jiao Lǐ Fùhēng, Tā cóngmíng hàoxué, shí bā suì jiù kǎoshàng jìnshì, cóngcǐ shìtú déyì, yìzhí zuò dào Jīn Xuānzōng shí de Cānzhī zhèngshì。

이복형은 허북성 남화현 현령을 맡고 있을 때, 한 소송사건과 마주하게 되었다. 한 농민이 달려와 억울함을 호소하기를 자신의 소가 누군가에 의해 귀가 잘려져 나갔다는 것이었다.

Lǐ Fùhēng zài dānrèn Héběi shěng Nánhé xiànlìng shí, pèngdào yì zhuāng sòng'àn, yǒu ge nóngmín pǎolái sùyuān, sòng jiā lǐ de niú bùzhī bèi shéi bǎ niúěr gēqù le.

이복형은 직접 농부의 집으로 가, 부상당한 소를 보고는 농부에게 말하길: "소를 훔치지 않고 귀만 자른 것을 볼 때, 일반적인 도둑의 소행이 아니라, 누군가 당신과 원한이 있는 사람이 한 소행이오." 그리고는 곧바로 인근에 사는 모든 이웃을 전부 소집하여, 소 주인집의 곡식 말리는 마당에 서게 하였다.

Lǐ Fùhēng qīnzì dào nóngfū jiā, kàn le kàn shòushāng de niú, duì nóngfū shuō: "Bù tōu niú què zhǐ gē niúěr, kějiàn búshì yìbān qièzéi dǎitú gàn de, érshì mǒu gè gēn nǐ yǒu chóu de línjū gàn de." Tā biàn bǎ fùjìn suǒyǒu de línjū quánbù zhàojí lái, zhànzài niú zhǔ jiā de shàigǔchǎng shàng。

소의 귀를 자른 사람은 이들 무리 중에 있는 것이 확실한데, 그러나 나쁜 사람의 얼굴에 죄인 문신이 있는 것도 아니고, 어떻게 해야 그를 찾아낼 수 있을까? 소 주인에게 누구와 원한을 맺었느냐고 물을 수도 있지만, 그 방법이 통할 수 있을지는 미지수였다. 원한을 맺은 사람은 범행을 부인할 수 있고, 이 속에 필연적인 인과관계란 존재하지 않기 때문이다.

Gē niúěr de rén díquè jiù zài rénqún zhōng, dànshì huàirén liǎn shàng yòu méiyǒu cìzì, yào zěnyàng zhǎochū tā lái le? Wèn niú zhǔ hé shéi jiéyuàn ma? Yěxǔ kěxíng, dàn wèibì xíngdetōng. Jiéyuàn de rén kěyǐ fǒurèn xíngxiōng, zhè lǐmiàn méiyǒu bìrán de yīnguǒ guānxi.

이복형은 매우 단수가 높아서, 그는 소 주인과 다른 이웃이 원한을 맺었는지를 묻지 않고, 그는 사람들을 한 줄로 세워, 서로간의 거리를 다섯 걸음으로 유지하게 하고, 소 주인으로 하여금 부상당한 소를 끌고 줄 서있는 사람들의 이쪽에서 저쪽까지 걷게 하자, 소는 그중의 한 사람 앞에 이르자 소스라치게 놀라며 멈추어 선 채, 아무리 잡아 당겨도 더 이상 앞으로 가려 하지 않았다. 소는 자신의 귀를 자른 범인을 기억하고 있었던 것이다!

Lǐ Fùhēng hěn gāomíng, tā yě bú wèn niúzhǔ hé nàge línjū jiéyuàn, tā jiào dàjiā zhàn yì pái, bǐcǐ jiān gé wǔ bù, ránhòu yào niúzhǔ qiān chū shòushāng de niú, cóng yì pái rén de zhètóu zǒu dào nàtóu, niú zǒu dào dāngzhōng yì rén miànqián shí, tūrán jīngtiào bù qián, zěnme lā tā yě bùkěn zài qù. Niú kěshì rènde gē tā ěrduo de xiōngshǒu de ne!

'老板'이 뭐야?
Shénme jiào 'lǎobǎn'?

　　현재, 사람들은 상공업종사 업주를 "라오반"이라고 부른다. 하지만 옛날에는, 소작농이 지주를, 고용인이 고용주를 "라오반"이라고 불렀고; 수도에서는 유명한 경극의 명배우를 '라오반'이라 불렀고 ; 그런가하면 복건성이나 강남 일대에서는 점주나 선박주인을 '라오반'이라 불렀다.

　　Xiànzài, rénmen chēng gōng shāngyè de yèzhǔ wéi "lǎobǎn"。 Ér zài jiùshí, diànnóng chēng dìzhǔ、gùgōng chēng gùzhǔ jiào "lǎobǎn"; Jīngdū chēng yǒu míngqì de jīngjù míngjué wéi lǎobǎn; Ér zài Fújiàn、Jiāngnán yídài zé chēng diànzhǔ、chuánzhǔ wéi "lǎobǎn"。

　　하지만, 근원을 파고들면, "라오반"은 사람을 지칭했던 것이 아니고, 큰돈을 지칭했었다. 옛날에는 돈을 주조하는 모형을 "板"이라고 불렀다. 명나라 馮時可의 '雨航雜錄'에 이르길: "돈을 주조하는 모형을 板이라 한다. 송나라 때 돈의 주조는, 매 판마다 64문을 찍어냈다고 한다, 그래서 민간에는 '板板64'('획일적이다' 또는 '융통성이 없다'의 뜻)라는 말이 있다. 지금 강북의 각 성이 큰돈을 古官板이라 부르는 것도 이 뜻이다. 관판이라고 지칭하는 것은, 개인적인 주조와 구분되어지는 것으로, '라오관반'이라 부르는 것은, 근래의 관판과 다름을 나타낸다." '라오관반'은 아마도 '라오반'의 전신으로, 중간에 '관'字를 추가한 것은, 개별적으로 주조한 돈과 구분하기 위함이 틀림없다.

　　Ránér, tuīběn sùyuán, "lǎobǎn" búshì zhǐ rén, érshì zhǐ dàqián。 Jiùshí chēng zhù qián zhī mó wéi "bǎn"。 Míng FéngShíkě de 《雨航杂录》 yún: "Zhù qián zhī mó wèi zhī bǎn。

Sòng shí zhù qián, měi bǎn liù shí sì wén, gù sú yǒu "bǎnban liùshísì" yǔ. Jīn Jiāngběi gè Shěng chēng dàqián wéi lǎo guān bǎn, yì shì cǐ yì. Chēng "guānbǎn" zhě, biéyú sīzhù yě, chēng 'lǎo guān' bǎn zhě, bié yú jìnlái zhī guānbǎn yě." "Lǎo guān bǎn" kěnéng shì lǎobǎn de qiánshēn, zhōngjiān jiā yí ge "guān" zì, wúfēi shì wèile tóng sīzhù zhī qián qūbié kāilái.

宋代 이전에 주조한 '라오관반'은 큰 액수의 돈이었다. 원대에는 돈을 주조하지 않아서, 민간에서 쓰인 것은 모두 옛 화폐였다. 명대에 이르러, 비로소 '板兒'이란 돈이 생겨나, 이전부터 있던 '라오관반'과 구별이 되어졌다. 명과 청 두 시대에는, 당송 때 만들어진 돈이 아직도 자취를 감추지 않아, 민간에서는 그것을 "라오반"이라고 불렀다.

Sòngdài yǐqián suǒ zhù de "lǎo guān bǎn" dōu shì dàqián. Yuándài méiyǒu zhù qián, mínjiān suǒ yòng dōu shì jiù qián. Dào le Míngdài, cái yǒu yìzhǒng "bǎnr" de qián, yǒubié yú yǐqián de "lǎo guān bǎn". Míng Qīng liǎng dài, TángSòng qián shàngwèi juéjì, mínjiān chēngwéi "lǎobǎn" qián.

"라오반"은 원래 큰 액수의 돈이었고, 지주, 고용주, 상점주인 모두 돈 있는 사람인지라, 사람들은 돈으로 사람을 가리키게 되어, 그들 돈 있는 사람을 "라오반"이라 부르게 된 것이다.

Yóuyú "lǎobǎn" yuán shì dàqián, dìzhǔ, gùzhǔ, diànzhǔ dōu shì yǒu qián rén, rénmen biàn yǐ qián chēng rén, jiù chēng tāmen wéi "lǎobǎn" le.

'China'는 어떻게 생겨났나?

'China' de yóulái

영어에선, 중국을 "China"라고 쓴다. "China"의 유래에 대해서는 학설이 하나가 아니다.

Zài yīngyǔ zhōng, jiāng Zhōngguó xiě zuò "China"。 Guānyú "China" de yóulái, shuōfǎ bùyī。

일반적으로 "China"는 중국어 "昌南"이란 어휘의 음역이라 여긴다. "昌南"은 "昌南鎭"을 일컫는 말로, 자기의 도시 "景德鎭"의 옛 이름이다. 이 지역은 창강의 남쪽에 위치한 지라 남조시대에 "昌南鎭"이라 불렀다. 일찍이 동한시대 때, 옛날사람들은 여기에서 도자기를 구워 만들었다. 당나라 때에 와서는, 이곳에서 일종의 청백자를 만들어냈다. 청백자는 빛나고 윤이 나서, 가짜 옥기라는 美名도 가졌고, 그래서 거리를 불문하고 멀리 알려져, 외국에 널리 팔려나갔다.

Yìbān rènwéi 'China' shì hànyǔ "Chàngnán" yì cí de yīnyì。 "Chàngnán" zhǐ Chàngnán zhèn, shì cídū Jǐngdézhèn de jiùchēng。 Gāidì chùyú Chàngjiāng zhī nán. gù zài Náncháo chēng Chàngnán zhèn。 Zǎo zài Dōnghàn shí, gǔrén jiù zài zhèlì shāozhì táocí。 Dào le Tángdài, zhèlì chuàngzào chū yìzhǒng Qīngbái cí。 Qīngbái cí jīngyíng zīrùn, sù yǒu jiǎ yùqì de měichēng, yīnér yuǎnjìn wénmíng, bìng chàngxiāo guówài。

18세기 이전에, 유럽 사람들은 자기를 만들 줄 몰랐던지라, 중국 창남진의 아름다운 자기는 유럽인들이 아주 아끼는 귀중한 물품이었다. 이리하여 유럽인들은 "昌南"을 '자기'(china)와 자기를 생산하는 '중국'(China)의 대명사로 여겼다. 오랜 시간이 흘러, 유럽인들은 "昌南"의 본래의 의미는 잊어버리고, 그것이 '자기'와 '중국'이란 것만 기억하게 되었다. 이러한 이유로, 지금도 유럽인들은 습관에 따라 중국을 "China"로 부르는 것이다.

Shí bā shìjì yǐqián, Ōuzhōurén hái bú huì zhìzào cíqì, gù Zhōngguó Chàngnán zhèn de jīngměi cíqì shì Ōuzhōu rén shífen zhēn'ài de guìzhòng wùpǐn。 Zhèyàng Ōuzhōurén jiù bǎ Chàngnán zuòwéi "cíqì"(china) hé shēngchǎn cíqì de Zhōngguo (China) de dàichēng。 Jiǔ ér jiǔ zhī, Ōuzhōurén bǎ Chàngnán de běnyì wàngquè le, zhǐ jìzhù le tā shì cíqì hé Zhōngguó。 Suǒyǐ, zhìjīn Ōuzhōu réng xíguàn chēng Zhōngguó wéi "China"。

위의 학설은 비교적 유행되어진 것이나, 어떤 학자는 그렇지 않다고 여기는 사람도 있다. 영어에서의 중국의 호칭은 페르시아어, 인도어, 이태리어, 그리스어 등에서의 중국에 대한 호칭과 같이, 모두 "秦" 또는 "大秦"과 관계가 있다. 외국에는 중국을 "친니", "친니스탄", "마친", "마친니"라고 부르기도 하는데, 이것들은 모두 "秦"의 발음이 변화되어진 것으로, "China"는 실제론 "秦"의 발음이 변화되어진 것이라는 것이다.

Shàngshù shuōfǎ bǐjiào liúxíng, dàn yǒuguān xuézhě rènwéi qíshí bùrán。 Yīngyǔ duì Zhōngguó de chēnghū, tóng Bōsī yǔ、 Yìndì yǔ、 Yìdàlì yǔ、 Xīlà yǔ děng duì Zhōngguó de chēnghū yíyàng, dōu yǔ Qín huò dàQín yǒuguān。 Wàiguó hái yǒu chēng Zhōngguó wéi "Qínní"、 "Qínnísītǎn"、 "Móqín"、 "Mǎqínní" děngděng, dōu shì "Qín" de yīn yǎnbiàn ér lái de, "China" shíjì shàng shì "Qín" de fāyīn zhuǎnhuà。

젓가락이 왜 '筷子'지?

'Zhù' wèihé gǎimíng wéi kuàizi

젓가락은 고대에 "挾"、"筋"、"箸"라고 불렀는데, 젓가락 문화권 사람들의 조상들은 나뭇가지를 이용해 구운 음식을 흔드는 과정 중에서 힌트를 얻어, 나뭇가지가 점점 젓가락으로 변하게 되었다. 사서에 의하면 은상 말기의 군주 紂王은 이미 상아 젓가락을 사용했으며, 漢魏六朝 시대 때엔 각종 규격의 칠 젓가락이 있었고, 남북조시기의 제왕은 금으로 장식한 홍목으로 된 수저를 백관들에게 하사했으며, 당나라 때의 귀족들은 풍악을 곁들인 연회에서, 늘 고상한 상아 젓가락이나 옥으로 된 젓가락을 썼으며, 황실에서 잔치를 열 때는 금 젓가락을 썼다고 한다. 송나라 때에 와서는, 옥 젓가락이나 구리 젓가락이 아주 정교하고 아름다운 수준에 이르렀다고 한다.

Kuàizi, gǔ chēng "jiā"、"jìn"、"zhù"。Kuàizi wénhuàquán rén de zǔxiān cóng lìyòng shùzhī bádòng kǎoshí de guòchéng zhōng dédaò qǐfā, shùzhī jiànjiàn yǎnbiàn wéi kuàizhù。Jù shǐshū jìzǎi, Yīn Shāng mòqī de jūnzhǔ Zhòuwáng yǐ shǐyòng xiàngyá kuài; Hàn Wèi Liùcháo shí yǒu le gèzhǒng guīgé de qīkuài; Nánběicháo shí dìwáng cháng yǐ jīntáo xiāngqiàn hóngmù zhù shǎngcì bǎiguǎn; Tángdài de dáguān xiàngguì zài yuèyàn jiābīn shí, cháng pèi yǐ diǎnyǎ de yákuài huò yùkuài; huángshì yànyǐn zé yòng jīnkuài; zhì Sòngdài, yùkuài、tóng kuài yǐ xiāngdāng jīngměi。

옛날 사람들은 왜 젓가락(箸)를 筷로 불렀을까? 《숙원잡기菽園雜記》의 기재에 의하면, 고대의 강소성과 절강성 일대에서는, 배를 탈 때 "住"자를 입 밖으로 말할 수 없었는데, 당시의 수로항운에 쓰인 것은 인공(人工)과 바람의 힘으로 가는 나무배를 썼기 때문으로, "箸"는 "住"와 발음이 비슷하고, 또 "蛀(나무를 벌레가 먹다)"와도 같은 음이어서, 이것은 순조로운 항해를 희망하는 입장에서는 기피하게 되는 이름이었던 것이다. 그래서 사람들은 "箸(住 : 멈추다)"와 뜻이 반대되는 "筷(快 : 빠르다)"로 바꾸게 되었다. 그런데 이 물건은 대부분 대나무로 만들어졌던지라 "快"字 위에 대나무 "竹"字를 덧씌웠던 것이다.

Gǔrén wèishénme chēng "zhù" wéi kuài ne? 《Shūyuán zhájì》 jìzǎi: Gǔdài jiāngzhè yídài, zuòchuán shí bùnéng shuōchū "zhù" zì, yīnwèi dāngshí shuǐdào hángyùn kào de shì réngōng huò fēnglì tuīxíng de mùchuán, "zhù" tóng "zhù" xiéyīn, yòu yǔ "zhù" tóngyīn, zhè duì xīwàng yìfānfēngshùn de hángxíng shì ge jihuì. Yīncǐ, rénmen jiù fǎn qí yì gǎi zhù(zhù) wéi kuài(kuài) le. Yóuyú zhè dōngxi dàdōu yǐ zhúzi zuòchéng, yīncǐ yòu zài "kuài" zì shàng guān yǐ "zhú" zì tóu.

현재 筷子라는 명칭이 광범하게 사용되고 있지만, 그러나 신문지상과 어떤 일부 서적들에서는 여전히 "箸"를 筷子의 서면어로 사용하고 있다.

Xiànzài, kuàizi de chēnghū yǐ bèi rénmen guǎngfàn shǐyòng, dàn zài bàoduān hé yǒuxiē shūkān zhōng, réng bǎ "zhù" yòng wéi kuàizi de shūmiàn yòngyǔ.

은혜를 갚은 쥐 (이솝우화)
Bào ēn de lǎoshǔ

사자는 배불리 먹었겠다, 편안하게 큰 나무 밑에 누워, 낮잠을 제대로 자볼 생각이었다. 얼마 지나지 않아, 깊이 잠이 들어, 규칙적으로 거친 숨소리를 뱉어냈다.

Shīzi chī bǎo le, shūfú de tǎng zài yì gēn dàshù xià, zhǔnbèi hǎohǎo shuì ge wǔjiào。 Bù yíhuìr shīzi jiù shuì shú le, chuánchū le jūnyún ér cūcāo de chuǎnqìshēng。

바로 이때, 놀란 모양을 한 쥐 한 마리가 어디서 뛰어나왔는지, 곤하게 자고 있는 사자의 몸을 머리로 건드렸다. 사자는 꿈속에 있다 깜짝 놀라 깨어나, 덥석 쥐를 잡았다. 사자는 만면에 노기를 띠며 포효했다. "넌 눈이 없어? 감히 날 깨우다니! 살고 싶지 않다 이거지!"

Jiù zài zhège shíhòu, yì zhī luàncuàn de lǎoshǔ bùzhīdào nǎr pǎo le chūlái, zhènghǎo yì tóu zhuàng zài shúshuì de shīzi shēn shàng。 Shīzi cóng shuìmèng zhōng bèi jīngxǐng, yìbǎ zhuāzhù le xiǎo lǎoshǔ。 Shīzi nùróng mǎnmiàn de hōu dào: "Nǐ méi zhǎng yǎn ya! Jìnggǎn lái dǎrǎo wǒ shuìjiào! Bù xiǎng huó le! Shì bú shì!"

쥐는 자신이 큰 화를 자초했음을 알아차리곤, 놀라서 부들부들 떨며 말했다. "사자 대왕님, 제발 용서해주세요! 기회가 되면, 제가 반드시 은혜를 갚겠습니다." 화가 머리끝까지 나 있던 사자는 쥐를 한 입에 먹어치울 생각이었지만, 쥐의 이 말을 듣고는, 기가 찼다, 이런 조그만 쥐가 은혜를 갚겠다고? 사자는 씩 웃으며, 쥐었던 손을 풀어, 쥐를 도망치게 했다.

Lǎoshǔ zhīdào zìjǐ rě xià le dà huò, xià de duōduōsuōsuō de shuō: "Shīzi dàwáng, wǒ …… qiú nín ráo le wǒ ba! Yǒu jīhuì, wǒ …… wǒ yídìng huì …… huì bàodá nín de!" Zhèngzài qìtóu shàng de shīzi běnlái xiǎng bǎ lǎoshǔ yìkǒu chīdiào, tīngdào xiǎo lǎoshǔ shuō zhèxiē huà, juéde tè hǎoxiào, zhème xiǎo de yì zhī lǎoshǔ, néng bào shénme ēn ya? Yúshì shīzi xiào le yí xiào, sōng le shǒu, bǎ lǎoshǔ gěi táo le。

며칠 후, 쥐가 놀이에 열중하고 있는데, 갑자기 사자의 포효소리가 들리는데, 그 소리는 아주 고통스러운 소리였다. 쥐는 소리가 나는 곳을 따라가 사자를 찾아냈다. 사자는 조심하지 않아 사냥꾼이 설치해놓은 그물에 걸려들었던 것이었다. 쥐는 군말 없이, 곧바로 자신의 날카로운 이빨로 그물망을 물어뜯었다, 그는 온힘을 다해, 쉬지 않고 물어뜯어, 마침내는 그물망이 한 올 한 올씩 잘려져 나가, 사자는 목숨을 구하게 되었다.

Jǐ tiān hòu, lǎoshǔ zhèngzài wánshuǎ, tūrán tīngjiàn yǒu shīzi de hōushēng, shīzi de jiàoshēng tīng qǐlái tèbié tòngkǔ! Lǎoshǔ xún zhe shēngyīn zhǎodào le shīzi, yuánlái shīzi bù xiǎoxīn diàojìn le lièrén de lièwáng zhōng。 Lǎoshǔ èr huà méi shuō, lìkè yòng zìjǐ jiānlì de yáchǐ qù yǎo shéngzi, tā yòng jìn quánshēn de lìqì, bùtíng de yǎo, zuìhòu, shéngzi yì gēn gēn duàn le, shīzi déjiù le!

어린 쥐는 사자에게 말했다. "당신은 힘이 세지만, 때로는 나처럼 힘없는 동물의 도움이 필요할 때도 있습니다! 안 그런가요?"

Xiǎo lǎoshǔ duì shīzi shuō: "Nǐ suīrán qiángdà, dànshì yǒushíhòu yě huì yūyào xiàng wǒ zhèyàng ruòxiǎo de dòngwù lái bāngmáng de! Bú shì ma?"

뭐 눈에는 뭐만

Xīn zhōng yǒu shénme, yán zhōng jiù yǒu shénme

송나라 때 사람의 필기에는 苏轼와 佛印의 교제에 관한 이야기가 기재되어있다. 苏轼은 대단한 재사였고. 佛印는 고승으로, 두 사람은 항상 같이 참선과 좌선을 하였다. 佛印은 성실하여 언제나 苏轼의 속임수에 당하곤 했다. 苏轼은 종종 이득을 보고 기뻐했고, 집으로 돌아가서는 그의 재주 많은 여동생에게 말하길 좋아했다.

Sòngrén de bǐjì zhōng jìzǎi guò Sū Shì yǔ Fó Yìn jiāowǎng de gùshì。Sū Shì shì ge dà cáizi, Fó Yìn shì ge gāosēng, liǎng rén jīngcháng yìqǐ cānchán、dǎzuò。Fó Yìn lǎoshi, lǎo bèi Sū Shì qīfu。Sū Shì yǒu shíhòu zhàn le piányi hěn gāoxìng, huíjiā jiù xǐhuan gēn tā nà ge cáinǚ mèimei Sū Xiǎomèi shuō。

하루는, 두 사람이 또 같이 좌선을 하고 있었다.

苏轼이 물었다: "당신은 제가 무엇처럼 보이죠?"

佛印은 말했다: "나는 당신이 고귀한 부처로 보입니다."

苏轼는 듣고 난 후 크게 웃으며 佛印에게 말했다. : "당신은 내가 당신이 거기 앉아있는 것을 보고 뭐 같다고 생각 하는지 알고 있나요? 그냥 한 무더기의 소똥 같아요."

Yìtiān, liǎng rén yòu zài yìqǐ dǎzuò。

Sū Shì wèn : "Nǐ kàn kàn wǒ xiàng shénme a?"

Fó Yìn shuō : "Wǒ kàn nǐ xiàng zūnfó。"

Sū Shì tīng hòu dà xiào, duì Fó Yìn shuō : "Nǐ zhīdào wǒ kàn nǐ zuò zài nàr xiàng shénme? Jiù huóxiàng yì tān niúfèn。"

이번에도, 마치 佛印이 입도 뻥끗 못하고 당하고 만 것처럼 보인다. 苏轼은 집으로 돌아와 여동생의 앞에서 이 일을 자랑했다. 여동생은 코웃음 치며 오빠에게 말했다. 그런 정신 상태로 참선을 하고 있다니, 참선하는 사람이 가장 중요시 하는 게 뭔지 알아? 거울같이 맑은 마음으로 본성을 들여다보는 것이야, 너의 마음에 있는 것이 눈에도 보이는 것이지. 佛印은 너를 보고 존귀한 부처 같다고 했는데, 그렇게 말한 것은 그의 마음에는 존귀한 부처가 있기 때문인 것이고 ; 너는 佛印에게 소똥 같다고 했으니 생각을 해봐 너의 마음에는 무엇이 있나!

Zhè yí cì, hǎoxiàng FóYìn yòu chī le yǎbā kuī。 SūShì huíjiā jiù zài Sū xiǎomèi miànqián xuànyào zhè jiàn shì。 Sū xiǎomèi lěngxiào yíxià duì gēge shuō, jiù nǐ zhè ge wùxìng hái cānchán ne, nǐ zhīdào cānchán de rén zuì jiǎngjiū de shì shénme? Shì míngxīn jiànxìng, nǐ xīnzhōng yǒu yǎnzhōng jiù yǒu。 Fó Yìn shuō kàn nǐ xiàng zūnfó, nà shuōmíng tā xīnzhōng yǒu zūnfó ; nǐ shuō Fó Yìn xiàng niúfèn, xiǎngxiǎng nǐ xīnli yǒu shénme ba!

이 이야기는 우리 모두에게 적용된다. 모두들 생각해보자, 어째서 우리는 쪽같이 이 세상에서 생활 하거늘, 왜 어떤 사람들은 행복하고 온화하며, 또 어떤 사람들은 종일 불평하고 원망하는 것인가? 그들의 생활이 정말 그렇게 큰 차이가 날까?

Zhè ge gùshì shìyòng yú wǒmen měi ge rén。 Dàjiā xiǎng xiǎng, wèishénme wǒmen yíyàng zài zhè ge shìjiè shàng shēnghuó, yǒu xiē rén huó de huānxīn ér wēnnuǎn, yǒu xiē rén què zhěngtiān zhǐzé bàoyuàn? Tāmen de shēnghuó zhēn de xiāngchà nàme yuǎn ma?

사실 우리의 앞에 반병의 술이 놓여있는 것과 같아, 비관론자들은 이렇게 좋은 술이 어째서 반밖에 안 남았어! 라고 말하지만, 그러나 낙관주의자들은 이렇게 좋은 술이 아직 반이나 남았어! 라고 말을 한다. 말하는 것이 다른 것은 마음 속 태도가 다른데서 비롯되는 것이다.

Qíshí jiù xiàng wǒmen miànqián yǒu bàn píngzi jiǔ, bēiguānzhǔyìzhě shuō, zhème hǎo de jiǔ zěnme jiù shèng bànpíng le! Lèguānzhǔyìzhě zé shuō, zhème hǎo de jiǔ hái yǒu bàn píng ne! Biǎoshù bùtóng, yuán yú xīntài bùtóng。

37 교육에 정답은 없다

Jiàoyù méiyǒu gùdìng de zhèngdá

공자가 또 한 가지 대단한 것은, 바로 그가 사람의 그릇에 맞추어 교육을 행한 것으로, 그렇기 때문에, 똑같은 문제라 하더라도 그에게서 얻어지는 답은 다를 수 있었다.

Kǒngzǐ hái yǒu yíyàng hěn lìhài, jiùshì tā nénggòu zuò dào yīncáishījiào, suǒyǐ, tóngyàng de wèntí zài tā zhèr dédào de dá'àn kěnéng huì bù yíyàng。

자로子路는 스승께 여쭈었다 : "어떤 일을 들으면, 바로 행동해야 하나요?" 스승이 말했다 : "아버지와 형이 있거늘, 자네가 함부로 경솔히 행동해야겠나? 자네는 가장이 있으니, 자네가 그들에게 가르침을 구하지 않고, 직접 나서서 행동하는 것은, 적합한 것이 아니지 않겠는가?"

Zǐ Lù lái wèn lǎoshī : "Tīngdào yí jiàn shì, wǒ mǎshàng jiùyào zuò ma?" Lǎoshī shuō : "Yǒu fùxiōng zài, nǐ jiù gǎn màorán xíngdòng?" Nǐ hái yǒu jiāzhǎng ne, nǐ bù qǐngjiào tāmen, nǐ shàng lái jiù zuò, hǎoxiàng bù héshì ba?

이때 염유도 와서 말했다 : "일을 들었으면, 바로 행해야하나요?" 이것은 같은 문제였지만, 스승은 단호히 말했다. "들었으면 바로 행해야지."

Zhè shíhòu, Rǎn Yǒu yě lái le, shuō : "Tīngdào yí jiàn shì, jiùyào zuò ma?" háishì tóngyàng de wèntí, lǎoshī què duànrán de shuō : "Tīngdào le jiù yào zuò。"

세 번째 학생 공서화公西华가 듣고 말했다: "이 두 사람이 묻는 문제는 똑같은데, 어째서 한 사람에겐 그가 부형이 있으니 이러면 안 된다고 하고, 다른 한 사람에겐 즉시 그리 하라고 하시나요. 저는 들을수록 헷갈립니다, 스승님 이유가 무엇인가요?"

Dì sān gè xuéshēng Gōngxī Huá tīngjiàn le, shuō : "Zhè liǎng rén wèn de wèntí yìmúyíyàng a, wèishénme gēn yí ge rén shuō tā yǒu fùxiōng zài bù néng zhème zuò, gēn lìngwài yí ge què shuō nǐ mǎshàng jiù zhème zuò. Wǒ yuè tīng yuè míhuò, lǎoshī, wèishénme ne?"

스승이 대답했다. 염유冉有는 천성이 겁이 많고, 그는 어떠한 일이든 다 우유부단하다. 그는 늘 뒤로 물러서기 때문에 그래서 그는 빨리하도록 독촉하여, 그에게 나아가도록 결정할 힘을 실어준 것이다. 자로는 용감하기로는 둘째가라면 서러워하는 사람이라, 과감하게 일을 추진하는지라, 그에게는 좀 신중하게 하여, 더 많이 생각하고, 무릇 일을 따져본 뒤 해야 하므로, 그래서 그에게는 뒤로 물러서게 하여, 그를 단속시키는 것이다.

Lǎoshī huídá shuō, Ran Yǒu zhè ge rén shēngxìng jiù qiènuò tuìsuō, tā zuò shénme shì dōu yóuyùbùjué, tā lǎo wǎng hòu tuì, suǒyǐ yào gǔlì tā gǎnkuài qù zuò, gěi tā yìzhǒng xià juéxīn qiánjìn de lìliàng. Zǐ Lù zhège rén, cónglái jiùshì yǒngměng guòrén, yǒng yú zuòshì, jiù yào ràng tā jǐnshèn yìdiǎn, duō sīkǎo, fánshì diānliáng zhī hòu zài qù zuò, suǒyi gěi tā wǎng hòu tuì de lìliàng, yuēshù yíxià tā.

이것이 바로 공자의 교육이다. 이 세상에는, 다른 사람이 똑같은 문제를 물었을 때, 다른 답안을 얻을 수 있다. 그 원인은 바로 주체가 다르기 때문이다.

Zhè jiù shì Kǒngzǐ de jiàoyù. Zài zhège shìjiè shàng, bùtóng de rén wèn tóng yíge wèntí, kěyǐ huòdé bùtóng de dá'àn, yuányīn jiù zàiyú suǒ zhēnduì de zhǔtǐ bùtóng.

의리의 화신 관우 이야기

Jiǎng xìnyì de GuānYǔ

여러분은 아마도 관우가 武漢으로 돌아간 이야기를 잘 알고 있을 것입니다. 건안 5년(기원후 200년), 조조가 쉬저우를 쳐부수고, 유비, 장비는 패해서 도망가고, 관우는 포로가 되었다. 조조는 관우에게 인재끼리 서로 아껴주는 동질감을 느끼며, 줄곧 이렇게 충성스럽고 용감한 사람이 자기를 보좌해줬으면 하고 바랬으나, 그도 관우가 오래 머물지는 않을 것이라 눈치를 챘던지라, 그는 한 편으로는 성의 있게 대우하면서도, 다른 한 편으로는 자기의 대장 장료를 파견하여 관우의 말로부터 그의 의중을 떠보려했다.

Dàjiā yěxǔ dōu shúxī GuānYǔ guī Hàn de gùshi ba。 Jiàn'ān wǔ nián (gōngyuán 200 nián), CáoCāo gōngpò Xúzhōu, LiúBèi, ZhāngFēi bài táo, GuānYǔ bèifú。 CáoCāo duì GuānYǔ xīngxīngxiāngxī, yìzhí xīwàng zhèyàng yí ge zhōngyǒng zhī rén kěyǐ lái fǔzuǒ zìjǐ, dànshì tā yě kàn chū GuānYǔ bú huì jiǔliú, suǒyǐ tā yì fāngmiàn chéngyì xiāngdài, lìng yì fāngmiàn pài zìjǐ de dàjiàng ZhāngLiáo qù tàntīng GuānYǔ de kǒufēng。

관우가 장료에게 말하기를: "난 조공께서의 나에게 대하는 은혜가 한 없이 큰 것임은 알지만, 난 이미 유비와 형제의 약속을 맺어, 생사를 같이하기로 맹서를 한지라, 그에 대한 나의 충성심은 절대로 변하지 않을 것이다. 나는 분명 여기에 남아있지는 않겠지만, 나는 조조에게 보답을 하고 나서야 갈 것이다." 몇 달 후, 기회가 드디어 왔다, 관우는 원소군의 대장인 顔良을 베어 죽였다. 이 때 조조는 관우가 이미 은혜를 갚았고, 그래서 떠나게 될 것이라고 눈치를 챘다. 그래서 조조는 관우에게 큰 상을 내렸으나, 관우는 모든 하사품을 봉인하여

보존해놓고, 가져가려하지 않고, 편지를 써서 작별을 고하고, 유비를 찾아 가려했다. 관우가 떠날 때, 조조의 부장은 쫓으러 가려했으나, 조조는 그들을 막으며 말했다. "각자 모시는 주인이 있는 것이다, 쫓지 말거라."

GuānYǔ gēn ZhāngLiáo shuō: "Wǒ zhīdào Cáo gōng dài wǒ ēnzhòngrúshān, dànshì wǒ yǐjīng gēn LiúBèi yǒu xiōngdi zhī yuē, shēngsǐ jiéméng, wǒ duì tā de zhōngxīn jué bú huì gǎibiàn. Wǒ yídìng bú huì liú zài zhèlǐ, dànshì wǒ huì bàodá le Cáo gōng zhī hòu cái zǒu." Guò le jǐ ge yuè, jīhuì zhōngyú lái le, GuānYǔ zhǎnshā le YuánShào jūn zhōng dàjiàng YánLiáng. Zhè shíhou CáoCāo zhīdào, GuānYǔ yǐjīng bàoēn le, fēi zǒu bùkě le. Yúshì CáoCāo duì GuānYǔ hòujiā shǎngcì, ér GuānYǔ ne, bǎ suǒyǒu de shǎngcì dōu fēngcún qǐlái, bìng bú dài zǒu, liú shū gàocí, qù zhǎo LiúBèi le. GuānYǔ zǒu de shíhou, CáoCāo de bùjiàng yào qù zhuī, CáoCāo bǎ tāmen dōu lánzhù le, shuō: "Gè wèi qí zhǔ bà le, bú yào zhuī le."

왜 무대 위의 관우는 늘 빨간 얼굴의 충성스럽고 용감한 형상일까? 그건 바로 그가 충실하고 성실하게 신의를 지켰기 때문이다. 정사에서부터 소설까지, 모두 관우의 옛 군주에 대한 충성스럽고 용감한 마음의 이야기가 기재되거나 대대로 전해진다. 현재 삼국지 연극을 보면, 모두들 야단법석인 것을 느낀다, 하지만 그 여러 정치 분쟁들 외에 가장 오래도록, 가장 사람들 마음에 전해져 내려오는 것은 역시 도덕적인 가치이다.

Wèishénme wǔtái shàng de Guān gōng yǒngyuǎn shì hóngliǎn de zhōngyǒng xíngxiàng? Jiùshì yīnwèi tā dǔchéng shǒuxìn. Cóng zhèngshǐ dào xiǎoshuō, dōu jìzǎi huò liúchuán zhe GuānYǔ xīnliàn gùzhǔ de zhōngyǒng gùshi. Xiànzài kàn Sānguóxì, dàjiā juéde hěn rènao, dàn zài nà xiē zhèngzhì fēnzhēng zhī wài liúchuán zuì jiǔyuǎn, zuì shēnrù rénxīn de háishì dàodé jiàzhí.

세상에 가득했으면 하고 바라는 효도
Yóu xiàoxīn chǎnshēng chūlái de guānhuái

나는 사람을 감동케 하는 효도를 실천하는 자녀의 짧은 사연을 본 적이 있다. 한 그룹의 친구들이 한담을 나누고 있는데, 한 사람이 말을 했다. 내가 밖에 나와 있는 시간이 이리 오래되었으니, 엄마아빠께 전화 좀 한 통 드려야 되겠어. 그러고는, 그는 전화번호를 한 번 누르더니, 전화를 잠깐 끊었다가, 다시 전화번호를 누르고, 수화기를 든 채 기다리다, 그의 부모와 통화를 하는 것이었다.

Wǒ hái kàndào guò yí ge ràng rén hěn gǎndòng de érnǚ jìn xiào de xiǎo gùshì. Yǒu yì bāng péngyǒu zài yìqǐ liáotiān, yǒu yí ge rén shuō, wǒ zài wàimiàn shíjiān zhème cháng, wǒ yào gěi bàba māma dǎ ge diànhuà gàosù tāmen yì shēng. Ránhòu, tā bō le yí biàn hàomǎ, tíng le yíxià guàduàn, yòu bō le yí biàn hàomǎ, ná zhe tīngtǒng děng zhe, jiēzhe gēn tā fùmǔ shuō huà.

그의 친구들은 이상해서 물었다. "첫 번째 전화는 통화중이었어?" 그는 아니라고 대답했다. 친구가 물었다. "그럼 왜 두 번을 거는 거야?"

Tā de péngyǒu men hěn qíguài, wèn: "Bō dì yí biàn zhànxiàn a?" Tā shuō méiyǒu。 Péngyǒu wèn: "Nà wèishénme bō liǎng biàn ne?"

이 자는 담담하게 말을 했다. "우리 엄마아빠가 연세가 많으셔서, 다리가 불편하시거든, 그런데 두 분은 전화벨소리만 들으면 나라고 생각해서, 매번 다른 건 아무것도 살피지 않은 채 전화기 앞으로 달려 들다보니, 전화기를 덮치게 되는 거야. 우리 엄마는 이것 때문에 늘 책상다리에 다리가 걸리곤 하셔. 나중에 난 그들과 약속을 했지, 난 자주 전화를 드릴 수 있어요, 하지만 두 분이 반드시 뛰지 않겠다고 약속하셔야 되요, 제가 첫 번째 전화를 걸때는 전화벨이 두세 번 울릴 때까지 기다렸다가, 전화를 끊을 테니, 두 분은 그 사이 천천히 전화기 옆으로 와서 기다리세요, 잠시 후 제가 반드시 다시 전화를 하겠습니다."

Zhè ge rén dàndàn de shuō: "Wǒ bàba māma niánjì dà le, tuǐjiǎo bù hǎo, tāmen zhǐyào tīngjiàn diànhuà jiù juéde shì wǒ de, měicì dōu shì búgù yíqiè wǎng qián chōng, hènbudé pū zài diànhuàjī shàng。 Wǒ mā yīnwèi zhèyàng jiù jīngcháng bèi zhuōzituǐ bàn dǎo。 Hòulái wǒ jiù gēn tāmen shuō hǎo, wǒ huì jīngcháng dǎ diànhuà, dàn qiántí shì nǐmen yídìng bú yào pǎo, wǒ dì yícì bō tōng diànhuà jiù xiǎng liǎng sān shēng, ránhòu guà shàng, nǐmen mànmàn zǒu dào diànhuàjī biān děng zhe, guò yíhuìr wǒ yídìng hái huì dǎ guòlái de。"

이 이야기는 실제 이야기로, 자녀가 부모에게 존경을 담아 효도하는 흔치 않은 예에 속한다. 친구들끼리 함께 부모의 자식에 대한 사랑의 실천에 대해 말하자면, 모두들 아무렇게나 끄집어내어도 아마 한보따리씩 풀어놓을 것이다, 하지만 자녀가 이와 같은 마음으로 부모에게 대하는 경우는, 비교적 드문 일이다. 사실이지, 난 이런 일들이 우리 모두의 가정에서 일어났으면 하고 희망한다.

Zhè ge gùshì, shuō shízài huà, shì bǐjiào shǎo jiàn de érnǚ xiàojìng fùmǔ de gùshì。 Péngyǒu men zài yìqǐ liáo qǐ fùmǔ duì érnǚ de ài, dàjiā kěnéng suíkǒu shuō chū yí dà bǎ, dànshì érnǚ yǒu rúcǐ zhī xīn duì fùmǔ de, wǎngwǎng shǎo jiàn。 Qíshí, wǒ dǎo zhēn xīwàng zhèyàng de gùshì néng fāshēng zài wǒmen měi ge rén de jiālǐ, fāshēng zài wǒmen shēnbiān。

한 아랍 이야기가 있는데, 두 친구가 집을 떠나 장사를 하러 가는데, 끝이 없이 광활한 사막지대를 지나야 했다. 하루는 두 사람 사이에 다툼이 일어났고, 한 사람이 화가 나서 다른 한 사람을 구타했다. 맞은 사람은 답답하고 괴로워, 모래사막 위에 "오늘 내 친구가 나를 때렸다"란 한 줄 글을 썼다.

Yǒu yí ge Ālābó gùshì shuō, liǎng ge péngyǒu chūmén zuò shēngyì, tāmen yào jīngguò guǎngkuó wúyín de shāmò、shítān。Yǒu yì tiān, liǎng rén zhēngzhí qǐlái le, yí ge rén fènnù de dǎ le lìng yí ge rén。Bèi dǎ de zhè ge rén hěn yùmèn, jiù zài liúshā shàng xiě le yì háng zì: "Jīntiān wǒ de péngyǒu dǎ le wǒ。"

두 사람은 다시 앞으로 나아갔다. 깊은 밤이 되자, 폭풍이 모래바람을 날리며 불어왔고, 그의 친구가 먼저 깨어나, 급히 그를 흔들어 깨우며 말했다. "우리 빨리 여길 빠져나가야 돼." 두 사람은 따뜻하고 안전한 곳으로 달아나, 큰 암벽 뒤에 몸을 숨겼다. 이 사람은 작은 칼을 꺼내어, 바위 위에 "오늘 내 친구가 날 구해주었다"라고 새겼다.

Liǎng ge rén yòu wǎng qián zǒu。Dào le shēngēng bànyè, bàofēng jiā zhe liúshā chuī lái le, tā de péngyǒu xiān xǐng le, gǎnjǐn tuī xǐng tā shuō: "Zán liǎ gǎnjǐn táoshēng。" Liǎng ge rén pǎo dào le yí ge wēnnuǎn ānquán de dìfang, duǒ zài yí kuài dà shítou hòumiàn. Zhè ge rén ná chū xiǎo dāo, zài shítou shàng kè le yí jù huà: "Jīntiān wǒ de péngyǒu jiù le wǒ."

그의 친구는 의아해하며 물었다. "내가 너를 때렸을 때 넌 어째서 모래 위에 썼고, 내가 널 깨운 건 어째서 바위 위에 새기는 거지?"

Tā de péngyǒu hěn qíguài, shuō: "Wǒ dǎ nǐ de shíhòu nǐ zěnme xiě zài shāzi shàng, wǒ jiào le nǐ zhème yì shēng nǐ zěnme jiù kè zài shítou shàng le?"

이 자가 말을 했다. 이 세상에서 우리는 상처를 받는 일을 피할 수 없다, 상처를 받으면 곧바로 울분을 풀어줘야 한다, 하지만 모래 위에 쓰는 것은, 바람이 한 차례 지나가면, 사막의 모래는 평평해진다. 이런 상처는 잊히는 게 가장 좋은 일이다. 하지만, 다른 사람이 나에게 행한 좋은 일은, 마음속에 새겨두어야 할 일로, 돌 위에 그걸 새기면, 그것은 영원히 마음속에 남게 된다.

Zhè ge rén shuō, zài zhège shìjiè shàng, wǒmen nánmiǎn shòudào shānghài, bèi shānghài le jiù yào xuānxiè yíxià, búguò yào xiě zài shāzi shàng, fǎnzhèng fēng yí guò, liúshā jiù píng le. Zhèxiē shānghài zuìhǎo bèi yíwàng. Dànshì, biérén duì nǐ de hǎo, yào míngkè zài xīn, kè zài shítou shàng, tā jiù yǒngyuǎn liú zài xīn lǐ.

104

이 세상에는, 손상도 있으나, 많은 은혜로움도 있다. 우리는 어떤 마음가짐으로 구분하고 대처해야 할까? 그것은 우리가 어떤 것들을 모래 위에 적고, 어떤 것들을 바위 위에 새기는 가를 봐야 한다.

Zhè ge shìjiè shàng, yǒu guò shānghài, dàn yě yǒu guò hěn duō ēndiǎn, wǒmen yào yǐ shénmeyàng de xīn qù fēnbié miànduì ne? Jiù kàn nǐ bǎ nǎxiē xiě zài liúshā shàng, bǎ nǎxiē kè zài shítou shàng。

어떤 사람들의 일생은 원한을 새겨놓기만 하는지라, 행복을 얻기가 어렵고, 어떤 사람은 행복을 새겨놓는지라, 그의 일생은 은혜로움으로 가득 채워진다.

Yǒu xiē rén de yìshēng yònglái míngkè chóuhèn, suǒyǐ tā hěn nán dédào xìngfú; Yǒu xiē rén de yìshēng yònglái míngkè xìngfú, suǒyǐ tā de shēngmìng chōngmǎn gǎn'ēn。

무엇이 젤 중요허여?

Zuì zhòngyào de shì shénme?

한 국왕이 매일 세 가지의 가장 궁극적인 철학문제를 깊이 생각하고 있었으니, 그것은 : 이 세상에서, 누가 가장 중요한가? 어떤 일이 가장 중요한가? 어느 시간에 일하는 것이 가장 중요한가? 하는 것이었다. 이 세 가지 문제에 대해, 조정의 모든 대신들은, 누구도 해답을 내놓는 사람이 없었다. 그는 고민에 휩싸였고, 그 후 하루는 평복차림으로 민간을 살피러 나갔다가, 아주 외진 곳에 도달해서 한 낯선 영감의 집에 묵게 되었다.

Yǒu yí ge guówáng měitiān dōu zài sīkǎo sān ge zuì zuì zhōngjí de zhéxué wèntí : Zài zhè ge shìjiè shàng, shénme rén zuì zhòngyào? Shénme shì zuì zhòngyào? Shénme shíjiān zuòshì zuì zhòngyào? Jiù zhè sān ge wèntí, jǔcháo dàchén, méi rén nénggòu huídá de chūlai. Tā hěn kǔmèn. Hòulái yǒu yìtiān, tā chuān zhe wēifú chūqù sīfǎng, zǒu dào yí ge hěn piānyuǎn de dìfang, tóusù dào yí ge mòshēng de lǎohàn jiā.

그는 밤중에 요란한 소리에 놀라 깨었는데, 알고 보니, 온몸에 피가 묻은 사람이 노인의 집에 뛰어든 것이었다. 그는 다른 사람이 자신을 쫓아오고 있다고 말했다. 그러자 노인이 말하길, 그럼 당신은 여기서 몸을 좀 숨기시오 하더니, 곧 그를 숨겨주었다. 국왕은 무서워서

106

잠을 잘 수가 없었고, 잠시 후 병사가 추격해 와서는, 노인에게 , 사람이 뛰어 들어오지 않았느냐고 묻자, 노인은 모른다고 시치미를 떼며, 우리 집엔 나밖에 다른 사람은 없노라고 대꾸했다. 나중에 추격해온 병사가 가자, 그 쫓기던 사람은 여러 차례 감사의 말을 하고는 가버렸다. 노인은 문을 닫고는 계속 잠을 잤다.

Bànyè lǐ, tā bèi yí zhèn xuānnàoshēng jīngxǐng, fāxiàn yí ge húnshēn shì xuè de rén chuǎngjìn lǎohàn jiā。 Nà ge rén shuō, hòumiàn yǒu rén zhuī wǒ。 Lǎohàn shuō, nà nǐ jiù zài wǒ zhèr bì yí bì ba。 Jiù bǎ tā cáng qǐlái le。 Guówáng xià de bùgǎn shuì, yíhuìr kànjiàn zhuībīng lái le。 Zhuībīng wèn lǎohàn, yǒu méi yǒu kàndào yí ge rén pǎo guòlái? Lǎotóu shuō, bùzhīdào, wǒ jiālǐ méiyǒu biérén。 Hòulái zhuībīng zǒu le, nà ge bèi zhuībǔ de rén shuō le yìxiē gǎnjī de huà yě zǒu le。 Lǎohàn guān shàng mén jìxù shuìjiào。

국왕이 노인에게 물었다, 어쩌자고 감히 그를 받아들여 주었소? 당신은 죽임을 당할 것이 두렵지 않았소? 게다가 그렇게 그가 도망가게 놔주고, 어떻게 누구인지도 물어보지 않은 것이오? 영감은 담담히 그에게 말하길, 이 세상에서 가장 중요한 사람은 지금 당장 당신을 필요로 하는 사람이고, 가장 중요한 일은 바로 지금 해야 할 일이고, 가장 중요한 시간은 바로 지금 당장으로, 조금도 미루면 아니 되오.

Dì èr tiān guówáng wèn lǎohàn shuō, nǐ wèishénme gǎn shōuliú nà ge rén? Nǐ jiù bú pà rěshàng shā shēn zhī huò? Érqiě nǐ jiù nàme fàng tā zǒu le, nǐ zěnme bú wèn tā shì shéi ne? Lǎohàn dàndàn de gēn tā shuō, zài zhège shìjiè shàng, zuì zhòngyào de rén jiùshì yǎnxià xūyào nǐ bāngzhù de rén, zuì zhòngyào de shì jiùshì mǎshàng qù zuò, zuì zhòngyào de shíjiān jiùshì dāngxià, yìdiǎn bùnéng tuōyán。

그 국왕은 퍼뜩 크게 깨달은 바가 있었으니, 그는 오랫동안 생각하며 풀지 못했던 세 가지 철학문제를 한 번에 모두 해결하게 되었다

Nà ge guówáng huǎngrándàwù, tā nà sān ge jiǔ sī bù jiě de zhéxué wèntí, yíxià dōu jiějué le。

소문은 개나 줘버려
Dàotīngtúshuō bù zhíde kěkào

유익한 이야기가 하나 있다. 어떤 철인(지혜가 뛰어난 사람)이 있었는데, 평소 말수가 적었다. 하루는 그의 친구 한명이 쏜살같이 달려와서, 만면에 의기양양한 기색으로 그에게 말했다. : "자네에게 알려줄 특별하고 중대한 소식이 있네."

Yǒu yí ge gùshì shuō de hǎo。 Yǒu yí wèi zhérén, sùlái chénmò。 Yǒu yìtiān, tā de yí ge péngyou fēibēn ér lái, mǎnliǎn shéncǎifēiyáng, gēn tā shuō : "Wǒ yào gàosù nǐ yí ge tèbié zhòngdà de xiāoxi。"

철인은 그를 말리며 말하길 : "자네는 어떤 소식이든 말하기 전에 세 가지 체로 걸러야 하네. 첫 번째, 이 소식이 진짜인지 확인했나?" 그 친구는 잠시 멈칫하더니 말했다. "난 이렇게 생각해 본적 없네, 확실치 않네."

Zhérén lánzhù shuō : "Nǐ rènhé xiāoxi shuō chū kǒu zhī qián yào guò sān ge shāizi。 Dì yī, nǐ quèrèn zhège xiāoxi shì zhēnshí de ma?" Nà ge péngyou jiù dǎ le gè lèng, shuō : "Wǒ méi zhème xiǎng guò, bùyídìng。"

철인은 웃으며 말했다 : "두 번째 걸러낼 체는, 자네가 이 소문이 선의의 것인지 확인했나?" 그가 잠깐 생각해보니, 그 또한 확실치 않았다.

Zhè ge zhérén xiào le xiào, shuō : "Dì èr gè shāizi, nǐ quèrèn zhège xiāoxi shànyì de ma?" Nà ge rén xiǎng le xiǎng, yòu búshì hěn kěndìng。

우리는 종종 이 세상에 악의적 소문이 선의의 소문보다 훨씬 더 널리 퍼져있고, 부정적인 뉴스가 긍정적인 뉴스보다 빨리 퍼진다는 것을 알고 있다.

Wǒmen zhīdào, zhège shìjiè shàng èyì xiāoxi de chuánbō wǎngwǎng bǐ shànyì xiāoxi de chuánbō guǎngfàn de duō, fùmiàn de xīnwén dàduō bǐ zhèngmiàn de xīnwén yào chuánbō de kuài。

이어서, 이 철인은 또 세 번째 문제를 물었다. : "자네는 세 번째 체를 사용해서 걸러보게, 이 소식이 진짜 그렇게 중요한가?" 그는 잠시 생각하더니, 아주 중요한 것 같지는 않은 것 같다고 말했다.

Jiēzhe, zhège zhérén yòu wèn le dì sān ge wèntí : "Nǐ yòng dì sān ge shāizi guò yíxià, zhège xiāoxi zhēnde nàme zhòngyào ma?" Zhège rén xiǎng le xiǎng, shuō, haǒxiàng yě búshì tài zhòngyào。

철인이 말했다. : 세 가지 체로 거르기를 다 마쳤고, 그 결과 자네는 이 소식을 입 밖에 발설하지 않았고, 더불어 자네 자신도 그것으로 인해 발생하는 곤혹스러움을 겪지 않게 되었네.

Zhège zhérén shuō : "Sān ge shāizi guò wán le, nǐ zhège xiāoxi jiùshì bù shuō chūlái, nǐ zìjǐ yě búhuì shòu tā kùnrǎo le。"

우리 생각해봅시다, 길에서 주워들은 사건의 소식이 당신을 한때 흥분하게 하지만, 정말로 이 세 개의 체에 거른 후에도, 여전히 반드시 말해야 될 것인가요? 생활 속의 정보와 지식은 그 양이 엄청나고 번잡한데, 어떤 것을 받아들이고, 어떤 것을 받아들이지 않을지 ; 무엇을 배우고, 무엇을 배우지 않을지, 어째서 머릿속에서 먼저 걸러내지 않는 것인가요?

Wǒmen xiǎng yì xiǎng, dàotīng túshuō de shìqing, shǐ nǐ yìshí xīngfèn, dànshì rúguǒ zhēn guò le zhè sān ge shāizi, hái yídìng fēi shuō bù kě ma? Shēnghuó zhōng de xìnxī、zhīshi fēicháng pángzá, jiēshòu nǎxiē, bù jiēshòu nǎxiē ; xué nǎxiē, bù xué nǎxiē, zěnme bù xiān guò guò nǎozi ne?

인재를 보는 눈
Néng kàntòu réncái de yǎnguāng

우리는 다 포숙아와 관중의 이야기를 알고 있다. 이것은 중국역사에 있어서 유명한 이야기이다. 그들 둘은 본래 좋은 친구였고, 진정한 절친 사이였다. 鮑叔牙는 공자 小白을 따라다니며 일했는데, 이 공자 小白이 바로, 후일의 그 유명한 齊桓公이다. 小白은 공자 糾와의 전쟁에서 이겨 제나라의 국왕이 되었다. 이 때 鮑叔牙가 그에게 한사람을 추천했다. 그가 말하길 "당신이 이 나라를 잘 통치하려하고, 나라를 크게 번창시키려한다면, 어째서 당신은 管仲을 기용하지 않는 것이오? 管仲 이 자는 관대하고 인자함으로 백성을 대하는데 있어 나보다 우수하고, 나라를 다스리되 정권을 잃지 않게 하는 데 있어 나보다 우수하며, 전쟁을 지휘하고 전략을 수립하는데 있어서도 나보다 우수하며, 나라의 법률 의례를 제정하는 데 있어서도 나보다 우수하거늘, 그런데도 당신은 왜 관중을 불러들이지 않는 것이오?"

Wǒmen dōu zhīdào Bào Shūyá hé Guǎn Zhòng de gùshi, zhè shì Zhōngguó lìshǐ shàng zhùmíng de gùshi. Tāmen liǎng rén běnshì hǎo péngyǒu, zhēnzhèng de zhījǐ zhī jiāo. Bào Shūyá gēn le gōngzǐ Xiǎobái zuò shì, ér gōngzǐ Xiǎobái ne, jiùshì hòulái yǒumíng de Qí Huángōng. Xiǎobái dǎbài le gōngzǐ Jiū, zuò le Qíguó de guójūn, zhèshí Bào Shūyá gěi tā tuījiàn le yí ge rén. Tā shuō : "Rúguǒ nín zhēn yào zhìlǐ hǎo zhè ge guójiā, zhēn xiǎng ràng guójiā xīngwàng fādá, wèishénme nǐ bù qǐyòng Guǎn Zhòng ne? Guǎn Zhòng zhè ge rén, zài kuānhòu réncí duìdài bǎixìng shàng wǒ bùrú tā, zài zhìlǐ guójiā bùshī quánbǐng shàng wǒ bùrú tā, zài zhǐhuī dǎzhàng jūnshì móulüè shàng wǒ bùrú tā, zài zhìdìng guójiā fǎdù lǐyí shàng wǒ bùrú tā, nàme nǐ wèishénme bù qǐng Guǎn Zhòng lái ne?"

管仲을 언급하자면, 齊나라 환공에게는 마음속에 꺼려지는 바가 남아있던 대상이었는데, 그것은 管仲이 바로 옛날 공자규의 식객이었기 때문으로, 이전에 전쟁 중에 화살을 쏘아 공자 小白의 허리띠에 맞추어, 하마터면 소백의 목숨을 뺏을 뻔 했던 자로, 지금은 외지로 도망가 있는 상태였다. 만일 그때 관중이 공자소백을 활로 쏘아 죽였다면, 오늘날의 제나라 국왕은 바로 공자규의 몫이 되어 있었을 것이다. 관중이 제환공의 대원수임이 분명하거늘, 어떻게 그를 쓸 수 있겠는가? 하지만, 제환공은 포숙아의 말을 듣자, 예전의 거리낌을 버리고, 서둘러 관중을 불러 돌아오게 하고, 그에게 재상을 맡겼다. 관중은 비록 어린 시절 출신이 빈한하였지만, 결코 별 볼일 없는 인물은 아니었던지라, 굳건한 충성심으로 제환공의 국가통치를 보좌했으며, 끝내는, 제환공으로 하여금 천하의 패권을 쥐게 하여, "아홉 개 제후를 통합하고, 천하를 바로잡는데", 혁혁한 공을 세웠다.

Tíqǐ Guǎn Zhòng, Qí Huángōng kě shì xīn yǒu yújì, yīnwèi Guǎn Zhòng dàngnián jiùshì gōngzǐ Jiū de ménkè, céngjīng zài zhēngdòu zhōng yíjiàn shèdào gōngzǐ Xiǎobái de yīdài gōu shàng, chàdiǎn yào le Xiǎobái de mìng, rújīn tā táowáng zàiwài. Rúguǒ nàshí Guǎn Zhòng shèsǐ le gōngzǐ Xiǎobái, rújīn de Qíguó guójūn jiù yīnggāi shì gōngzǐ Jiū le. Zhè wèi Guǎn Zhòng kě shì Qí Huángōng de dà chóurén, zěnme nénggòu yòng tā ne? Dànshì, Qí Huángōng tīng Bào Shūyá zhème yì shuō, biàn bǐngqì qiánxián, gǎnjǐn bǎ Guǎn Zhòng qǐng le huílái, ràng tā zuò le Qí xiàng. Zhè Guǎn Zhòng suīrán zǎonián chūshēn pínhán, dàn què fēi děngxián zhī bèi, zhōngxīn gěnggěng fǔzuǒ Qí Huángōng zhìlǐ Qíguó, jiéguǒ, Qí Huángōng zuò le tiānxià bàzhǔ, "jiǔhé zhūhóu, yì kuāng tiānxià"(九合诸侯, 一匡天下), shēngwēi hèhè.

관중이 제나라를 다스린 것은, 비록 포숙아의 추천이 있긴 하였지만, 만일 제환공이 너그러운 마음으로 참고 용서하는 넓은 가슴이 없었다면, 관중이 실력을 발휘할 기회조차 절대 없었을 것이라고 말할 수 있다.

Kěyǐ shuō, Guǎn Zhòng zhì Qí, suīrán yǒu Bào Shūyá de tuījiàn zhī gōng, dàn ruòfēi Qí Huángōng yǒu róngrěn dàdù de jīnhuái, nà juéduì méiyǒu Guǎn Zhòng fāhuī de jīhuì。

인체해부학의 기원
Réntǐ jiěpōuxué héshí kāishǐ?

현대 인체 해부학의 창시자는 이탈리아의 외과 및 해부학 교수인 Visari维萨里(1514~1564)이다.

Xiàndài réntǐ jiěpōuxué de diànjīrén shì Yìdàlì wàikēxué hé jiěpōuxué jiàoshòu Wéisàlǐ (1514~1564)。

일찍이 서기 2 세기에, 고대 로마의 의사 갈렌盖仑은 《解剖学》이란 책을 썼지만, 그가 해부한 것은 인체가 아니라, 동물들의 몸이었다. 당시 교회는 인체를 해부하는 것이 엄격히 금지되어있었다. 인간은 신이 창조한 것인지라, 인간은 신성하다고 믿었기 때문이다. 그 후 천여 년이 지나도록, 의학을 공부한 사람들은 진정한 인체 해부학 책을 한 권도 가지고 있지 않았다. 젊은 의사 Visari는 인체의 신비를 밝히기로 결심했다.

Zǎo zài gōngyuán èr shìjì, gǔ Luómǎ yīshēng Gàilún xiě le yī bù 《jiěpōuxué》, dànshì tā jiěpōu de búshì réntǐ, érshì yīxiē dòngwù de qūtǐ。 Dāngshí de jiàohuì shì yánjìn jiěpōu réntǐ de。 Yīnwèi rénmen xiāngxìn rén shì shàngdì chuàngzào de, réntǐ shì shénshèng de。 Yì qiān duō nián lái, xué yī de rén méiyǒu yī bù zhēnzhèng de réntǐ jiěpōuxué。 Niánqīng de yīshēng Wéisàlǐ juéxīn yào jiēkāi réntǐ de àomì。

1536년 어느 날, 벨기에 루완卢万 지역 외곽의 처형장에서는 한 사형수가 사형에 처해졌는데, 그 시체는 민중에게 보이기 위해 교수대에 매달려 있었다. Visari는 용기를 내어, 어두운 밤을 틈타, 경계하는 보초병들을 피해서, 살금살금 시체를 교수대에서 내려, 등에 업고 내달렸는데, 막 성안으로 들어가자마자 순찰을 도는 기병대에게 발각되어지고 말았다. Visari는 잡히면 교수형을 당해야만 한다는 것을 알고 있었다. 그는 하는 수없이 시체의 머리를 잘라내어, 기병대의 추격을 피해, 몰래 집으로 돌아왔다. 다음날, 그는 땅굴에 숨어서, 온 정신을 몰두하여 머리를 해부하여, 인체의 사령부인 뇌에 대한 최초의 탐색을 진행했다.

Yī wǔ sān liù nián de yìtiān, Bǐlìshí Lúwàn chéng wài de xíngchǎng shàng chǔjué le yì míng sǐqiúfàn, shītǐ diào zài jiǎojià shàng shìzhòng。Wéisàlǐ zhuàng zhe dǎnzi, chèn zhe hēiyè, duǒguò jǐngjiè de shàobīng, qiāoqiāo de bǎ shītǐ cóng jiǎojià shàng fàng xiàlái, bèi qǐ jiù pǎo, gāng yī jìnchéng jiù bèi xúnluó de qíbīng fāxiàn。Wéisàlǐ zhīdào, yàoshi bèi zhuā zhù, zìjǐ yě děi bèi jiǎosǐ。Tā zhǐhǎo bǎ shītǐ de tóulú gē xiàlái, duǒguò qíbīng de zhuībǔ, tōutōu pǎo le huílái。Dì èr tiān, tā cáng zài dìjiào lǐ, zhuānxīn zhìzhì de jiěpōu tóulú, duì réntǐ de sīlìngbù—dànǎo jìnxíng dì yī cì tànsuǒ。

그 이후로, 비사리는 교외에 있는 묘지에 몇 차례 가서, 무연고 시체들을 훔쳐와 해부하여, 인체의 내장, 근육, 신경과 혈관 등에 대해 진지하고 상세한 연구와 묘사를 진행했다. 1524년, 그는 마침내 인류 최초의 해부학 책 《인체의 구조》를 완성하여, 현대의학과 인체해부학에 하나의 이정표를 세웠다.

Cóng zhè yǐhòu, Wéisàlǐ jǐ cì dào jiāowài mùdì, bǎ yìxiē wú rén rènlǐng de shītǐ tōu huílái jiěpōu, duì réntǐ de nèizàng、jīròu、shénjīng hé xiěguǎn jìnxíng rènzhēn、xiángxì de yánjiū hé miáohuì。Yī wǔ èr sì nián, tā zhōngyú wánchéng le rénlèi dì yī bù 《réntǐ de gòuzào》, wèi xiàndài yīxué、réntǐ jiěpōuxué shùlì le yīkuài lǐchéngbēi。

'囍'字는 언제 생겼을까?

Hóng"shuāng xǐ"zì de yóulái

사람들은 결혼 등 경사스러운 일을 치를 때, 문과 창문에 붉은 '囍'자를 붙이는데, '붉은 雙喜'라 부르며, 경축하는 분위기를 띄우게끔 한다. 이 풍습의 유래는, 전해지는 바에 따르면 宋代의 왕안석王安石으로부터 비롯되었다고 한다.

Rénmen jiéhūn bàn xǐshì, zǒng ài zài ménchuāng shàng tiē gè dàhóng "xǐ" zì, chēng hóng shuāng xǐ, yǐ xuànrǎn xǐqìng qìfen。Zhè yì xísú de yóulái, jùshuō yuányú Sòngdài de WángĀnshí。

―――

―――

1042년, 20살의 왕안석은 開封으로 과거를 치르러 가는 중에, 馬家鎭을 지나가게 되었는데, 그 마을의 馬씨 원외랑이 밖에 내 건 對聯의 앞부분을 보게 되었다. "주마등, 燈 위의 말이 달리네, 燈이 꺼지니 말이 걸음을 멈추네." 원래 마원외랑은 對聯을 걸어 사위를 찾고 있었다. 마원외랑은 딸이 하나 있었는데, 미녀일 뿐만 아니라, 훌륭한 규수의 덕목인 가야금 연주, 바둑 두기, 글쓰기와 그림그리기 등을 두루 갖추고 있었다. 마원외랑은 그 딸을 금 쪽 같이 끔찍이 아끼는데, 딸의 뜻에 따라 對聯을 이용해 사위를 구하고자 하는 것이었다. 왕안석은 기회가 된다면, 이 여인과 반드시 만나봤으면 좋겠다는 생각이 들었다. 하지만 시간이 없는지라, 계속해서 가던 길을 재촉해야만 했다.

Yī líng sì èr nián, èr shí suì de WángĀnshí fù jīng gǎn kǎo, lù guò Mǎjiāzhèn, jiàn gāi zhèn Mǎ yuánwài guà de zǒumǎdēng shàng xiě zhe yī fù duìlián de shànglián:

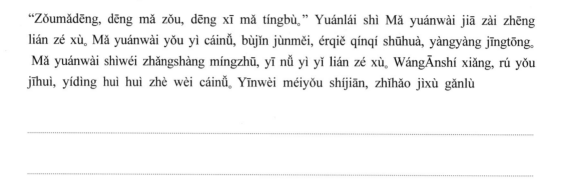

"Zǒumǎdēng, dēng mǎ zǒu, dēng xī mǎ tíngbù." Yuánlái shì Mǎ yuánwài jiā zài zhēng lián zé xù. Mǎ yuánwài yǒu yì cáinǚ, bùjǐn jùnměi, érqiě qínqí shūhuà, yàngyàng jīngtōng. Mǎ yuánwài shìwéi zhǎngshàng míngzhū, yī nǚ yì yǐ lián zé xù. WángĀnshí xiǎng, rú yǒu jīhuì, yídìng huì huì zhè wèi cáinǚ. Yīnwèi méiyǒu shíjiān, zhǐhǎo jìxù gǎnlù

다음날, 왕안석은 과거시험에서 가장 먼저 시험지를 제출하게 되어 시험 감독관의 칭찬을 들음과 동시에, 면접을 보라는 말을 들었다. 감독관은 고사장 앞에 걸린 호랑이 걸개를 가리키며 운을 뗐다. "호랑이 깃발, 깃발 속 호랑이가 날 듯 달리네, 깃발이 접히자 호랑이는 몸을 숨기네." 왕안석은 거침없이 맞받았다. "주마등, 燈 위의 말이 달리네, 燈이 꺼지니 말이 걸음을 멈추네." 감독관은 그의 반응이 빠르기도해서 좋다며, 연신 감탄하는 것이었다.

Dì èr tiān, WángĀnshí zài kǎoshì zhōng yīn jiāo tóu juǎn shòudào zhǔkǎoguān de zànshǎng, biàn chuán tā miànshì. Zhǔkǎoguān zhǐ zhe tīng qián de fēihǔqí shuō: "Fēi hǔ qí, qí fēi hǔ, qí juàn hǔ cáng shēn." WángĀnshí xìnkǒu duì dào: "Zǒumǎdēng, dēng mǎ zǒu, dēng xī mǎ tíngbù." Zhǔkǎoguān jiàn tā huídá de yòu kuài yòu hǎo, zàntàn bù yǐ.

시험을 마치자, 왕안석은 속으로 이것은 그 여자가 도와준 것이라고 여겼다. 그렇기 때문에, 그는 마가진에 돌아와, 마원외랑 댁으로 들어갔다. 마원외랑은 주마등의 윗 구에 대답하도록 부탁했다. 왕안석은 즉시 붓을 들어 써 내려갔다. "호랑이 깃발, 깃발 속 호랑이가 날 듯 달리네, 깃발이 접히자 호랑이는 몸을 숨기네."라고. 마원외랑은 그의 대련이 정교함을 보고, 그 자리에서 자신의 딸의 배우자로 낙점하고, 길한 날을 택일하여 마씨 집에서 혼례를 올리기로 허락했다.

Kǎo bì, WángĀnshí ànxiǎng, zhè shì nà cáinǚ zhī zhù yě. Yúshì huídào Mǎjiāzhèn, láidào Mǎyuánwài jiā. Mǎ yuánwài qǐng tā duì zǒumǎdēng de shàng lián. WángĀnshí suíshǒu xiě dào: "Fēihǔ qí, qí hǔ fēi, qí juàn hǔ cáng shēn." Mǎ yuánwài jiàn duìzhàng gōngzhěng, dāngjí xǔ yǐ qí nǚ bìng zé dìng liángchén jírì zài Mǎ jiā jǔxíng hūnlǐ.

결혼 당일 날, 신랑 신부가 서로 맞절을 하고 있을 때, 기쁜 소식을 전하고 그 대가로 상금을 받는 '報子'가 소식을 전했다. "왕대인께서 과거시험에 합격해, 내일 瓊林宴*에 초대되었답니다." 마원외랑은 술자리를 다시 열게 되었고, 왕안석은 기쁨 위에 다시 기쁨이 추가되어, 어느 정도 취기를 느끼면서, 붉은 색 종이 위에 붓을 휘갈겨 "囍"字를 쓰고는, 시를 읊었다. "교묘한 對聯이 두 가지 기쁨을 불러오는 노래가 되었고, 주마등과 비호기가 어우러져 새잡는 망이 되어주었네. 신방의 화촉은 급제자 명단의 제목이 되어, 작게 쓰일 인재가 큰 인재로 바뀌었네." 이때부터, 사람들은 결혼식을 치를 때면, '囍'자를 커다랗게 써서 붙이는 풍습이 생겨나게 되었고, 오늘날까지 계속되어지게 되었다.

Chéngqīn nà tiān, zhèng dāng xīnláng xīnniáng bài tiāndì shí, bàozi lái bào: "Wáng dàrén jīnbǎng tímíng, míngrì qǐng fù Qiónglín yàn." Mǎ yuánwài zhòng kāi jiǔyàn, WángĀnshí xǐ shàng jiā xǐ, bùmiǎn sān fēn zuìyì, zài hóngzhǐ shàng huī bǐ xiě xià le yí ge "shuāng xǐ" zì, bìng yín dào:"Qiǎo duìlián chéng shuāngxǐ gē, mǎdēng fēihǔ jiésī luó. Dòngfáng huāzhú tí jīnbǎng, xiǎo dēng kē yù dà dēng kē." Cóngcǐ, rénmen bàn xǐshì zhāngtiē dàhóng "xǐ" zì de xísú jiù liúchuán kāi lái bìng yìzhí yánxí zhì jīn.

---

* 왕이 과거시험 합격자에게 베푸는 연회

'中國'의 유래
'Zhōngguó' de yóulái

"中國"이라는 명칭은 周나라 때 시작되었다. 그러나 처음에 "中國"은 국가를 지칭한 것이 아니라, 수도를 지칭했다. "中"字 본래의 모습은, 막대기가 사각형이나 둥근 평면 위에 꽂혀 있는 모양인데, 이 막대기는 깃대이다. 왜 네모나거나 원형인 땅에 깃발이 세워져있는 것이 "中"이 됐을까? 원래 먼 옛날에는, 씨족 중에 큰일이 생기면, 종족표시가 그려진 깃발을 광야에 꽂았다. 이것은 옛날 "建中"이라 불렸던 것으로, 같은 종족은 멀리서 이것을 바라보면, 사방에서 이곳으로 모여들었다. 옛 학자의 해석에 따르면, 제왕의 거처하는 곳이 '中'이고, 건설되어진 성읍이 '中國'이라고 한다.

"Zhōngguó" zhè yì míngchēng shǐ yú Zhōucháo。 Dàn zuìchū "Zhōngguó" bìng bú shì zhǐ guójiā, érshì zhǐ guódū。 "Zhōng" zì běnlái de xiěfǎ, jiù xiàng yì gēn gùnzi chā zài yí ge fāngxíng huò yuánxíng de píngmiàn shàng, zhè gēn gùnzi shì qígān。 Wèishénme mǒu yī fāng yuán zhī dì chā shàng yì gēn qígān biàn chéng le "zhōng" ne? Yuánlái zài yuǎngǔ shíhòu, shìzú zhōng fán yǒu dàshì, biàn bǎ huà zhe zúhuī de xuánqí chā zài kuàngyě shàng。 Zhè zài gǔshí jiào "jiàn zhōng", zúrén wàngjiàn biàn cóng sìfāng wéilǒng ér lái。 Gǔdài xuézhě de jiěshì shì, dìwáng zhī suǒ dū jiùshì "zhōng", suǒ jiàn de chéngyì jiùshì "Zhōngguó"。

상나라 때엔, 수도가 동서남북 각 제후들의 가운데에 위치를 정했기 때문에, 사람들은 이 지역 땅을 '中國'이라 칭했던 것으로, 즉 '중앙의 성' 또는 '중앙의 나라'의 대명사였던 것이다. 봉건 왕조나 정권은 국호만 있을 뿐 국명이 없었기 때문에, 옛날 옛적에, "中國"은 결코 나라이름으로 나타난 것이 아니었다. 漢나라의 국호는 漢이고, 唐나라의 국호는 唐이고, 이후 건립된 왕조의 국호는 宋, 遼, 金, 元, 明 등인 것이다. 淸나라 정부가 외국인과 맺은 조약에 서명한 국명은 "大淸"으로, 그들의 국호는 죄다 "中國"으로 불리지 않았다. 당시 언급되어진 "中國"이란 것도 지역과 문화 방면의 개념에 불과했던 것이다.

Shāng cháo shí, yóuyú guódū dìngwèi yú tā de dōng xī nán běi gèfāng zhūhóu zhī zhōng, suǒyǐ rénmen chēng zhè kuài tǔdì wéi "Zhōngguó", jí shì "zhōngyāng zhī chéng" huò "zhōngyāng zhī guó" de dàimíngcí. Yīnwèi fēngjiàn wángcháo huò zhèngquán zhǐyǒu guóhào méiyǒu guómíng, suǒyǐ zài gǔshíhòu, "Zhōngguó" bìng bú shì yǐ guómíng chūxiàn de. Hàn cháo de guóhào shì Hàn, Táng cháo de guóhào shì Táng, yǐhòu jiànlì de wángcháo guóhào háiyǒu Sòng, Liáo, Jīn, Yuán, Míng děng. Qīng zhèngfǔ yǔ wàiguórén qiāndìng de tiáoyuē shàng qiānshǔ de guómíng shì "Dà Qīng", tāmen de guóhào dōu bú jiào "Zhōngguó". Dāngshí suǒ shuō de "Zhōngguó" yě zhǐshì zhǐ zài dìyù, wénhuà fāngmiàn de gàiniàn.

1911년에 신해혁명이 성공을 하며, 전제정권을 무너뜨리고, '중화민국'을 건립해, 中國이란 이름으로 간략히 부르게 되었다. 이때부터, "中國"은 국가적인 의미의 공식 명칭이 되었다. 새로운 중국이 성립된 후, 중국인들은 "中國"을 "중화인민공화국"의 약칭으로 삼았다.

Yī jiǔ yī yī nián, Xīnhàigémìng qǔdé shènglì, tuīfān dìzhì, jiànlì le "Zhōnghuá mínguó", jiǎnchēng "Zhōngguó". Cóng nàshí qǐ, "Zhōngguó" cái chéngwéi jùyǒu guójiā yìyi de zhèngshì míngchēng. Xīn Zhōngguó chénglì hòu, zhōngguórén bǎ "Zhōngguó" zuòwéi "Zhōnghuá rénmín gònghéguó" de jiǎnchēng.

유명해지는 건 한 순간이지!
Shǐ rén yí yè chéngmíng de yí dào tí

대략 200여 년 전, 한 수학 전공 대학생이 있었는데, 20세가 되지 않은 젊은이로, 똑똑하고 공부도 열심히 한지라, 선생님이 특별히 애정을 보여, 매일 그에게 3개의 문제씩을 더 주고, 집에 돌아가 풀어오게 하였다. 이 아이는 이렇게 매일 습관적으로 문제들을 풀었다

Dàgài zài èr bǎi duō nián qián, yǒu yí ge shùxué xì de dàxuéshēng, dú dào èr shí suì de xiǎohuǒzi, tā hěn cōngmíng, xuéxí yě hěn yònggōng, lǎoshī jiù gěi tā chī piānfàn, měitiān gěi tā duō liú sān dào tí, ràng tā huíqù zìjǐ zuò。 Zhè háizi jiù tiāntiān xíyǐwéicháng de zuò tí。

어느 날, 그는 3개의 문제를 다 푼 이후에 책 속에 한 장의 작은 쪽지가 끼어 있는 것을 발견했는데, 그 또한 문제로서, 단지 자와 컴퍼스만을 이용해 정 십 칠 면체를 만드는 문제였다. 그는 아마 이 문제도 선생님이 주신 것이리라 생각했다. 그는 바로 문제를 풀기 시작했다.

Yǒu yìtiān, tā bǎ sān dào tí zuò wán yǐhòu fāxiàn shū lǐtou hái jiā zhe yì zhāng xiǎo tiáo, yěshì yí dào tí, zhǐ xǔ yòng zhí chǐ hé yuánguī zuò chū yí ge zhèng shíqī biān xíng lái。 Tā xiǎng, zhè dàgài shì lǎoshī duō gěi tā liú le yí dào tí。 Tā jiù kāishǐ zuò tí。

이 문제는 너무나 어려워서, 그는 밤을 꼬박 새웠고, 날이 밝아서야 비로소 문제를 풀어냈다. 그는 숙제를 가지고, 비틀거리며 학교로 돌아가 문제지를 제출했다. 그가 숙제를 선생님께 드리자, 선생님은 그것을 보자마자 부들부들 떨며, 그에게 이 문제를 네가 푼 것이냐? 하고 물었다.

Zhè dào tí tǐng nán de, tā zhěngzhěng áo le yí yè, zhídào tiān liàng cái zuò chūlái. Tā jiù ná zhe zuòyè, huàngdang huàngdang de huí xuéxiào jiāo juàn. Tā bǎ zuòyè wǎng lǎoshī nàr yí fàng, lǎoshī yí kàn jiù kāishǐ duōsuō, wèn tā, zhè tí shì nǐ zìjǐ zuò chūlái de ma?

그는 그렇다고 대답하며, 이 문제가 풀기 정말 어려워서, 하룻밤을 꼬박 새웠노라 말했다. 선생님은 말씀하시길, 이 문제는 2000년 전에 만들어진 문제로, 아르키메데스가 풀지 못했고, 뉴턴도 풀지 못하였으며, 나는 한 평생 꿈이 이 문제를 푸는 것으로, 그래서 난 어딜 가든 책 속에 이 쪽지를 끼워두는 것으로, 아직까지도 풀지 못하고 있는 것이다. 내가 깜빡하여 그것을 너한테 가는 책에 실수로 놓았는데, 네가 놀랍게도 그것을 풀어냈구나.

Tā shuō, shì a, zhè tí tǐng nán zuò de, wǒ huā le yìxiǔ. Lǎoshī shuō, zhè dào tí shì yí dào liǎng qiān duō nián qián de tí a, Ājīmǐdé méi zuò chūlái, Niúdùn yě méi zuò chūlái, wǒ zuìdà de mèngxiǎng jiùshì zhè bèizi bǎ tā zuò chūlái, suǒyǐ wǒ zǒu dào nǎr dōu zài shū lǐ jiā zhe zhè zhāng zhǐtiáo, dàn wǒ dào xiànzài yě méi zuò chūlái. Wǒ bù xiǎoxīn bǎ tā diào dào nǐ nàr le, nǐ jūrán bǎ tā zuò chūlái le.

선생님이 말을 마치자, 이 학생은 곧 울어버릴 기세였다. 학생은 말했다, 선생님께서 저에게 이 문제를 2000년 동안 아무도 풀지 못했다고 말씀 해주셨다면, 저는 분명히 풀지 못하였을 것입니다.

Lǎoshī yì shuō wán, zhège xuéshēng jiù kuài bèi xià kū le。Xuéshēng shuō, yàoshi lǎoshī gàosù wǒ zhè shì yí dào liǎng qiān duō nián lái dōu méi zuò chūlái de tí, nà wǒ kěndìng yě zuòbuchūlái。

이 학생은 훗날 수학의 왕자로 불리는 가우스이며, 가우스는 이 문제로 단번에 이름이 알려지게 되었다.

Zhège xuéshēng jiùshì hòulái bèi chēngwéi shùxué wángzǐ de Gāosī, Gāosī yěshì yīnwèi zhè dào tí ér yìjǔ chéngmíng。

48

사사로움 없는 일처리
Dàgōngwúsī

춘추 시대 진나라에 祁黃羊(祁奚)이라고 하는 관리가 있었는데, 그는 사람됨이 매우 정직했다. 한 번은 晉 平公이 祁奚에게 묻기를 "남양에 지방관이 부족한데, 그대가 보기엔 누가 가는 것이 비교적 합당하다고 보는가?" 祁奚가 주저 없이 대답하기를 "解狐가 가는 것이 가장 합당하다고 여겨집니다. 그는 분명히 맡은 일을 충실히 잘 마칠 수 있을 것입니다." 平公이 의아해하며 묻기를 "해호는 그대의 원수가 아니더냐? 어찌하여 그를 추천하는가?" 祁奚가 말하길 "폐하께선 제게 단지 맡은 일을 충실히 다할 수 있는가에 누가 합당한지만을 물어보셨지, 제게 해호가 저의 원수인지 아닌지는 물어보시지 않으셨습니다!" 그리하여 평공은 곧 해호를 남양에 임명했다. 해호가 부임한 후, 좋은 일을 많이 하여, 백성들은 모두 그를 칭송했다.

Chūnqiūshíqī, Jìn guó yǒu yí wèi guānyuán jiào Qí Huángyáng, tā wéirén fēicháng zhèngzhí。Yǒu yícì, Jìn Pínggōng wèn Qí Huángyáng : "Nányáng quē ge dìfangguān, nǐ kàn pài shéi qù bǐjiào héshì ne?" Qí Huángyáng háo bù chíyí de huídá : "Ràng Jiě Hú qù zuì héshì, tā yídìng nénggòu shèngrèn!" Pínggōng jīngqí de wèn : "Jiě Hú búshì nǐ de chóurén ma? Nǐ wèishénme yào tuījiàn tā ne?" Qí Huángyáng shuō : "Nǐ zhǐ wèn wǒ shéi nénggòu shèngrèn, shénme rén zuì héshì, bìng méiyǒu wèn wǒ Jiě Hú shì bú shì wǒ de chóurén yā!" Yúshì, Pínggōng jiù pài Jiě Hú qù Nányáng shàngrèn le。Jiě Hú dàorèn hòu, zuò le bùshǎo hǎoshì, mínzhòng dōu chēngsòng tā。

한참이 지난 후, 평공이 또 祁奚에게 물었다. "지금 조정에 법관이 한 명 부족한데, 그대가 보기엔 누가 그 직위를 능히 감당하겠는가?" 祁奚가 말하길 "祁午가 충실히 다할 수 있을 것입니다." 평공은 또 매우 기이하게 여기며 물었다. "기오는 그대의 아들이 아니던가? 그대의 아들을 추천하다니 다른 사람들이 뒷말하는 것이 두렵지 않은 것인가?" 기해가 말하길 "폐하께선 제게 단지 누가 능히 감당할 수 있을지 물어보셨지, 결코 제게 기오가 저의 아들인지 아닌지는 물어보지 않으셨습니다!" 평공은 곧 기오를 법관에 임명했다. 기오가 법관을 맡게 된 후, 백성들을 위해 허다한 좋은 일들을 해냈고, 백성들의 환영과 섬김을 받게 되었다.

Guò le xiē rìzi, Pínggōng yòu wèn Qí Huángyáng : "Xiànzài cháotíng lǐ quēshǎo yí ge fǎguān, nǐ kàn shéi néng shèngrèn zhè ge zhíwèi ne?" Qí Huángyáng shuō : "Qí Wǔ nénggòu shèngrèn。" Pínggōng yòu gǎndào hěn qíguài, wèndào : "Qí Wǔ búshì nǐ de érzi ma? nǐ tuījiàn zìjǐ de érzi, bú pà biérén jiǎng xiánhuà ma?" Qí Huángyáng shuō : "Nǐ zhǐ wèn wǒ shuí kěyǐ shèngrèn, bìng méiyǒu wèn wǒ Qí Wǔ shì bú shì wǒ de érzi yā!" Pínggōng jiù pài le Qí Wǔ qù zuò fǎguān, Qí Wǔ dāng fǎguān hòu, wèi rénmen bàn le xǔduō hǎoshì, shòudào rénmen de huānyíng yǔ àidài。

공자는 이 두 일화를 듣고는 기해를 우러러보게 되었다. 공자가 말하기를 "기해의 말은 너무나 훌륭하다! 그의 인재 추천은 오로지 재능만을 기준으로 한 것으로, 해호가 자신의 원수이기 때문에 편견을 가지고 추천하지 않거나하지도 않았고, 또 기오가 자신의 아들이기 때문에, 남들의 입방아에 오를까 두려워 추천하려하지 않은 것도 아니다. 기해 같은 사람이 야말로 마땅히 '公을 중히 여기고 私利私慾이 없는 자'라 불릴만하다!"

Kǒngzǐ tīngshuō le zhè liǎng jiàn shì, shífēn jìngpèi Qí Huángyáng。 Kǒngzǐ shuō : "Qí Huángyáng shuō de tài hǎo le! Tā tuījiàn rén, wánquán shì yǐ cáinéng wéi biāozhǔn, jì bù yīnwèi Jiě Hú shì zìjǐ de chóurén, xīncún piānjiàn, jiù bù tuījiàn, yě bù yīnwèi Qí Wǔ shì zìjǐ de érzi, pà rén yìlùn, jiù bù tuījiàn。 Xiàng Qí Huángyáng zhèyàng de rén cái chēngdeshàng shì, 'dàgōngwúsī'!"

49

반전의 외조
Fǎnzhuǎn de wàizhù

모두가 알고 있듯이 안영晏嬰은 키 작고 외모가 추하며 보기에 좀 초라했다. 하지만 그는 고용한 마부가 있었으니, 아주 잘 생기고, 키 크고, 용모는 그럴듯했다.

Dàjiā zhīdào, Yàn Yīng shì wǔ duǎn shēncái, qí mào bù yáng, kànqǐlái yàngzi yǒu diǎn wěisuǒ。 Kěshì tā yǒu yí ge chēfū, què zhǎng de tèbié shuài, gèzi gāogāo de, xiàngmào tángtáng。

이 마부는 흥미롭게도, 자신이 제나라 재상을 위해 운전하는 것을 매우 자랑스럽게 생각했다. 게다가 그는 자신의 위치에 매우 만족하고 있어서 : 매일 수레 앞에 앉아 큰 말을 폼 나게 조종하는데, 안자는 오히려 보이지도 않게 안쪽으로 앉아있을 뿐이었다. 그는 마부라는 직업이 너무 좋다고 생각했다.

Zhè ge chēfū hěn yǒu yìsi, juéde zìjǐ gěi Qíguó de zǎixiàng jiàchē hěn fēngguāng。 Érqiě, tā juéde zìjǐ de wèizhi hěnhǎo a : Měitiān zuò zài chē qiánmiàn, jià zhe gāo tóu dà mǎ, ér Yànzǐ què zhǐ néng zài chēpéng lǐmiàn zuò zhe。 Tā juéde chēfū zhè ge zhíyè zhēnshì tài hǎo le!

어느 날, 마부가 집에 돌아오니, 자신의 아내가 하염없이 울며 짐을 싸서는 친정으로 가겠다는 것이었다. 그는 깜짝 놀라며 물었다. "뭐하는 거요?" 그의 아내가 말했다. "나는 정말이지 견딜 수 없어요, 난 당신을 떠날 거예요. 난 당신과 함께 있는 게 너무 창피해요."

Yǒu yì tiān, chēfū huídào jiālǐ, fāxiàn zìjǐ de fūrén kūkūtítí de shōushí le dōngxi yào huí niángjia. Tā chījīng de wèndào, "Nǐ yào gàn shénme?" Tā fūrén shuō, "Wǒ shízai rěnshòubùliǎo le, wǒ yào líkāi nǐ. Wǒ juéde gēn nǐ zài yìqǐ tǐng chǐrǔ de."

마부는 깜짝 놀라, "당신은 내가 멋지지 않소?" 그의 아내가 말했다. "당신은 멋진 게 무어라고 생각하오? 안영은 세상을 다스리는 인재인데도, 이처럼 겸손하고, 수레 안에 앉아 조금도 자신을 드러내지 않거늘, 당신은 한낱 마부일 뿐인데, 오히려 자신을 엄청 멋지게 생각하여, 도도함이 죄다 얼굴에 나타나고 있지 않소! 당신은 온종일 안영과 같은 사람과 함께 있으면서도, 그에게서 무언가라도 배워 자신을 돌아볼 줄 모르니, 이 점이 날 절망하게 하는 것이오. 당신과 생활하는 것은 내 인생 최대의 치욕이오."

Chēfū dàjīng, "Nǐ bù juéde wǒ fēngguāng ma?" Tā fūrén shuō, "Nǐ yǐwéi shénme jiàozuò fēngguāng? Xiàng rénjia Yàn Yīng nàyàng shēn fù zhì shì zhī cái, què rúcǐ qiāngōng, zuò zài chē lǐ háobù zhāngyáng, ér nǐ búguò jiùshì yí ge chēfū éryǐ, què juéde zìjǐ fēngguang wúxiàn, zhǐgāoqìyáng quán zài liǎn shàng! Nǐ zhěngtiān gēn Yàn Yīng zhèyàng de rén zài yìqǐ, què bù néng cóng tā shēnshàng xuédào yìdiǎn dōngxi lái fǎnxǐng zìjǐ, zhè shǐ wǒ duì nǐ hěn juéwàng. Gēn nǐ shēnghuó shì wǒ rénshēng zuì dà de chǐrǔ le."

나중에 이 일이 소문이 나자, 안영은 마부에게 말했다. "당신에게 이런 부인이 있으니, 내 마땅히 당신에게 좋은 자리를 줘야겠소." 결국은 이 마부를 훨씬 중요한 직책에 앉혔다.

Hòulái zhè ge shìqing chuányáng chūlái, Yàn Yīng duì zhè ge chēfū shuō : "Jiù chòng nǐ yǒu zhèyàng de fūrén, wǒ jiù yīnggāi gěi nǐ yí ge gènghǎo de zhíwèi." Jiéguǒ tíbá le zhè ge chēfū.

이 이야기는 우리에게 무엇을 말해 주는가? 그것은 바로, 우리 주위엔 많은 사람들이 있는데, 그들의 생활방식과 그들의 처신하는 태도는, 모두 우리의 거울이 될 수 있으며, 중요한 것은 우리자신이 심지가 곧은 사람이 되어야 한다는 것이다.

Zhège gùshi gàosu wǒmen shénme ne? Zhè jiùshì shuō, wǒmen de zhōuwéi yǒu hěn duō rén, tāmen de shēnghuó fāngshì hé tāmen chǔshì tàidù, dōu kěyǐ chéngwéi wǒmen de jìngzi, guānjiàn shì wǒmen zìjǐ yào zuò ge yǒuxīnrén.

50

지워지지 않는 상처
Mǒbudiào de shāngkǒu

난 인터넷에서 한 재미있는 이야기를 보았다. 성격이 못된 남자아이가 있었는데, 아침부터 저녁까지 집에서 화를 내고, (기물들을) 무너트리고 부수고, 아주 제멋대로였다. 하루는, 그의 아버지가 이 아이를 자신의 집 후원의 울타리로 데리고 가 말을 했다. "얘야, 넌 앞으로 가족들에게 화를 낼 때마다, 울타리에다 못을 하나씩 박거라. 일정기간이 지난 후, 네가 얼마나 화를 냈는지 확인해보는 거야, 알겠지?" 이 아이는 생각하기를, 그게 뭐 대수야? 뭐 지켜 봐 보지. 후에, 그는 크게 소리 지를 때마다, 스스로 울타리로 가 못을 한 개씩 박았고, 하루 동안 그리한 후 확인해보니, 아이구야! 못이 한 무더기였다. 그 자신조차도 쑥스럽게 느껴졌다.

Wǒ zài wǎngluò shàng kàn dào yí gè xiǎo gùshì: Yǒu yí gè huài píqì de xiǎo nánhái, yìtiāndàowǎn zài jiālǐ fā píqì, shuāi shuāi dǎ dǎ, tèbié rènxìng. Yǒu yìtiān, tā bàba jiù bǎ zhè háizi lā dào le tā jiā hòuyuàn de líbā pángbiān, shuō: "Érzi, nǐ yǐhòu měi gēn jiārén fā yícì píqì, jiù wǎng líbā shàng dìng yì kē dīngzi. Guò yí duàn shíjiān, nǐ kàn kan nǐ fā le duōshǎo píqì, hǎo bù hǎo?" Zhè háizi xiǎng, nà pà shénme? Wǒ jiù kàn kan ba. Hòulái, tā měi rāng rāng yì tōng, jiù zìjǐ wǎng líbā shàng qiāo yì kē dīngzi, yìtiān xiàlái, zìjǐ yí kàn: Āiyā, yì duī dīngzi! Tā zìjǐ yě juéde yǒu diǎn bù hǎo yìsi.

그의 아버지가 말했다. "네가 보기에도 자신에 대한 컨트롤을 해야 되겠지? 네가 온종일 화를 한 차례도 내지 않는다면, 네가 먼저 박아놨던 못을 하나씩 뽑도록 하자꾸나." 이 아이가 생각해보니, 화를 한 번 내면 못을 한 번 박는데, 하루를 화를 내지 않으면 못을 하나만을 뺄 수 있다니, 이 얼마나 어려운 일인가! 하지만 박힌 못의 수를 줄이기 위해, 그도 하는 수없이 쉬지 않고 자신을 컨트롤할 수밖에 없었다.

Tā bàba shuō: "Nǐ kàn nǐ yào kèzhì le ba? Nǐ yào néng zuò dào yì zhěngtiān bù fā yí cì píqì, nà nǐ jiù kěyǐ bǎ yuánlái qiāo shàng de dīngzi bá xiàlái yì gēn." Zhè ge háizi yì xiǎng, fā yí cì píqì jiù dīng yì gēn dīngzi, yìtiān bù fā píqì cái néng bá yì gēn, duō nán a! Kěshì wèi le ràng dīngzi jiǎnshǎo, tā yě zhǐ néng búduàn de kèzhì zìjǐ.

처음 시작했을 때, 남자아이는 너무나도 어렵다고 생각했다, 하지만 그가 울타리에 박힌 못을 죄다 뽑아내게 되었을 때엔, 자신이 이미 자기제어의 방법을 터득했음을 느끼게 되었다. 그는 너무나 기뻐하며 아버지를 찾아가 말을 했다. "아빠 어서 가 보세요, 울타리의 못이 다 뽑혔어요, 전 이제 화를 내지 않게 되었어요."

Yì kāishǐ, nánháir juédé zhēn nán a, dànshì děngdào tā bǎ líbā shàng suǒyǒu de dīngzi dōu bá guāng de shíhòu, tā hūrán fājué zìjǐ yǐjīng xué huì le kèzhì. Tā fēicháng xīnxǐ de zhǎodào bàba shuō: "Bàba kuài qù kàn kan, líbā shàng de dīngzi dōu bá guāng le, wǒ xiànzài bù fā píqì le."

아버지는 아들을 따라 울타리 옆에 도달해서는, 의미심장하게 말을 했다. "애야, 보거라, 울타리 위의 못은 이미 다 뽑혔지만, 그 구멍들은 영원히 여기에 남게 되었단다. 사실, 네가 너의 가족이나 친구에게 화를 내면, 그들의 마음에 구멍을 내는 게 된단다. 못이 뽑히고, 넌 사과를 할 수 있지만, 하지만 그 구멍은 영원히 없어지지 않는 것이란다."

Bàba gēn háizi lái dào le líbā pángbiān, yìwèi shēncháng de shuō: "Háizi nǐ kàn, líbā shàng de dīngzi dōu yǐjīng bá guāng le, dànshì nà xiē dòng yǒngyuǎn liú zài le zhèlǐ. Qíshí, nǐ měi xiàng nǐ de qīnrén péngyǒu fā yí cì píqì, jiùshì wǎng tāmen de xīn shàng dǎ le yí ge dòng. Dīngzi bá le, nǐ kěyǐ dàoqiàn, dànshì nà ge dòng yǒngyuǎn bùnéng xiāochú a."

51 안경의 유래
Yǎnjìng de yóulái

안경의 탄생지에 관해서, 어떤 사람은 유럽이라고 생각하고, 또 어떤 사람은 중국이나 인도라고 생각한다.

Guānyú yǎnjìng de dànshēngdì, yǒurén rènwéi zài Ōuzhōu, yě yǒurén rènwéi zài Zhōngguó huò Yìndù。

초기의 안경은 대략 13세기에 출현했다. 그때의 안경알은 대부분 벽옥, 수정, 장미석영 등을 채용해 갈아서 만들었다. 그리고 타원형의 안경알을 대모, 상아, 우각 혹은 금속테 안에 넣어서 사용했다. 하지만 이런 종류의 안경은 오직 외알 안경뿐이고, 사용하기에는 불편했다.

Zǎoqī de yǎnjìng dàyuè chūxiàn yú shí sān shìjì。 Nà shí de yǎnjìngpiàn dàduō cǎiyòng bìyù、shuǐjīng、méiguī shíyīng děng mózhì ér chéng。 Ránhòu jiāng tuǒyuán xíng de jìngpiàn zhuāng zài dàimào、xiàngyá、niújiǎo huò jīnshǔ tāokuàng lǐ shǐyòng。 Dàn zhè zhǒng yǎnjìng zhǐyǒu dānpiàn, shǐyòng qǐlái hěn bù fāngbiàn。

그 뒤에, 어떤 사람이 개선을 해서, 두개의 안경알을 사용하게 되었다. 어떤 것은 두개의 안경알을 고정해서 함께 연결해서, 코 위에 끼웠고; 어떤 것은 끈을 사용해서 두개의 안경알을 연결시켜서 귀에 걸었고; 또 어떤 것은 끈 하나로 두 안경알 중앙을 연결시켜, 모자 안으로 밀어 넣었다. 그리고 어떤 것은 갈고리를 사용해서 머리카락에 걸기도 했다.

Hòulái, yǒurén jìnxíng le gǎijìn, shǐyòng liǎng piàn jìngpiàn。Yǒu de bǎ liǎng piàn jìngpiàn gùdìng liánjiē zài yìqǐ, jiā zài bízi shàng; Yǒu de yòng dàizi lián zài liǎng piàn jìngpiàn shàng, ránhòu guà zài ěrduo shàng; Yě yǒu de yòng yì gēn dàizi lián zài liǎng piàn jìngpiàn zhōngyāng, ránhòu sāijìn màozi lǐ; Hái yǒu de yòng gōuzi guà zài tóufa shàng。

13세기 말이 되면서, 비로소 누군가가 두개의 안경알을 함께 고정시켜, 콧대위에 걸쳐 놓고, 눈과 적합한 거리를 유지시키고, 양쪽에 구부러진 안경다리를 귀에 걸게끔 했는데, 이렇게 하여 사용하자 편리하게 되었다.

Dào le shí sān shìjì mò, cái yǒurén jiāng liǎng piàn jìngpiàn gūdìng zài yìqǐ, gē zài bíliáng shàng, bìng yǔ yǎnjing bǎochí shìyí de jùlí, jiāng liǎngbiān dài wān de yǎnjing tuǐ guà zài ěrduo shàng, zhèyàng shǐyòng qǐlái jiù hěn fāngbiàn le。

1608년, 네덜란드 안경제조상 파르세이는 안경의 특허권을 신청했다. 18세기엔, 안경은 사교 장소에서 더욱 더 유행하게 되었다. 많은 고관과 귀인들은 이미 안경을 착용하는 행위가

신분의 높고 낮음을 나타내며, 유행용 장식품으로 여기게 되었을 뿐, 시력을 개선시키기 위한 것이 아니었다. 1840년, 오스트리아의 안경제조상이 유리를 사용해서 제조한 안경알을 발명했고, 이것은 투명한 수정을 대체하게 되었다, 제조방법이 편리하고, 가격이 싸기 때문에, 곧 세계 각지에서 빠르게 유행되어지게 되었다.

Yī liù líng bā nián, Hélán yǎnjìng zhìzàoshāng Pà'ěrsàiyī(帕尔塞伊) shēnqǐng le shuāngmùjìng de zhuānlì。 Shí bā shìjì, yǎnjìng zài shèjiāo chǎnghé gèngwéi liúxíng。 Xǔduō dáguān guìrén yǐ bǎ pèidài yǎnjìng zuòwéi biǎoshì shēnfen gāodī hé shímáo de zhuāngshìpǐn, ér búshì wèile gǎishàn shìlì。 Yī bā sì líng nián, àodìlì de yǎnjìng zhìzào shāng fāmíng le yòng bōli zhìzào de jìngpiàn yǐ tìdài tòumíng shuǐjīng, yóuyú zhìzuò fāngbiàn, jiàgé piányi, biàn hěn kuài liúxíng yú shìjiè gèdì。

과학기술이 나날이 발전함에 따라, 안경의 재료와 스타일도 더욱 규범화되어가는 추세이다.

Suízhe kēxué jìshù rìxīn yuèyì de fāzhǎn, yǎnjìng de cáiliào hé shìyàng yě gèngjiā qūyú guīfànhuà le。

쓸모없는 힘자랑
Zìfù lìqì dà yě méiyòng

모두가 알 듯, 고대 그리스신화에는 헤라클래스赫拉克勒斯라는 대단한 장사가 등장한다. 헤라클래스가 한 번은 길에서 자그마한 봉지가, 비좁은 산길 위에 조용히 누워, 길을 막고 있는 것을 마주했다. 그는 지나가면서, 봉지를 걷어찬 것이, 길 위를 깨끗이 할 생각이었다. 그런데 생각지도 않게 발로 한 번 찼더니, 이 조그만 봉지가 크게 커지더니, 꿈쩍도 하지 않는 것이었다. 헤라클래스는 화가 나, 다가가 '팍팍'하고 몇 대 더 발로 찼건만, 이 봉지는 찰수록 더 커지는 것이었다. 마지막에 헤라클래스는 큰 몽둥이를 하나 찾아와, 녀석을 때리기 시작했는데, 끝내 이 봉지는 이 길을 꽉 막아버리고 말았다.

Dàjiā zhīdào, gǔ Xīlà shénhuà lǐmiàn yǒu yí ge dà lìshì Hèlākèlèsī. Hèlākèlèsī yǒu yí cì zài lùshàng pèngdào yí ge xiǎo dàizi, jìng jìng de tǎng zài yì tiáo hěn zhǎi de shānlù shàng, dǎngzhù le lù. Tā zǒu guòqù de shíhòu, shùnbiàn tī le xiǎo dàizi yì jiǎo, xiǎng bǎ zhè lùmiàn qīng chūlái. Méi xiǎngdào tī le yì jiǎo, zhè ge xiǎo dàizi péngzhàng le yíxià, biàn dà le, yídòngbúdòng. Hèlākèlèsī shēngqì le, shàngqù yòu pāpā tī tā jǐ jiǎo, què fāxiàn zhè ge dàizi yuè tī yuè dà. Zuìhòu Hèlākèlèsī zhǎo lái yì gēn dà bàngzi, kāishǐ dǎ tā, dǎ dào zuìhòu, zhè ge dàizi jiù bǎ zhè tiáo lù gěi dǔsǐ le.

이때, 길옆으로 한 철인이 다가오더니, 헤라클래스에게 말을 했다. "장사여, 그대는 녀석과 힘겨루기를 하지 마시오. 이 봉지의 이름은 '원수봉지'라 하오. 원수봉지의 원리는 닿으면 닿을수록 커지는 것이오. 원수봉지가 당신 앞길에 나타나면, 그것을 상관하지 말고, 부딪치지 않는다면, 녀석은 이렇게 커도, 당신에게 더 큰 장애를 만들진 않을 것이오. 당신이 점차 멀어지면, 녀석은 곧 잊힐 것이오. 하지만, 당신이 녀석과 힘겨루기를 하여, 녀석을 때리면 때릴수록, 원수봉지는 더욱더 커져서, 마지막엔 당신의 앞길을 모두 막아버릴 것이오."

Zhè shíhòu, lù biān guòlái yí ge zhérén, gēn Hèlākèlèsī shuō : "Dà lìshì a, nǐ búyào gēn tā jiàojìn le。 Zhège dàizi de míngzì jiào 'chóuhèn dài'。 Chóuhèn dài de yuánlǐ jiùshì yuè mócā yuè dà。 Dāng chóuhèn dài chūxiàn zài nǐ lùshàng de shíhòu, nǐ zhìzhībùlǐ, gēnběn bú qù pèng tā, tā yě jiù zhème dà le, bú huì gěi nǐ zàochéng gèng dà de zhàng'ài。 Děng nǐ zhújiàn zǒu yuǎn le, tā jiù bèi wàngjì le。 Dànshì, rúguǒ nǐ gēn tā jiàojìn, nǐ yuè tī tā, yuè dǎ tā, chóuhèn dài jiù yuè dà, zuìhòu fēngsǐ nǐ de zhěng tiáo dàolù。"

이것은 고대 그리스希臘의 한 신화이다. 이 신화가 우리에게 있어, 의미가 있을까? 우리의 인생에는 너무나도 많은 큰 꿈들을 가지고 있는데, 원수봉지는 우리가 가는 모든 길 입구에서 보였다 안보였다 하는데, 우리가 반드시 다가가서 녀석과 힘겨루기를 해야 하겠는가?

Zhè shì yí ge gǔ xīlà de shénhuà。 Tā duì wǒmen lái shuō, yǒu méiyǒu yìyì ne? Wǒmen zhè yìshēng yǒu tài duō tài duō yào zǒu de lù, yǒu tài duō tài duō yuǎndà de mèngxiǎng, chóuhèn dài jiù zài wǒmen xíngzǒu de měi ge lùkǒu ruòyǐnruòxiàn, wǒmen yídìng yào zǒu guòqù gēn tā jiào zhè ge jìn ma?

어떻게 "용서"를 해야 할까? 난, 이 세상에 대해 진정으로 느끼고, 인생에 많은 어찌할 수 없음과 황량함이 있음을 인지하고, 자신의 마음속 성실함에 대해 제대로 파악하고, 타인의 고통스러움과 내 자신의 앞날의 원대함을 이해하고, 이러한 모든 것들을 해낸 후에야, 우리가 어떻게 이 길을 가야할 지에 대해, 비로소 자신의 결론을 얻어낼 수 있지. 또한 이렇게 하는 것만이 인생길 위의 원수봉지에 대해, 우리들은 더욱 적합한 대응방법을 찾을 수 있는 것이라고 봐. 이 방법이 바로 '용서'인 것이지.

Rúhé zuò dào "shù"? Wǒ xiǎng, zhǐyǒu zài duì zhège shìjiè zhēnzhèng yǒu tǐhuì, zhīdào rénshēng yǒu hěn duō wúzhù yǔ cāngliáng, duì zìjǐ nèixīn zhōngchéng zhēnzhèng bǎwò, lǐjiě tārén de jiānxīn hé zìjǐ dàolù de yuǎndà, suǒyǒu de zhè yíqiè dōu zuò dào zhī hòu, wǒmen duìyú zěnyàng qù zǒu zhè tiáo lù, cái huì déchū zìjǐ de jiélùn。 Yě zhǐyǒu zhèyàng, duìyú rénshēng lùshàng de chóuhèn dài, wǒmen cái huì zhǎodào gèng hǎo de yìngfù bànfǎ。 Zhè ge bànfǎ, jiùshì shù。

계약서에 유용한 글자는 없나?

Dàxiě shùzì héshí chǎnshēng?

한자의 숫자는 대문자와 소문자 두 종류로 나뉜다. 사람들은 청구서와 영수증을 작성할 때, 금액 숫자를 소문자 이외에 반드시 대문자로 써야 한다. 대문자 숫자의 유래에는, 주원장이 부정부패를 징벌하고 척결한 이야기와 관련이 있다.

Hànzì de shùzì fēn dàxiě, xiǎoxiě liǎng zhǒng. Rénmen zài tiánxiě zhàngdān, fāpiào shí, jīn'é shùzì chú xiǎoxiě wài, hái bìxū yào dàxiě. Dàxiě shùzì de yóulái, yǒu yí duàn Zhū Yuánzhāng chéngfù fǎntān de gùshì.

명나라 洪武 18년(1385) 3월, 호부시랑戶部侍郎 곽환郭桓이 재임 중에 지방 관리들과 결탁하여 멋대로 정부의 돈과 식량을 횡령하였는데, 그 누계가 2400만 섬을 넘었다고 한다. 얼마 지나지 않아, 이 사건의 진상은 드러나게 되었고, 전국을 깜짝 놀라게 했다.

Míng Hóngwǔ shí bā nián sān yuè, hùbù shīláng GuōHuán zài rènzhí qījiān gōujié dìfāng guānlì dàsì tānwū zhèngfǔ qiánliáng, shùé lěijì dá liǎng qiān sì bǎi wàn dàn jīngliáng. Bùjiǔ, cǐ àn dōngchuāngshìfā, zhènjīng quánguó.

140

옛날 중국에서는 관청의 수입 지출이든, 민간의 대여업무 등에 모두 소문자 숫자를 사용했다. 오랜 기간 동안의 사용 속에서, 차츰 그 치명적인 폐해가 드러나곤 했으니, 예를 들면 一, 二, 三, 十을 약간 획수를 조정하면 五 등의 숫자로 바꿀 수 있었다. 郭桓과 탐관오리들은 빈 장부와 소문자 숫자의 단점을 수단으로 삼았다. 그들은 서로가 작당하여 한 패가 되어, 대대적으로 가짜 장부를 만들어, 중간에서 재물을 가로채는 방식으로 조정을 속였다. 주원장은 극도로 분노하여, 郭桓과 사건에 연루된 6부 12명의 대신들과 수만 명의 지방관리 및 지주들을 모두 사형에 처했고, 이 일로 투옥되거나 변방으로 쫓겨난 사람의 수가 셀 수 없이 많았다고 한다.

Zài Zhōngguó gǔdài, wúlùn shì guānfǔ shōuzhī, háishì mínjiān jièdài, shǐyòng de dōu shì xiǎoxiě shùzì. Zài chángqī de shǐyòng zhōng, zhúbù xiǎnchū le tā de zhìmìng bìduān, rú yī, èr, sān, shí shāojiā gǎidòng jiù kě chéngwéi wǔ děng shùzì. GuōHuán zhè bāng tānguān zhèng shì lìyòng kōngbái zhàngcè jí xiǎoxiě shùzì de bìduān zuò shǒujiǎo. Tāmen chuàntōng yíqì, dà zuò jiǎzhàng, zhōngbǎo sīnáng, yǐ cǐ qīpiàn cháotíng. Zhū Yuánzhāng jíwéi fènnù, xiàlìng bǎ GuōHuán jí yǔ cǐ àn yǒu qiānlián de liùbù shí èr gè cháotíng dàchén jí shǔ wàn dìfāng guānlì, dìzhǔ jiē chùsǐ, rùyù, chōngbiān zhě bújìqíshù.

이 탐관오리들이 법에 따라 처벌된 이후, 제도적으로 주원장은 경제 범죄를 엄벌하는 법령 법규를 제정했고, 장부 관리에 있어서도 효과적인 개혁 조치를 실시하였다. 그는 한자의 一, 二, 三, 四, 五, 六, 七, 八, 九, 十, 百, 千을 壹, 貳, 參, 肆, 伍, 陸, 柒, 捌, 玖, 拾, 佰, 仟으로 바꾸었다. 이 방법은 장부 관리에 있어서의 허점을 확실히 막아냈으며, 오늘날까지도 사용되어지고 있다.

Zhèxiē tānguān bèi shéng zhī yǐ fǎ hòu, zài zhìdù shàng ZhūYuánzhāng zhìdìng le yánchéng jīngjì fànzuì de fǎlìng fǎguī, zài zhàngmù guǎnlǐ shàng shíshī yìxiē xíngzhīyǒuxiào de gǎigé cuòshī. Tā bǎ hànzì de yī、èr、sān、sì、wǔ、liù、qī、bā、jiǔ、shí、bǎi、qiān gǎichéng yī、èr、sān、sì、wǔ、lù、qī、bā、jiǔ、shí、bǎi、qiān。zhè yì fāngfǎ, quèshí dǔzhù le yìxiē zhàngwù guǎnlǐ shàng de lòudòng, bìng yányòng zhì jīn。

'纏足'이란 것이 있었지.
Céngjīng yǒu guò fùnǚ chánzú de èxí

   '전족'은 속칭 "裹小脚"라 하는 것으로, 여자의 발을 긴 천 조각으로 칭칭 감아서, 그것을 작고 뾰족하게 만드는 일종의 봉건시대 때의 나쁜 풍속이다. 우리로 하여금 상상조차 어렵게 하는 것은, 이런 부녀자를 박해하는 못된 풍습이, 기나긴 봉건사회 기간 중, 여자의 미를 판단하는 중요한 조건이 되어, "삼촌 금련三寸金蓮"이란 이름으로 아름답게 포장되어져 왔단 것이다. 이것의 기원에 대해서는, 지금까지 납득할 만한 정설은 없는 상태이다.

   Chánzú, súchēng "guǒ xiǎo jiǎo", shì bǎ nǚzi de jiǎo yòng cháng bùtiáo chánzhā qǐlái, shǐ qí zhǎng de yòu xiǎo yòu jiān de yìzhǒng fēngjiàn lòusú. Lìng rén nányǐ xiǎngxiàng de shì, zhèzhǒng cuīcán fùnǚ de lòusú, zài màncháng de fēngjiàn shèhuì lǐ, chéngwéi nǚzi shěnměi de yí gè zhòngyào tiáojiàn, bìng bèi měichēng wéi "sān cùn jīnlián". Duìyú tā de qǐyuán, zhìjīn méiyǒu lìng rén xìnfú de dìnglùn.

   전해지는 말에 따르면 전족은 5대 10국 때부터 비롯되었다고 한다. 당시, 남당군주 李煜은 窅娘라고 하는 노래 부르는 기녀를 소유하고 있었다. 그녀는 자태가 요염하고 아름답고, 노래도 잘하고 춤도 잘 추어, 이욱이 총애하는 편이었다. 하루는 이욱과 窅娘이 연못가에서 놀고 있었다. 연못 안은 온통 활짝 핀 연꽃과 연꽃봉우리로 가득 찬 것이, 시흥을 불러일으키고 한 폭의 그림을 연상하게 하는 풍경이었다. 이욱은 자신도 모르게 "만약 사람의 발이 연꽃봉오리처럼 연꽃 위에서 춤을 출 수 있다면 얼마나 아름다울까!" 라고 말했다. 窅娘는 이 말을 듣고, 마음이 흔들렸다. 궁중으로 돌아온 그녀는 찢어지는 아픔을 참고, 매일 흰 천으로 양발을 압박하여 칭칭 감쌌다. 겨울이 가고 봄이 오자, 窅娘의 발은 마침내 "붉은 연꽃봉오리처럼 아름다워"졌다. 그런 후엔, 그녀는 다시 옅은 색 양말을 신고 춤 연습을 시작했다. 하지만 발이 기형인지라, 뜀을 뛰면 통증이 심한 나머지, 이리저리 뒤뚱거리게 되었다. 窅娘은 이렇게 춤을 추면 몸이 한결 가벼워 보이지 않을까? 라고 생각했다. 과연, 이욱은 이 광경을 보자, 크게 칭찬하였다. 窅娘는 작은 발로 이욱의 환심을 사게 되었던 것이다.

Jùshuō chánzú shǐ yú Wǔdài Shíguó shíqī. Nà shíhòu, NánTáng hòu zhǔ Lǐyù yǒu yì gējì jiào Yǎoniáng. Tā zītài yànlì, néng gē shàn wǔ, Lǐyù chǒngài yǒu jiā. Yī rì, Lǐyù yǔ Yǎoniáng zài héhuā chí biān yóuwán. Dàn jiàn chí nèi liánhuā duǒ duǒ, hónglíng zhī zhī, yípiàn shīqíng huàyì. Lǐyù suíkǒu shuōdào; "Yàoshì rén de jiǎo néng xiàng hónglíng nàyàng zài liánhuā shàng wǔdào, nà gāi yǒu duō měi ya!" Yǎoniáng tīng le, xīnzhōng yí dòng. Huí dào gōngzhōng, tā qiángrěn téngtòng, tiāntiān yòng báilíng jǐnguǒ shuāng zú. Dōng qù chūn lái, Yǎoniáng de jiǎo zhōngyú xiàng hónglíng bān měilì le. Ránhòu, tā yòu chuān shàng qiǎnsè wàzi kāishǐ liànxí tiàowǔ. Kěshì yóuyú jiǎo de jīxíng, tiào qǐlái téngtòng nánrěn, bùdebù dōng niǔ xī wāi. Yǎoniáng xiǎng, zhèyàng tiàowǔ qǐ búshì gèng néng xiǎndé shēnzī de qīngyíng ma? Guǒrán, Lǐyù jiàn le, dàjiā zànshǎng. Yǎoniáng yòng yì shuāng xiǎo jiǎo tǎo dé le Lǐyù de huānxīn.

그 후로, 전족의 풍습은 봉건제도 통치자의 고취 속에, 대대로 계속되어졌고, 갈수록 기세가 수그러들 줄을 몰랐다. 청대에 와서는 전족의 풍습이 절정에 달해, 여성의 발 모양과 크기가 여성의 미를 판정하는 중요한 기준이 되어버렸다. 신해혁명이 된 이후에야, 중국 여성들에게 심대한 고난을 안겨줘 왔던 이 악습은, 비로소 제거되어지게 되었다.

Zì cǐ zhī hòu, chánzú zhī fēng zài fēngjiàn tǒngzhìzhě de chàngdǎo xià, dàidài xiāngyán, yù yǎn yù liè. Zhì Qīngdài, chánzú zhī fēng dào le dēngfēngzàojí de dìbù, nǚzi jiǎo de xíngzhuàng hé dàxiǎo, chéng le píngpàn nǚzi měichǒu de zhòngyào biāozhǔn. Zhí zhì Xīnhài gémìng hòu, zhèzhǒng gěi Zhōngguó fùnǚ dàilái shēnzhòng kǔ'nàn de lòuxí, cái bèi pòchú.

흡연의 역사
Xīyān de yóulái

옛날, 유럽인들은 담배라는 것이 무엇인지 몰랐고, 흡연에 대해서는 더더욱 몰랐다. 세계에서 가장 먼저 담배를 피운 것은 아메리카에 사는 인디언印第安들이었다. 1492년, 콜럼버스가 아메리카의 신대륙을 발견했을 때, 그는 한 섬에서 인디언이 "한 긴 관의 한쪽 끝에서 식물의 잎이 불타고 있고, 다른 한쪽 끝은 입으로 물고, 한 줄기 안개를 토해내는 것"을 보았다.

Yǐqián, Ōuzhōu rén bù zhīdào shénme jiào yāncǎo, gèng bù zhīdào xīyān。 Shìjiè shàng zuì zǎo xīyān de shì jūzhù zài Měizhōu de Yìndiān rén。 Yī sì jiǔ èr nián, dāng Gēlúnbù fāxiàn Měizhōu xīn dàlù shí, tā zài yí gè dǎo shàng kànjiàn Yìndiān rén "zài yí gè cháng guǎn de yì duān ránshāo zhe yì zhǒng zhíwù de yèzi, lìng yì duān yòng zuǐ hán zhù, bìng tǔ chū yì gǔ wù"。

엘리자베스伊丽莎白 1세 때, 월트·로리华尔特·罗里 경은 유명한 여행가였고, 그는 여러 나라를 돌아다니며 흡연을 배웠다. 그 때까지, 영국인들은 담배를 피운 적이 없기 때문에, 로리는 매일 자신의 방에서 몰래 담배 두 포대씩을 빨곤 하였고, 만약 누군가가 들어오면 그는 즉시 담배를 꺼버렸다. 어느 날, 한 하인이 느닷없이 방안으로 뛰어 들었는데, 그는 뭉게뭉게 연기가 주인의 머리 위에서 올라오는 것을 보고, 문득 놀랍고 당황스러워, 즉시 가서 물 한 통을 가져와, 저도 모르게 로리의 머리 위에 죄다 쏟아 부어 버렸다. 그는 주인 몸에 불이

146

난 줄 알았던 것이다!

Yīlìshābái yí shì shí, Huáěrtè·Luólǐ juéshì shì gè zhùmíng de lǚxíngjiā, tā zhōuyóu lièguó xué huì le xīyān。 Zài zhè zhī qián, Yīngguó rén cóng bù xīyān, Luólǐ měitiān dōu zài zìjǐ de fángjiān lǐ tōutōu de xī liǎng dài yān, rúguǒ yǒu rén jìnlái, tā jiù mǎshàng bǎ yān xīmiè。 Yǒu yì tiān, yí ge púrén tūrán chuǎng le jìnlai, tā kàndào yì tuántuán yānwù cóng zhǔrén de tóudǐng shēngqǐ, dùnshí jīnghuāng qǐlai, lìkè qù tí le yì tǒng shuǐ, bù yóu fēnshuō quán jiāo zài Luólǐ de nǎodài shàng. tā hái yǐwéi zhǔrén qǐhuǒ le ne!

이 일은 널리 알려지게 되어, 영국 왕 엘리자베스 1세까지도 놀라게 하고 말았다. 그래서 여왕은 로리 경을 불러서 서커스를 감상하듯 그의 흡연연기를 관찰했다. 이때부터, 흡연의 풍속이 점차 인기를 끌기 시작해, 영국 상류 사회의 새로운 유행으로 발전하게 되었다. 상류 계층에서 유행하면, 하류계층에선 더욱더 따라가기 마련이다. 고관대작부터 산간벽지의 평민에 이르기까지, 모두 구름을 내뿜고 안개를 토하는 것(담배 피우는 것)을 즐거움으로 여기게 되었다. 그 이후로, 많은 사람들은 흡연을 배우게 되었고, 흡연의 습관은 많은 나라들로 널리 퍼져나가게 되었다.

Cǐ shì chuányáng kāi lái, yǐzhì jīngdòng le Yīngwáng Yīlìshābái yí shì。 Yúshì Yīngwáng zhàojiàn Luólǐ juéshì, rú xīnshǎng zájì bān de guānkàn le tā de xīyān biǎoyǎn. Cóng cǐ, xīyān zhī xí jiàn xīng, fāzhǎn chéngwéi Yīngguó shàngcéng shèhuì de shímáo xísú。 Shàng yǒu suǒ hǎo, xià bì shèn yān。 Cóng dáguān xiǎnguì zhī bèi dào qióngxiāng pìrǎng píngmín, dōu yǐ pēn yún tǔ wù wéi kuàishì。 Cóng nà yǐhòu, xǔduō rén xué huì le xīyān, xīyān zhī xí zài xǔduō guójiā chuánbō kāi lái。

담배가 중국에 전해진 것은 대략 17세기였다. 선원들이 남양군도 및 필리핀非律賓에서 담배 씨앗을 가져와 복건성과 광동성 일대에 전했고, 북쪽지역은 일본 및 조선에서 전해들어왔다. 17세기 말에 이르러서는, 담배 잎을 빨아들이는 풍속이 이미 중국전국으로 전면적으로 전개되었다.

Yāncǎo chuánrù Zhōngguó, dàyuē shì zài shí qī shìjì. Yóu shuǐshǒu men cóng Nányáng、Fēilǜbīn dài huí yāncǎo zhǒngzǐ chuán dào Fùjiàn、Guǎngdōng yídài, běifāng dìqù zé cóng Rìběn, Cháoxiān děng guó chuánrù. Dào shí qī shìjì mò, xī yāncǎo de fēngxí yǐ zài Zhōngguó quánguó quánmiàn zhǎnkāi le。

도둑이 제 발 저리다

Zuò zéi xīn xū

두 도둑이 한 집으로 물건을 훔치러 갔다. 그들은 담에 구멍을 내고, 한 명은 구멍으로 들어가고, 다른 한 명은 밖에서 망을 보았다. 이 집은 쥐가 많아, 언제나 쥐들이 담 구멍으로 들락날락했다. 이날 밤, 이 집의 부부 두 식구는 잠이 들지 않았던 터라, 여자가 달빛을 빌어 담 구멍으로 쥐가 한 마리 들어오는 것을 보고, 남자를 밀치며 말했다. "저거 봐, 하나가 들어왔어." 이렇게 말하자, 안에 들어왔던 도둑이 놀라서, 급히 밖으로 나가며, 밖에 있던 도둑에게 말했다. "이 집 여자 대단하네, 내가 들어가자마자 알아보네."

Yǒu liǎng gè xiǎotōu qù yī jiā tōu dōngxi。 Tāmen bǎ qiáng tāo le ge dòng, yí gè zuān jìn qù, lìng yí gè zài wàibiān wàngfēng。 Zhè jiā lǎoshǔ duō, chángcháng zài qiángdòng lǐ zuàn lái zuàn qù。 Zhè tiān wǎnshàng, zhè jiā de liǎng kǒuzi hái méi shuì zháo, nǚrén jiè zhe yuèguāng kànjiàn cóng qiángdòng zuàn jìn yì zhī lǎoshǔ lái, tā tuī tuī nánrén shuō :"Nǐ kàn, jìnlái yí gè。" Zhème yì shuō, kě bǎ jìn lái de xiǎotōu xià huài le, huāngmáng zuàn le chūqù, duì wàimiàn de nà ge xiǎotōu shuō : "Zhè wū lǐ de nǚrén zhēn lìhài, wǒ yí jìn qù tā jiù fāxiàn le。"

밖에 있던 도둑이 못 믿겠다는 듯이 말했다. "잠꼬대를 했겠지, 자, 우리 둘이 같이 들어가 보자." 하며 둘이 같이 들어갔다. 이때 마침 두 마리의 쥐가 집에 들어왔고, 그 여자는 또 말했다. "저기 봐! 두 마리가 또 들어왔네, 어서 일어나, 저것들을 잡아요." 두 도둑은 이 말을 듣고, 급히 구멍을 빠져나와 도망쳤다.

Zài wàimiàn de nà ge xiǎotōu bù xiāngxìn dì shuō : "Dàgài shì shuō mènghuà ba, lái, zán liǎng yíkuài jìn qù kàn kàn。" Zhè liǎng ge xiǎotōu biàn yìqǐ zuàn jìn qù le。 Zhè shí, zhèng qiǎo yòu yǒu liǎng zhī lǎoshǔ zuàn le jìn lái, nà nǚrén yòu shuō : "Kàn! Yòu jìn lái liǎng ge, kuài qǐlái, bǎ tāmen zhuā zhù。"Liǎng ge xiǎotōu yì tīng, jímáng zuàn chū lái táopǎo le。

다음날, 두 도둑은 그 대단한 여자의 얼굴을 확인하고자, 고구마를 한 광주리 메고 그 집 앞에 가서 팔았다. 이집 두 식구는 마침 밭을 매고 있던 중이었는데, 소가 고삐와 굴레를 잡아당기다 끊어져, 남자가 여자더러 집에 가서 끈을 가져오라고 시켰다.

Dì èr tiān, liǎng ge xiǎotōu xiǎng kàn kàn nà ge lìhài nǚrén zhǎng dé shénme yàng, jiù tiāo zhe yì dān hóngshǔ dào zhè jiā mén qián jiàomài。 Zhè jiā liǎng kǒuzi zhèngzài dì lǐ lítián, niú bǎ shéngtào lā duàn le, nánrén jiào nǚrén huí jiā qù ná gēn shéngzi lái。

여자는 집으로 돌아오던 중, 고구마장수가 있는 것을 보고, 고구마 광주리에서 이것저것 고르다가, 쥐처럼 생긴 고구마를 두 개 골랐다. 남자는 밭에서 기다리다 못해, 재촉하러 달려 왔다. 여자는 남자가 온 것을 보고는, 고구마를 들어 보이며 말했다. "이거 봐! 어젯밤에 그 두 놈하고 정말 많이 닮았지?" 도둑은 이 말을 듣자 겁이 덜컥 났다. 그런데 그 남자가 조급 해하며 말했다. "빨리 줄을 가져오지 않고 뭐하는 거야!" 도둑은 이 말을 듣자 자신들을 포 박하려는 줄 알고, 놀란 나머지 고구마를 버리고 줄행랑을 쳤다.

Nǚrén huí dào jiā zhōng, jiàn yǒu mài hóngshǔ de, jiù zài hóngshǔ kuāng lǐ tiāo lái tiāo qù, tiāo le liǎng zhī xiàng lǎoshǔ yíyàng de hóngshǔ. Nánrén zài dì lǐ děngbují le, pǎo huí lái cuī tā. Nǚrén kànjiàn nánrén lái le, biàn jǔ zhe hóngshǔ gēn tā shuō : "Nǐ kàn! duō xiàng zuówǎn nà liǎng ge." Xiǎotōu yì tīng hàipà le. Nà nánrén yòu jiāojí de shuō : "Nǐ hái bú kuài bǎ shéngzi ná chū lái!" Xiǎotōu yì tīng yǐwéi yào kǔn tā liǎng, xià de diū xià le hóngshǔ, táo pǎo le.

임기응변의 효용
Suíjīyīngbiàn de xiàoguǒ

오래된 이야기가 있는데, 형제 두 사람이 잘 구운 아주 정교한 도자기를 배에 싣고, 한 대도시의 고급시장으로 팔러 갔다. 가는 내내 요동치는 배로 힘들어하다, 배를 뭍에 막 대려 하는 순간, 큰 폭풍을 만나게 되었다. 한바탕 사나운 파도가 지나간 후에, 두 사람은 기진맥진 해졌고, 목숨은 부지했으나, 배를 뭍에 댄 후에 보니, 수백 점의 도자기가 한 점도 온전한 것이 없이, 전부 깨져있었다.

Yǒu yí ge gùshì shuō, xiōngdì liǎ dài zhe yì chuán shāo de jíqí jīngměi de táocí guànzi, qù yí ge dà chéngshì de gāodàng shìchǎng shàng mài. Yílù diānbǒ xīnkǔ, jiù zài chuán kuàiyào kào àn de shíhòu, yù shàng le dà fēngbào. Yì chǎng jīngtāohàilàng zhī hòu, liǎng ge rén jīngpílìjié, mìng shì bǎozhù le, kě chuán kào àn yí kàn, jǐ bǎi ge cíguàn yí gè wánzhěng de dōu méiyǒu le, quándōu suì le.

형은 뱃머리에 앉아서 소리 내어 울며 말했다. : "이 도자기들은 하나하나가 모두 정성을 다해서 구워낸 것이고, 도자기 위의 무늬와 디자인도 죄다 엄청 멋진 것들인데, 우리가 심혈을 기울인 모든 노력이 헛수고가 되었네. 대도시에 와서, 흠집난 도자기를 어떻게 팔수 있어? 우리가 수리하고 붙이고 한다 해도, 팔리지 않을 거야."

Gēgē zuò zài chuántóu háotáodàkū, shuō: "Zhèxiē guànzi měi yí gè dōu shì jīngxīn shāo zhì chūlái de, guànzi shàngmiàn de wénlù、tú'àn dōu piàoliang jíle, wǒmen suǒyǒu de xīnxuè dōu báifèi le. Dào yí ge dà chéngshì, pò guànzi kě zěnme mài? Wǒmen jiùshì xiū xiū bǔ bǔ、zhān zhān tiē tiē, yě mài bu chūqù le a."

그가 크게 울고 있을 때에, 동생은 뭍으로 올라갔다. 동생은 제일 가까운 시장에 가서 한 바퀴를 둘러보고는, 이 대도시 사람들의 미적 감각이 뛰어나 카페나 상가, 가정 할 것 없이 인테리어에 특히 신경을 많이 쓴다는 것을 알아냈다. 동생은 도끼를 들고 와서, 댕그랑 댕그랑 깨진 도자기를 더 잘게 부수었다. 형은 버럭 화를 내며 물었다. "너 뭐하는 거야?" 동생은 웃으면 대꾸했다. "우리 모자이크马赛克로 바꿔서 팔 거야."

Zài tā dà kū de shíhòu, dìdi shàng'àn le. Dìdi dào zuì jìn de jíshì shàng zhuǎn le yì quān, fāxiàn zhè ge dà chéngshì rénmen de shěnměi yìshù qùwèi dōu hěn gāo, bùguǎn shì kāfēiguǎn、shāngchǎng, háishì jiātíng, dōu tèbié zhòngshì zhuāngxiū. Tā līn zhe bǎ fǔzi huílái le, dīng dīng dāng dāng bǎ pò guànzi zá de gèng suì. Gēgē fēicháng nǎohuǒ, wèn: "Nǐ gàn shénme ne?" Dìdi xiào zhe shuō: "Wǒmen gǎi mài mǎsàikè le."

형제는 모든 조각들을 인테리어 소품가게에 팔았다. 도자기 자체가 특히 정교하게 만들어졌던지라, 깨진 후에도 예술적 감각이 돋보였다. 모두들 조각들이 규칙적이지 않은데, 이렇게 아름다운지라, 누구 할 것 없이 좋아했다. 결과적으로 이 깨진 조각들은 인테리어 소품으로 큰돈에 팔려나갔다. 형제는 즐겁게 집으로 돌아가게 되었다.

Xiōngdì liǎ bǎ suǒyǒu de suìpiàn mài dào zhuāngxiū cáiliào diàn。 Yīnwèi guànzi běnshēn shèjì tèbié jīngměi, suǒyǐ dǎ chéng suìpiàn yǐhòu tèbié yǒu yìshùgǎn。 Dàjiā yí kàn suìpiàn fēicháng bù guīzé, yòu zhème piàoliang, dōu hěn xǐhuān。 Jiéguǒ zhè xiē suìpiàn zuòwéi zhuāngxiū cáiliào mài le yí dà bǐ qián。 Xiōngdì liǎ gāo gāo xìng xìng huí jiā le。

이 이야기는 무엇을 설명하는가? 임기응변의 중요성을 설명한다. 바꾸어 말하면, 완전한 도자기가 더 이상 존재하지 않게 되었을 때, 도자기들을 잘게 부수어, 방식을 바꾸어 판 것이다. 이것이야말로 일종의 사고방식을 바꾸는 것이 아니겠는가?

Zhè ge gùshì shuōmíng le shénme ne? Shuōmíng le quánbiàn de zhòngyàoxìng。 Yě jiùshì shuō, dāng wánzhěng de táoguàn bú fù cúnzài de shíhòu, jiù ràng tāmen pòsuì dào jízhì, huàn ge fāngshì qù mài。 Zhè bú shì huàn yì zhǒng sīwéi fāngshì ma?

때로는 발상의 전환도 일종의 지혜가 된다. 이것은 학문이 극치에 이른 후에야 얻을 수 있는 지혜로, 이것이 바로 일종의 임기응변인 것이다.

Yǒu shíhòu, sīlù de zhuǎnhuàn yěshì yì zhǒng zhìhuì。 Zhè shì zài xuéwèn zuò dào jízhì yǐhòu cái néng huòdé de zhìhuì, zhè jiùshì yì zhǒng quánbiàn。

청백리 晏嬰

Qīngzhèngliánjié de Yàn Yīng

여러분은 모두 안영이란 인물을 알고 있겠죠? 그는 제나라에서 대부를 지내던 시절, 정직하고 청렴결백하여, 줄곧 볼품없는 말이 끄는 낡은 수레를 타고 입궐하여, 좋은 말이 끄는 화려한 수레라고는 타본 적이 없었다. 제경공이 보고 있자니, 이상하여 물었다: "내가 당신에게 주는 녹봉이 너무 적은 것이오? 그대는 어째서 이런 고물 수레를 타고 입궐하는 것이오?"

Dàjiā dōu zhīdào Yàn Yīng ba? Tā zài Qí guó zuò dàifū de shíhou, zhèngzhí liánjié, yìzhí shì lièmǎ lāzhe pò chē shàngcháo, gēnběn bú yòng shénme bǎomǎ xiāngchē。Qí Jīnggōng kàn zài yǎn lǐ, jiù hěn qíguài, wèn tā: "Shì bú shì wǒ gěi nǐ de fènglù tài dī ā, nǐ wèishénme jiù zhèyàng pòchē lièmǎ shàngcháo ne?"

안영이 말했다: "당신의 은혜를 입은 덕에, 저의 가솔이 모두 편안하며, 제 친구들 또한 모두 의지가 되어, 생활에 전혀 불편함이 없습니다, 이런 고물 수레라도 있어 매일 저를 입궐하도록 도와주니, 저는 이미 대만족입니다!"

YànYīng shuō: "Yǎngzhàng jūnshàng nǐn de ēncì, wǒ de jiā shì dōu néng āndùn, wǒ de péngyou dōu yǒu yīkào, shēnghuó yíqiè dōu bú cuò, yǒu zhèyàng de pòchē lièmǎ měitiān lā zhe wǒ lái shàngcháo, wǒ yǐjīng hěn zhīzú lā!"

제경공은, 안영이 하는 말이 겸손함에서 나오는 것이 아닐까하고 생각되어져, 제경공은 일부러 화려한 마차를 구해, 梁丘据라는 사람을 시켜 안영에게 선물로 보냈다. 梁丘据가 마차를 안영의 댁에 보내자, 안영은 곧바로 되돌려 보냈고, 다시 선물하자, 또다시 되돌려 보내기를, 몇 차례 반복했다.

Qí Jīnggōng xiǎng, zhè YànYīng shuō de shì bú shì qiāncí ā? Qí Jīnggōng zhuānmén zhǎo le huálì de chēmǎ, pài yí ge jiào Liáng Qiūjù de rén gěi YànYīng sòng qù. Liáng Qiūjù bǎ chēmǎ sòng dào Yàn Yīng fǔshàng, Yàn Yīng jiù tuìhuí lái, zài sòng qù, zài tuìhuí lái, wǎngfǎn le hǎo jǐ cì.

이렇게 되자, 제경공은 모욕을 참을 수 없어, 안영을 불러 물었다: "당신 도대체 왜 이러는 것이요? 만약 당신이 화려한 마차를 구지 타지 않겠노라 고집한다면, 그것은 과인 또한 저런 마차를 더 이상 타지 말라고 강요하는 것 아니겠소?"

Zhè shíhou, Qí Jīnggōng liǎn shàng yǒu diǎn guà bú zhù le, jiù bǎ Yàn Yīng zhǎo lái wèn: "Nǐ zhè shì shénme yìsi ā? Rúguǒ nǐ yídìng jiānchí bú zuò huálì de chēmǎ, nà bú shì bī zhe guǎrén yě bú zài zuò zhèyàng de chēmǎ le?"

안영은 성심으로 대답했다: "우리의 현재 사회 분위기는 매우 평화로워, 백성들은 의식과 양식이 풍족합니다만, 다만 풍족한 이후에, 그들이 염치의 마음을 잃지는 않을지 그것이 가장 두려운 것입니다. 오직 외적인 호화로움만 있다면, 깨끗한 사회 분위기는 오래 가지 않을 것입니다. 그런 화려한 마차는, 당신은 타실 자격이 있으며, 다른 고관들 또한 탈 자격이 있습니다, 하지만 저만큼은 타고 싶지 않은 것이, 국가가 저에게 중대한 임무를 맡겨, 뭇 관리들을 내려다보게 시켰기 때문에, 저는 솔선수범해야 하는 것이죠, 그렇지 않으면 제가 어찌 다른 사람에게 청렴을 요구할 수 있겠습니까? 저는 고물 수레라도 있어 걷는 수고를 더는 것만으로도 이미 대만족입니다, 절대로 저의 사치함으로 인해 관리들과 백성들의 염치의 마음을 잃게 해서는 아니 되옵니다."

Yàn Yīng hěn chéngkěn de huídá: "Wǒmen xiànzài shìdào tàipíng, lǎobǎixìng yīshí fùzú, dànshì fùzú zhī hou, zuì pà de shì tāmen shīqù le liánchǐ zhī xīn。 Guāng yǒu wài zài de shēhuá, shì bù nénggòu ràng yí ge qīngmíng shìdào chángjiǔ xiàqù de。 Nà xiē huálì de chēmǎ, nǐn kěyǐ zuò, qítā gāoguān yě kěyǐ zuò, zhǐ búguò wǒ shì bù xiǎng zuò, yīnwèi guójiā wěi wǒ zhòngrèn, ràng wǒ xiàlín bǎiguān, nàme wǒ jiù yào yǐ shēn zuò zé, bùrán wǒ zěnme nénggòu yàoqiú bíerén qīnglián ne? Wǒ yǒu pòchē lièmǎ lái dài bù jiù yǐjīng zúgòu le, qiānwàn bùnéng yīnwèi wǒ de shēhuá ér ràng bǎiguān、 bǎixìng shīqù le liánchǐ zhī xīn。

제경공은 듣기를 마치자, 크게 감탄 하였다.

Qí Jīnggōng yì tīng, dà wéi gǎntàn。

극과 극이 만날 때의 해결점
Wèn qí liǎnduān lái tǒngguān quánjú

어떠한 일이 당신 눈앞에 놓인다면, 당신은 스스로 최선은 어떨 것이고 최악은 어떨 것인가 물은 후에야, 당신은 어찌 하겠노라 결정할 것이다. 이것이 "양 끝을 잘라내기"로, 즉 양 끝의 극값을 따진 후, 전체를 통관하는 것이다.

Fánshì zài nǐ yǎnqián, nǐ jiù wèn wèn zìjǐ, zuìhǎo néng zěnmeyàng, zuì huài néng zěnmeyàng? Ránhòu nǐ cái kěyǐ juédìng zěnme zuò. Zhè jiào "kòu qí liǎng duān", jiùshì wèn tā liǎnduān de jí zhí, ránhòu lái tǒngguān quánjú.

여기 한 유명한 이야기를 해보자. 독일의 한 초등학교 수업시간에, 유달리 장난이 심한 한 남자아이가 있었는데, 수업을 진지하게 들은 적이 없어, 선생님은 정말이지 그가 너무나 성가셔서, 그를 좀 조용히 있게 하고자, 그에게 문제 하나를 아무렇게나 던져주었다. "넌 저기 앉아서 이것을 계산해라, 1 더하기 2, 더하기 3, 더하기 4, 더하기 5, 더하기 6, 이렇게 쭉 100까지 더하기를 하여, 마지막에는 얼마가 되나 계산해라."

Zhèlǐ yào shuō dào yí ge yǒumíng de xiǎo gùshì. Déguó yì suǒ xiǎoxué de kètáng shàng, yǒu yí ge xiǎo nánhái tèbié táoqì, cónglái bù rènzhēn tīngjiǎng, lǎoshī shízài tài fán tā le, wèi le ràng tā ānjìng yíhuìr, gěi tā chū le dào tí, suíkǒu shuō: "Nǐ zuò zài nàr suàn, yī jiā èr, jiā sān, jiā sì, jiā wǔ, jiā liù, yìzhí jiā dào yìbǎi, nǐ qù suàn ba, zuìhòu dé duōshao?"

158

선생님은 뒤돌아서 수업을 이어나갔는데, 몇 분 지나지 않아, 이 남자아이는 일어서더니 5050이라고 말을 했다. 선생님은 깜짝 놀라서 물었다. "너 어떻게 계산한 거냐?" 그 아이가 말했다. "1 더하기 100은 101이고, 2 더하기 99는 101이고, 3 더하기 98 역시도 101입니다, 이와 같이 양 끝을 더해나가다, 중간에 이르러, 50 더하기 51을 하면 역시도 101입니다. 그렇다면 50개의 101은 5050 아니겠습니까?" 이 아이가 바로 이후의 대 수학자 가우스高斯이다.

Lǎoshī zhuǎnshēn jiēzhe jiǎngkè, méi guò jǐ fēnzhōng, zhè xiǎonánhái zhàn qǐlái shuō shì wǔ qiān líng wǔ shí. Lǎoshī dà chī yì jīng, wèn: "Nǐ zěnme suàn chūlái de?" Nà xiǎohái shuō: "Yì jiā yì bǎi shì yì bǎi líng yī, èr jiā jiǔ shí jiǔ shì yì bǎi líng yī, sān jiā jiǔ shí bā háishì yì bǎi líng yī, zhèyàng liǎngtóu jiā, jiā dào zhōngjiān, wǔ shí jiā wǔ shí yī háishì yì bǎi líng yī, nàme wǔ shí ge yì bǎi líng yī bú jiùshì wǔ qiān líng wǔ shí ma?" Zhè ge xiǎohái jiùshì hòulái de dà shùxuéjiā Gāosī.

어린 가우스가 이용한 이 방법이, 바로 아주 간단한 "양 끝을 잘라내어 알아보는" 방법이다.

Xiǎo Gāosī yòng de zhè ge fāngfǎ, jiùshì yí ge tèbié jiǎndān de "Kòu qí liǎng duān" de fāngfǎ.

우리는 많은 문제에 맞닥뜨릴 수 있는데, 요점은 가장 간편한 해결방식을 찾는 데 있다. 생활 속에서, 우린 너무나 쉽게 정해진 논리에 따라 가고 있지 않은가! 우리는 거기서 벗어날 수 있을까? 우리가 소위 말하는 최고와 최악의 상황을 따져본다면, 벗어날 수도 있다.

Wǒmen huì pèngdào xǔduō wèntí, guānjiàn zàiyú yào zhǎodào yì zhǒng zuì jiǎnbiàn de jiějué fāngshì. Zài shēnghuó lǐ, wǒmen duō róngyì ànzhào jìdìng de luójí qù zǒu a! Wǒmen néng tiào chūlái ma? Zhǐyào wǒmen wèn yí wèn suǒwèi zuì hǎo hé zuì huài de qíngkuàng, yě jiù tiào chūlái le.

우리가 이러한 사고에 따라 문제를 해결해나간다면, 얽혀있는 실마리들 속에서 너무나 많은 잡다한 생각들 때문에 정력을 낭비하는 일은 없게 될 것이다.

Wǒmen àn zhèyàng de sīlù qù jiějué wèntí, jiù bú zhìyú zài xìjié de jiūchán zhōng hàofèi tài duō xìnì de xīnsī.

아들이 가르쳐준 힌트
Háizi yě yǒu chéngwéi dàrén de lǎoshī de shíhòu

한 철학자가 있었는데, 그는 매일 사람과 세상 사이의 관계에 대해 골똘히 생각하고 있었다. 한 번은, 그가 주제 강연을 하게 되었는데, 너무나 곤혹스러운 것이, 어떻게 해야 이 관계를 이치에 맞게 설명할지 모르겠는 것이었다. 그가 강연원고를 준비하고 있는데, 몇 살 안된 어린 아들이 옆에서 쉬지 않고 성가시게 구는 것이었다.

Yǒu yí ge zhéxuéjiā, tā měitiān dōu zài sīkǎo rén gēn shìjiè zhī jiān de guānxì. yǒu yícì, tā yào zuò yí ge zhǔtí yǎnjiǎng, tā hěn kùnrǎo, bùzhīdào zěnme lái bǎ zhè ge guānxì lǐshùn. Tā zhǔnbèi yǎnjiǎng gǎo de shíhòu, tā jǐ suì de xiǎo érzi zài pángbiān bù tíng de dǎoluàn.

그는 꾀를 내어 이 아이를 안심시킬 생각을 하였으나, 마음이 번거로워 어찌할 수가 없어, 손쉬운 대로 아무렇게나 잡지를 펼쳤다. 펼친다는 것이 하필 잡지의 뒤표지를 열게 되었는데, 알록달록한 세계지도가 보이므로, 그는 아무렇게나 그 페이지를 찢어내, 다시 그것을 바닥에 여러 조각으로 찢어놓고는, 아이에게 말을 했다. "넌 이 그림을 짝을 맞추어라, 다 맞추면 상금을 주기로 하마." 그는 아이에게 딱풀 한 개를 건넸다. 그는 이정도 나이의 아이라면, 이 그림을 다 맞추는데 두 시간은 충분히 걸릴 테니, 이제 좀 조용해지겠지 라고 생각했다.

Tā méifǎ ānfǔ zhù zhè ge háizi, fán de bù xíng, jiù suíshǒu fān zázhì. Hūrán fān dào zázhì de fēngdǐ, shì yí ge huāhuālǜlǜ de shìjiè dìtú, tā jiù shùnshǒu bǎ zhè yí yè sī xiàlái, sī chéng le hěn duō suìpiàn rēng zàidìshàng, gēn háizi shuō: "Nǐ xiànzài bǎ zhè zhāng túhuà gěi pīn shàng, néng pīn hǎo jiù gěi nǐ jiǎngshǎng." Tā gěi le háizi yí juàn sùliào jiāotiáo. Tā xiǎng, zhème dà diǎn de yí ge xiǎohái, zhè ge tú gòu pīn liǎng ge zhōngtóu de, zhè huí kěyǐ ānjìng le.

그런데 결국은, 30분도 되지 않아, 이 아이는 풀로 짜 맞춘 지도를 들고 와서는 말을 하는 것이었다. "아빠, 저 다 맞추었어요." 그는 바라다보곤, 깜짝 놀란 것이, 정말로 다 맞춘 것이 아닌가. 이 아이는 전혀 지리에 대한 지식이 없었던지라, 그는 어떻게 완성한 것인지 물었다.

Jiéguǒ, hái méiyǒu bàn xiǎoshí, nà xiǎohái jiù līn zhe yòng jiāotiáo pīn hǎo de dìtú lái le, shuō: "Bàba, wǒ bǎ tā pīn hǎo le." Tā yí kàn, dàchīyìjīng, jìngrán pīn duì le. Zhè ge háizi gēnběn méiyǒu dìlǐ gàiniàn, tā jiù wèn háizi shì zěnme wánchéng de.

아이는 배시시 웃으며 이 지도를 뒤집어 보이며 말했다. "아빠, 전 이쪽 면에 사람의 얼굴이 있는 것을 보고, 이 사람의 얼굴대로 짜 맞춘 것이에요. 저는 이 사람의 얼굴이 정확하다면, 저쪽 세계지도도 정확할 것이라 생각했지요." 여기에 이르자, 이 철학자는 퍼뜩 깨닫는 바가 있어, 다음날의 강연주제를 "한 사람이 정확해지면, 그의 세계도 정확해질 것이다"라고 정했다.

Nà háizi xiàoxīxī de bǎ zhè ge dìtú fān guòlái gěi tā kàn, shuō: "Bàba, wǒ fāxiàn zhè miàn shì yí ge rén de tóuxiàng, wǒ shì ànzhào zhè ge réntóu pīn de. Wǒ xiǎng, zhè ge rén rúguǒ shì zhèngquè de, nàme nà ge shìjiè dàgài yě jiù zhèngquè le." Zhè ge zhéxuéjiā huǎngrándàwù, tā mǎshàng zhīdào le dì èr tiān yào yǎnjiǎng de zhǔtí : Yí ge rén zhèngquè le, tā de shìjiè dàgài yě jiù zhèngquè le.

성공을 이기는 안정
Āndūn shèngyú chénggōng

생활이 즐겁지 않다고 느끼는 사람이 있었는데, 그는 자신이 우울증 전조증상이 있다고 느껴져, 정신과 의사를 찾아가게 되었다. 그는 의사에게 말을 했다. "저는 퇴근하는 게 너무 겁납니다. 일하고 있을 땐 모든 게 정상입니다만, 집에 돌아가기만 하면 당혹스러움을 느낍니다. 저는 제 마음 속의 진정한 욕망이 무엇인지 모르겠고, 무엇을 선택해야하고, 무엇을 선택하지 말아야할지도 모르겠습니다. 밤이 깊어질수록 제 마음 속은 더욱 공포심이 생기고 더욱 위축되어져, 밤새 잠을 못 드는 일이 다반사입니다. 하지만 다음날 아침 직장에 가고, 작업상태로 빠져들면, 이런 증상들은 없어져 버립니다." 이런 상태를 계속 유지해나간다면, 우울증에 걸릴까 두렵습니다.

Yǒu de rén guò de hěn bù kāixīn, juéde zìjǐ yǒu yìyùzhèng de qiánzhào, jiù qù kàn xīnlǐ yīshēng. Tā gēn yīshēng jiǎng, wǒ měitiān tèbié hàipà xiàbān, wǒ zài gōngzuò de shíhòu yíqiè zhèngcháng, dànshì yì huí dào jiāli jiù huì gǎndào huánghuò. Wǒ bù zhīdào zìjǐ xīn lǐ zhēnzhèng de yuànwàng shì shénme, wǒ bù zhīdào gāi xuǎnzé shénme, bù gāi xuǎnzé shénme. Yuè dào wǎnshàng, wǒ de xīn lǐmiàn huì yuè kǒngjù, yuè yāyì, suǒyǐ chángcháng zhěngyè shīmián. Dànshì dì èr tiān zǎoshang yī shàngbān, yí jìnrù gōngzuò zhuàngtài, wǒ de zhèngzhuàng jiù xiāoshī le. Cháng cǐ yǐwǎng, wǒ hěn hàipà huì dé shàng yìyùzhèng.

의사는 진지하게 그의 하소연을 듣고 난 후, 그에게 제안을 하나 했다. "우리 이 도시에, 아주 유명한 코미디언이 있는데, 그의 코미디 연기는 너무 훌륭해서, 누구나 보고 나면 가슴을 열고 활짝 웃게 되고, 이해득실을 따지지 않게 됩니다. 먼저 그의 연기를 한 번 보러 가보지 않겠습니까? 웬만큼 보고난 후, 우리 다시 얘기를 해 봅시다, 당신의 우울증전조증상이 개선되었는지 살피고, 그런 후 다시 방법을 모색해보도록 하죠."

Zhè ge yīshēng rènzhēn tīng wán tā de qīngsù hòu, gěi le tā yí gè jiànyì shuō, zài wǒmen zhège chéngshì lǐ, yǒu yí gè fēicháng zhùmíng de xǐjù yǎnyuán, tā de xǐjù yǎn de hǎo jíle, suǒyǒu rén kàn le yǐhòu dōu huì kāihuái dà xiào, wànghuái déshī. Nǐ shì bú shì xiān qù kàn kàn tā de yǎnchū? Děng kàn shàng yí duàn shíjiān hòu, wǒmen zài liáo yī liáo, kàn nǐ zhè zhǒng yìyùzhèng qiánzhào shì bú shì yǒu suǒ huǎnjiě, ránhòu wǒmen zài lái shāngliáng fāng'àn.

의사의 말을 듣고 난 후, 이 사람은 아주 오랫동안 아무 말도 하지 않았다. 그가 머리를 들어 의사를 바라봤을 때는, 얼굴이 온통 눈물범벅인 상태였다. 그는 어렵사리 의사에게 말을 꺼냈다. "제가 바로 그 코미디언입니다."

Tīng wán yīshēng de huà, zhè ge rén hěn jiǔ hěn jiǔ méiyǒu shuōhuà. Tā tái qǐ tóu lái kàn zhe yīshēng de shíhòu, yǐjīng shì mǎnmiàn lèishuǐ. Tā jiānnán de duì yīshēng shuō, wǒ jiùshì nà gè xǐjù yǎnyuán.

이것은 마치 한 寓言처럼 들리지만, 이러한 이야기는 우리들 오늘날 생활 속에서 어렵지 않게 발생하는 일이다. 모두들 한 번 생각해보자, 한 개인이 이미 자신의 역할에 익숙해져, 그 역할 속에서 기쁜 마음으로 연기를 하고, 이것이 자신의 이상이라고 여기고, 성공적인 직업이라 여길 때, 과연 얼마만큼의 심적 열망이 존중받고 있다 여겨질까? 이것이 바로 많은 사람들이 직업적 역할을 벗어난 후, 당황하여 어찌할 줄 몰라 하는 근원이 존재하는 이유이다.

Zhè hǎoxiàng shì yí gè yùyán, dàn zhèyàng de gùshì hěn róngyì fāshēng zài wǒmen jīntiān de shēnghuó zhōng。 Dàjiā kěyǐ xiǎng yì xiǎng, dāng yí gè rén yǐjīng xíguàn yú zìjǐ de juésè, zài juésè zhōng huānxīn de biǎoyǎn, rènwéi zhè jiùshì zìjǐ de lǐxiǎng, zhè jiùshì chénggōng de zhíyè, zài zhè ge shíhòu, hái yǒu duōshǎo xīnlíng de yuànwàng shòudào zūnzhòng ne? Wǒmen zài juésè zhī wài, hái liú yǒu duōdà de kōngjiān, zhēnzhèng rènshì zìjǐ de nèixīn ne? Zhè jiùshì hěnduō rén líkāi zhíyè juésè zhīhòu, fǎn'ér juéde cānghuáng shīcuò de gēnyuán suǒ zài。

외자 이름은 언제부터 많아진 거지?
Sānguó rénwù duō dānzì míng de yóulái

고전소설《삼국연의》를 열어보면, 우리는 삼국시대의 인물 대부분이 단자명인 것을 발견할 수 있는데, 예를 들면 유비, 조조, 손권, 주유, 관우, 장비, 조운 등등이 그러하다. 이는 무슨 이유에서일까?

Dǎkāi gǔdiǎn xiǎoshuō《Sānguó yǎnyì》, wǒmen huì fāxiàn Sānguó rénwù duō shì dānzì míng, rú LiúBèi、CáoCāo、SūnQuán、ZhōuYú、GuānYǔ、ZhāngFēi、ZhàoYún děngděng, zhè shì shénme yuányīn ne?

문제는 王莽에서 비롯되었다. 西漢 말, 왕망이 정권을 찬탈하였고, 통치를 공고하게하기 위해, 그는 미신과 복고를 크게 행하였는데, 또 일련의 소위 "새로운 정치"를 추진하였으며, 일찍이 "지금 중국에서는 두 글자로 된 이름이 있어서는 안 된다"는 준칙을 세웠었다.《한서 왕망전》의 기록에 의하면, 왕망의 장손은 王宗이란 이름을 가졌고, 천천히 기다리면, 그는 황제가 될 수 있었다. 그러나 이 王宗이란 자는 성질이 급해서 기다릴 수 없었다. 그는 스스로 황제의 의관을 구해 입고, 그 옷을 입은 채 화가에게 초상화를 그리게 하였으며, 또 정부에서나 발행할 수 있는 3개의 銅印을 찍어냈으며, 외삼촌과 공모하여, 쿠데타를 준비하고, 할아버지를 몰아내고 스스로 황제가 되려하였다.

Wèntí chū zài WángMǎng shēn shàng。Xīhàn mònián, WángMǎng cuànduó le zhèngquán, wèile gǒnggù tǒngzhì, tā dà gǎo míxìn hé fùgǔ, hái tuīxíng le yíxìliè de suǒwèi "xīnzhèng", céng yǒu "jīn Zhōngguó bùdé yǒu èrmíng" zhī jǔ. Jù 《Hànshū·WángMǎng zhuàn》 jìzǎi: WángMǎng de chángsūn jiào WángZōng, mànmàn de děng, tā shì kěyǐ dāng huángdì de. Kěshì zhège WángZōng xìngzi tài jí, děng bu dé le. Tā zìjǐ nòng le yí tào huángdì de yīguān, chuān shàng ràng huàshī huà le fú huàxiàng, hái kè le 3 méi tóngyìn, yǔ qí jiùjiù hémóu, zhǔnbèi zhèngbiàn, tuīfān yéye, zìjǐ zuò huángdì.

하지만 음모가 의외로 주도면밀하지 못했던 관계로, 못된 짓은 들통이 나고 말았다. 비록 친손자이기는 하지만, 이 일은 가볍게 용서해줄 일이 아니었다. 王宗은 일이 잘못되었음을 깨닫고 스스로 자살해버렸다. 사람은 비록 죽었지만, "정치적 권리"도 박탈해야만 했던지라, 왕망은 명령을 내렸다: "宗은 본명이 會宗으로, 법에 따라 두 글자로 된 이름을 제거되었었으나, 이제 會宗으로 복원시키는 바이다." 王宗의 본래 이름은 "王會宗"이었는데, "制作" 즉 법령에 의해, "王宗"으로 변경했던 것을, 지금은 법을 어겼으니, 다시 되돌려서, 원래의 "王會宗"으로 돌아가게 한다는 것이었다.

Búliào mìmóu bùzhōu, dōngchuāngshìfā. Suī shì qīn sūnzǐ, zhè shì yě bùnéng qīngráo. WángZōng yí kàn bù hǎo jiù zìshā le. Rén suīrán sǐ le, "zhèngzhì quánlì" yě yào bōduó. Yúshì WángMǎng xià le yí dào mìnglìng: "Zōng běnmíng Huìzōng, yǐ zhìzuò qù èrmíng, jīn fùmíng Huìzōng." WángZōng běnlái míng shì liǎng gè zì jiào "WángHuìzōng", "zhìzuò" jiùshì fǎlìng, shì yǐ fǎlìng hòu gǎichéng de "WángZōng", xiànzài fàn le fǎ, xū zài gǎi huíqù, hái jiào yuánlái de "WángHuìzōng".

짐작하건데 王莽 이전에는, 인명용 글자 수는 제한을 받지 않았던 모양이다. 그는 통치자의 위치에 오른 후, 일찍이 법률 형식으로 두 글자의 이름을 허용하지 않았던 것이다. 사람이 죄를 범한 후, 두 글자의 이름으로 회복시키는 것은 벌을 받았음을 나타내는 것이었다. 이것은 당시 사회적으로 두 글자로 된 이름이 불명예스럽고, 천박하다는 인식을 심어주는 계기가 되었다. 그때부터, 사람들이 외자 이름을 쓰는 풍조가 형성되었다. 그 후 西晉 이후에 이르러서야, 이 현상은 점차 바뀌어져, 두 글자의 이름이 회복되기 시작했다.

Kànlái WángMǎng zhī qián, rénmíng yòng zìshù shì bú shòu xiànzhì de. Tā shàngtái hòu, céng yǐ fǎlǜ xíngshì bùzhǔn yòng shuāngzì míng. Rén fànzuì hòu, huīfù èr zì míng shì yǐ shì chéngfá de. Zhè jiù zàochéng le dāngshí shèhuì shàng yǐ èr zì míng wéi bù guāngcǎi、 dījiàn de guānniàn rènshi. Cóng nàshí qǐ, rénmen shǐyòng dānzìmíng de xíguàn jìngrán chéng le fēngqì. Zhídào xīJìn zhī hòu, zhè yí xiànxiàng cái zhújiàn gǎibiàn, èrzìmíng kāishǐ huīfù qǐlai.

아반떼가 뭐지?

Āfántí(阿凡提) wéi hérén?

아반떼하면 사람들은 당나귀를 타고 다니는 친근하고 유머러스한 이미지를 떠올린다. 중국에서 그는 위구르족 민간문학의 일부여서 위구르족维吾尔으로 알려져 있다.

Shuō qǐ Āfántí, rénmen nǎohǎi zhōng jiù huì shǎnxiàn chū yī gè qí zhe xiǎo máolǘ de qīnqiè ér yòu yōumò de xíngxiàng。 Zài Zhōngguó, yīnwèi tā shì Wéiwúěr zú mínjiān wénxué de yíbùfēn, suǒyǐ rénmen yìbān rènwéi tā shì Wéiwúěr zú rén。

사실, 아반떼는 '국제적인 인물'인데, 그의 전체 이름은 주하朱哈 · 나스르딘纳斯尔丁 · 아반떼阿凡提이다. 그는 중국에서 유명할 뿐만 아니라 중앙아시아의 이란伊朗, 아제르바이잔阿塞拜疆, 터키土耳其, 그리고 심지어 아랍 각국에서도 수백 년 동안 그의 일화가 전해내려 온다.

Qíshí, Āfántí shì yī wèi "guójì rénwù", tā quánmíng jiào Zhūhā · Nàsīěrdīng · Āfántí。 Tā bùjǐn zài Zhōngguó chūmíng, érqiě zài Zhōngyà de Yīlǎng、 Āsàibàijiāng、 Tǔěrqí nǎizhì Ālābó gè guó, shù bǎi nián lái yìzhí liúchuán zhe tā de yìshì qùwén。

그러면, 아반떼는 어느 나라 사람일까? 어느 시대에 살았을까? 여기에 대해선 주장이 여럿이라, 입증하기가 어렵다. 아랍권에서 출판된《주하 일화》에 따르면, 그는 13세기 터키에서 태어난 것으로 되어있고, 아랍어 사전인《Al-Munjid》(1908)에서는 이라크伊拉克인으로 알려져 있는가 하면, 중국에서는 위구르족으로 거의 알려져 있다.

Nàme, Āfántí shì nǎ guó rén？ Shēnghuó zài shénme shídài? Shuō fǎ bù yī, hěn nán kǎozhèng。Cóng Ālābó guójiā chūbǎn de《Zhūhā yìshì(朱哈轶事)》lái kàn, tā shì shí sān shìjì chūshēng zài Tǔěrqí, dàn zài Ālābó wén cídiǎn《Méngjídé(蒙吉德)》zhōng , yòu shuō tā shì Yīlākè de Kùfǎ(库法) rén, ér zài Zhōngguó, rénmen jīhū dōu rèndìng tā shì Wéiwúěr(维吾尔) zúrén。

아반떼는 사람들로부터 존경하여 받들어지는 재치 있는 언변의 대가이다. 그는 덕망이 높고, 학식이 깊고, 정의감이 넘쳐났던지라, 후세 사람들은 그의 이야기와 농담들을《나스르딘 선생의 일화》로 엮었고, 중국 및 일부 아랍국가에서 널리 퍼져 집집마다 모르는 사람이 없는 인물이 되었다.

Āfántí shì yī wèi shòu rén zūnchóng de huīxié dàshī, tā dé gāo wàng zhòng, xuéshí yuānbó, fùyǒu zhèngyìgǎn, hòurén jiāng tā de gùshì hé xiàohuà biānchéng le《Nàsīěrdīng(纳斯尔丁) xiānshēng de yìshì》yì shū, zài Zhōngguó jí yìxiē Ālābó guójiā guǎng wéi chuánbō, chéngwéi yí gè jiā yù hù xiǎo de rénwù。

"아반떼"라는 단어는 그리스希腊어로, 일종의 명예이자, 사람들로부터 존경받는 칭호를 나타낸다. 위구르어에서는 선생이란 뜻이고, 이집트埃及, 이라크 등에서도 아반떼라는 호칭이 아주 널리 쓰이고 있어, 학생들은 교장, 선생님을 종종 '아무개 아반떼'하는 식으로 부른다. 즉 선생님이라는 의미이다.

"Āfántí" yì cí shì gè Xīlà cí, biǎoshì yì zhǒng róngyù, shòu rén zūnjìng de chēnghào。 Zài Wéiwúěr yǔ shì "xiānshēng" huò "lǎoshī" de yìsī, zài Āijí、Yīlākè děng guó yányòng "Āfántí" chēnghū yě hěn guǎngfàn, xuéshēng men bǎ tāmen de xiàozhǎng、lǎoshī wǎngwǎng chēng mǒu mǒu Āfántí, yì jí "xiānshēng"、"lǎoshī" zhī yì。

발렌틴 날의 유래
Qíngrénjié de yóulái

    2월 14일은 서양의 발렌틴瓦倫丁 데이이다. 발렌타인 데이의 다른 이름은 '발렌틴의 날'로, 전설에 따르면 발렌틴이라는 기독교 성도를 기리기 위해서라고 한다.

    Èr yuè shí sì rì shì xīfāng de Qíngrénjié。 Qíngrénjié de lìng yī míngchēng shì "Wǎlúndīng jié", jùshuō shì wèile jìniàn yī wèi jiào Wǎlúndīng de jīdūjiào shèngtú。

    서기 3세기, 고대 로마의 청년 기독교 선교사인 발렌틴은 기독교 교리를 전파하는 모험을 하다가 체포되어 투옥되었다. 발렌틴의 반항 정신은 교도소장과 그의 두 눈을 실명한 딸을 감동 시켰고, 그리고 그들 부녀의 정성 어린 보살핌을 받게 되었고, 나아가 처녀는 발렌틴에게 깊이 빠져들게 되었다. 두 사람의 순결한 사랑은 기적을 불러일으켜, 처녀는 시력을 되찾게 되었다. 처녀는 전심전력으로 발렌틴을 지키기 위해 최선을 다했지만, 발렌틴은 이로 인해 사형을 면하게끔 되지는 못하여, 결국 서기 270년 2월 14일에 사형이 되었다. 사형이 집행되기 전, 발렌틴은 자신의 죄수복을 하트모양, 꽃잎 모양, 나비 모양 등으로 작은 조각을 내어, 그것을 편지지로 삼아, 거기에 장문의 편지를 써서, 자신의 굳은 신념과 처녀에 대한 진심 어린 사랑을 고백했다. 처녀는 편지를 읽은 후, 비분강개하여, 자신도 바로 그 날 순정을 지닌 채 자살하였다. 순수한 사랑을 한 이 한 쌍의 연인을 기념하기 위해, 로마 청년들은 매년 2월 14일을 "애인의 날"로 정했다.

Gōngyuán sān shìjì, gǔ Luómǎ qīngnián jīdūjiào chuánjiàoshì Wǎlúndīng màoxiǎn chuánbò jīdūjiào jiàoyì ér bèibǔ rùyù. Wǎlúndīng de fǎnkàng jīngshén gǎndòng le jiānyù zhǎng hé tā shuāngmù shīmíng de nǚ'ér, bìng dédào le tāmen fùnǚ de xīxīn zhàoliào, gūniáng bìng shēnshēn de àishàng le Wǎlúndīng. Liǎng rén chúnjié de àiqíng shǐ qíjī fāshēng, gūniáng huīfù le shìlì. gūniáng jiéjìn quánlì lái bǎohù Wǎlúndīng, dànshì Wǎlúndīng bìng wèi yīncǐ ér táoguò sǐxíng, zhōngyú zài gōngyuán èr bǎi qī shí nián èr yuè shí sì rì cǎnzāo shāhài. Línxíng qián, Wǎlúndīng yòng zìjǐ de yùyī jiǎn chéng xīn xíng, huābàn xíng, húdié xíng de xiǎopiàn dàngzuò xìnjiān, gěi gūniáng xiě le yì fēng cháng xìn, biǎobái le zìjǐ guāngmíng lěiluò de xìnniàn hé duì gūniáng de zhēnchéng àiqíng. Gūniáng dú guò xìn hòu, bēifèn bùyǐ, yě zài zhè tiān xùnqíng zìshā le! Wèile jìniàn zhè duì zhōngzhēn bù yú de qíngrén, Luómǎ qīngnián rén biàn bǎ měinián de èr yuè shí sì rì dìng wéi "Qīngrénjié".

....

....

....

....

....

....

또 다른 주장으로는, 발렌타인 데이는 고대 로마시대 목신절(2월 15일)에서 변천되어졌다고 한다. 전설에 따르면 새들은 이 날 교배를 시작한다고 한다. 이건 전형적인 생식 숭배로, 중국 역사에 등장했던 商나라 사람들은 자신들을 "검은 새의 후손"이라고 스스로 불렀다. 그러나 서양인들은 새를 청춘들의 활발한 자유연애를 상징한다고 여겼다. 그 때의 풍속은, 목신절 기간 동안, 사람들은 처녀의 이름이 적힌 쪽지를 한 상자 속에 넣고, 청년 남자가 상자 속에서 누군가의 이름을 빼내면, 그 이름의 주인공은 그 청년 남자의 짝이 되는 것이었다. 이러한 이유로, 목신절은 출산과 사랑의 명절로 여겨졌다. 후에 로마 교회는 이 기념일을 발렌틴의 날과 합치고, 날짜도 2월 15일을 2월 14일로 바꾸었다. 오랜 세월이 지나자, '발렌틴'은 '연인'의 대명사가 된 것이다.

Lìng yī zhǒng shuōfǎ shì, Qíngrénjié shì yóu gǔ Luómǎ shíqī de mùshén jié (èr yuè shí wǔ rì) yǎnbiàn ér lái. Jùshuō niǎolèi zài zhè yìtiān kāishǐ jiāopèi. Zhè shì diǎnxíng de shēngzhí chóngbài, Zhōngguó lìshǐ shàng de Shāng cháo rén jiù zìchēng shì "xuán niǎo de hòudài". Ér xīfāng rén què bǎ tā kànzuò shì qīngchūn huóyuè zìyóu liàn'ài de xiàngzhēng. Nà shí de fēngsú shì, zài mùshén jié qījiān, rénmen jiāng xiě yǒu gūniáng míngzì de tiáozi fàng zài yī gè hézi lǐ, qīngnián nánzi cóng hézi lǐ chōu dào shéi, shéi jiù huì chéngwéi nà wèi qīngnián nánzi de qínglǚ. Yīncǐ, mùshén jié bèi shì zuò shēngyù hé àiqíng de jiérì. Hòulái Luómǎ jiàohuì biàn jiāng zhège jiérì yǔ Wǎlúndīng jié hé ér wéi yī, rìqī yě cóng èr yuè shí wǔ rì gǎi wéi èr yuè shí sì rì. Jiǔ'érjiǔzhī, "Wǎlúndīng" biàn chéng wéi "qíngrén" de dàimíngcí.

황금알을 낳는 닭(이솝우화)
Xià jīndàn de mǔjī

조그마한 마을엔 몇 집이 살고 있었는데, 집집마다 농사를 생업으로 삼고, 모든 집들이 소와 말을 키웠다. 그와는 별도로, 닭, 오리, 거위를 길러, 부업으로 삼았다.

Xiǎo cūnzhuāng lǐ zhù zhe jǐ hù rénjiā, měi jiā dōu yǐ gēngtián wéi shēng, měi yī hù dōu yǎng le niú、mǎ、lìngwài, yě yǎng le jī、yā、é, yǐ zuòwéi fùyè。

마을 가장 동쪽 자락에 사는 집은 좀 특별한 것이, 그들은 소를 키우는 외에, 한 마리 암탉만 키웠는데, 이 암탉은 매일같이 황금알을 하나씩 낳았다. 모든 사람들이 이 암탉이 왜 황금알을 낳는 지 까닭을 알 길이 없었다. 그도 그럴 것이 이 녀석의 생김새는 다른 암탉들과 전혀 다르지 않았다. 황금알을 낳을 수 있었던 까닭에, 농부와 그 아내는 이 암탉을 보배로 여겼다.

Zhù zài cūnzhuāng zuì dōngbiān de yī hù rénjiā hěn tèbié, yīnwèi, tāmen jiā chú le niú zhī wài, zhǐ yǎng le yì zhī mǔjī, zhè zhī mǔjī měitiān dōu huì shēng yí ge jīndàn。Suǒyǒu de rén dōu bùzhīdào zhè zhī mǔjī wèishénme huì shēng jīndàn, yīnwèi tā de yàngzi hé qítā mǔjī bìng méiyǒu shénme bùtóng。Yīnwèi huì shēng jīndàn, nóngfū hé qīzi dōu jiāng zhè zhī mǔjī shìwéi bǎobèi!

황금알을 낳는 암탉 덕분에, 농부네 집의 경제사정은 상당히 큰 개선이 있어, 낡은 초가집은 튼튼한 목조 집으로 바뀌었고, 경지면적도 넓어졌다. 현 상황으로 비추어볼 때, 꿈같은 날이 올 것만 같았다, 부부 두 사람도 꿈같은 미래를 자유로이 상상하고 있었다.

Kào zhe zhè zhī huì xià jīndàn de mǔjī, nóngfū jiā de jīngjì zhuàngkuàng yǒu le xiāngdāng dà de gǎishàn, pòjiù de xiǎo máowū biànchéng le jiāngù de mùzào fángzi; nóngtián de miànjī yě zēngdà le。 Zhào mùqián de qíngjǐng kàn, měihǎo de rìzi sìhū mǎshàng jiùyào dào le, fūqī liǎngrén yě zài chàngxiǎng zhe měihǎo de wèilái ……

하루는, 아내가 평소처럼 암탉이 낳은 황금알을 줍고 있자니, 불현 듯, 한 가지 생각이 떠올랐다. "왜 암탉이 매일 황금알을 낳지? 설마 녀석 뱃속에 많은 금이 있는 게 아닐까?" 아내는 자신의 생각을 남편에게 말했고, 남편을 그 말을 듣고 나더니 머리를 끄덕이며 말했다. "당신 말이 일리가 있어요, 아마 정말로 그럴 지도 모르지!"

Yǒu yìtiān, qīzi hé wǎngcháng yíyàng jiǎn qǐ mǔjī xià de jīndàn, tūrán, tā méngshēng le yìzhǒng xiǎngfa: "Wèishénme mǔjī měitiān dōu huì shēng jīndàn ne? Mòfēi zài tā dùzi lǐ yǒu hěn duō jīnzi?" Qīzi bǎ zìjǐ de xiǎngfa gàosù le zhàngfu, zhàngfu tīng wán yìbiān diǎntóu yìbiān shuō: "Nǐ xiǎng de hái zhēn yǒu dàolǐ, kěnéng zhēnde shì zhèyàng de!"

남편은 말을 마치자, 잠시 생각하더니, 아내에게 말을 했다. "만약 우리가 암탉을 잡으면,

뱃속에 있는 금을 가질 수 있는 게 아닐까?" "맞아! 맞아!" 아내는 흥분해서 남편에게 말했다.

Zhàngfu shuō wán, xiǎng le yíhuìr, duì qīzi shuō: "Rúguǒ wǒmen bǎ mǔjī shā le, bú jiù kěyǐ nádào tā dùzi lǐ de jīnzi le ma?" "Duì ya! Duì ya!" Qīzi xīngfèn de huídá zhàngfu.

부부는 금 때문에 이성을 잃게 되어, 좀 더 많은 깊은 생각을 하지 않은 채, 암탉을 붙잡아, 두말없이 암탉을 죽이고 말았다. "금은? 금은 어디 있지?" 그들은 암탉의 배를 가르고, 황급히 금을 찾았다. 하지만, 이 암탉은 정말로 보통 암탉과 똑같아, 뱃속에는 금이라곤 전혀 보이지 않았다.

Fūqī liǎ bèi jīnzi chōnghūn le tóu, tāmen yě méiyǒu duō zuò kǎolù, zhuā qǐ mǔjī, èr huà bù shuō jiù bǎ mǔjī gěi zǎi le! "Jīnzi ne? Jjīnzi ne?" Tāmen qiēkāi mǔjī de dùzi, pòbùjídài de xúnzhǎo zhe jīnzi. Dànshì, zhè zhī mǔjī zhēn hé pǔtōng de mǔjī yíyàng, dùzi lǐmiàn shénme jīnzi yě méiyǒu!

이때서야, 부부는 눈이 둥그레지고 말았다. 그들은 매일같이 얻어왔던 황금알도 가질 수 없게 되었다.

Zhèshí, fūqī liǎ cái shǎ le yǎn. Tāmen lián měitiān yuányǒu de jīndàn yě méi le.

세배돈의 유래
Yāsuìqián de yóulái

섣달그믐 날 밤, 나이든 사람들은 종종 아이들에게 "세뱃돈"을 주곤 하는 데, 이 풍습의 유래에는 재미있는 전설이 숨어 있다.

Chúxī zhī yè, zhǎngbèi wǎngwǎng yào gěi háizi men yìxiē "yāsuìqián", zhè yī xísú de yóulái, yě yǒu yí gè yǒuqù de chuánshuō.

전설에 따르면, 옛날 몸은 검고 손은 흰 조그만 요괴가 있어, 이름을 "祟"라 했는데, 이 작은 요괴는 얼굴이 흉악하게 생겨, 아주 무서운 모양을 하고 있었고, 매년 그믐날 밤이 되면 나타나 어린아이들을 놀라게 했다. 이 녀석이 손으로 깊이 잠들어있는 아이의 용천을 세 번 쓰다듬으면, 아이는 놀라서 끊임없이 울며, 고열이 되어, 잠꼬대를 해대다가, 며칠 후 열이 내리지만, 아이는 어리숙하게 변하는 것이었다. 사람들은 "祟"가 와서 아이를 해코지할까 두려워 등불을 밝게 피워놓고 빙 둘러앉아 잠을 자지 않는데, 이를 "祟 지키기"라고 했다.

Chuánshuō gǔshíhòu yǒu yìzhǒng shēn hēi shǒu bái de xiǎo yāo, míngzi jiào 'Suì', zhè xiǎo yāo miànmù zhēngníng, zhǎng de shífēn kěpà, měi féng nián sānshí yèlǐ chūlái jīngxià xiǎohái. Tā yòng shǒu zài shúshuì de háizi nǎomén shàng mō sān xià, xiǎohái jiù huì xià de bùtíng de kū, fā gāoshāo, jiǎng yìyǔ, jǐ tiān hòu jiù huì tuìshāo, dàn háizi biàn de dāitóudāinǎo. Rénmen pà Suì lái shānghài háizi jiù diǎn liàng dēnghuǒ tuán zuò bú shuì, chēngwéi "shǒu Suì".

그 당시 嘉興府에는 管씨 성을 가진 집이 있었는데, 부부가 느지막이 아들을 두어, 지극히 애지중지하였다. 그믐날 밤이 되자, 그들은 "祟"가 아이를 해하는 것을 막고자, 아이와 내내 놀아주었다. 아이는 붉은 색 종이로 동전 8개를 싸더니, 풀었다 싸고, 싸면 풀고 하며 놀았다. 이렇게 놀다 어느 틈엔가 잠이 들었는데, 종이에 쌓여있던 8개의 동전은 베개 한쪽에 흩어져 놓이게 되었다. 한밤중에 바람이 세차게 불어와 등불을 꺼트렸고, 그 틈을 타 작은 요괴가 슬그머니 안으로 들어와, 손으로 아이의 머리를 만지려는 순간, 갑자기 베갯머리에서 한 줄기 번쩍이는 빛이 뿜어져 나와, 작은 요괴는 급히 손을 빼고는, 비명을 지르며 도망가는 것이었다. 管씨 부부는 이 일을 사람들에게 말했고, 사람들은 죄다 따라하여, 몇 개의 동전을 아이 베개 옆에 놓아두었더니, 신기하게도, "祟"는 더 이상 아이를 해치러오지 않는 것이었다.

Dāngshí Jiāxīng fǔ yǒu yí hù Guǎn xìng rénjia, fūqī liǎ lǎonián dé zǐ, shì wéi zhǎng shàng míng zhū. Dào le nián sān shí yèwǎn, tāmen wèi le fángzhǐ Suì lái shānghài háizi, jiù dòu zhe háizi wán. Háizi yòng hóng zhǐ bāo le 8 méi tóngqián, chāi kāi le bāo shàng, bāo shàng le yòu chāi kāi. Yìzhí wán dào shuì xià, bāo zhe de 8 méi tóngqián jiù sǎluò zài zhěntou yìbiān. Bànyè shíkè, yízhèn fēng chuī miè le dēng, xiǎo yāo guǐguǐsuìsuì de liū le jìnlái, zhèngyào yòng tā de shǒu mō háizi tóu shí, tūrán zhěn biān bèng chū yí dào shǎnguāng, xiǎo yāo jímáng suō huí shǒu, jiānjiào zhe táopǎo le. Guǎn shì fūfù bǎ zhè shì gàosù le dàjiā, rénmen fēnfēn xiàofǎng, yě bāo jǐ méi tóngqián zài xiǎohái zhěntou yìbiān, guǒrán, Suì zài yě bùgǎn lái shānghài xiǎoháizi.

사실, 이 8개의 동전은 여덟 신선이 변한 것으로, 어둠 속에서 아이를 보호하여 "祟"을 쫓아냈던 것이다. 이러한 이유로 이 돈을 "祟를 누르는 돈"이라 부르게 되었다. "祟"는 "歲"와 발음이 같은 까닭에, 오랜 시간이 흘러, "祟를 누르는 돈" 즉 "壓祟錢"을 "壓歲錢"이라 부르게 되었다.

Yuánlái, zhè 8 méi tóngqián shì bāxiān biàn de, zài ànzhōng bǎohù háizi bǎ Suì xià pǎo。Yīn'ér bǎ zhè qián jiào "yā Suì qián"。'Suì', 'suì' xiéyīn, tiān cháng rì jiǔ, jiù bǎ 'yā Suì qián' chēngwéi 'yāsuìqián' le。

오늘날엔, 나이든 사람들이 아이에게 세뱃돈을 주는 것은 어린세대에 대한 관심과 사랑이자, 아이들에게 보내는 정감이란 선물이기도 하다.

Xiànzài, zhǎngbèi gěi háizi men yāsuìqián shì duì wǎnbèi de guānhuái, yě shì sòng gěi háizimen de yífèn qínggǎn。

'화장실에 가다'의 우아한 표현은?
Shàng cèsuǒ de yǎchēng yǒu nǎxiē

"解手"라고 하면, 사람들은 모두 대소변의 저속하지 않은 명칭임을 안다. 그렇다면 이 우아한 명칭은 어떻게 생겨난 것일까? 명나라 홍무, 영락 연간에 많은 省들이 땅은 넓고 사람은 적거나, 땅은 좁고 사람은 많은 현상이 있어서, 太祖 朱元璋과 成祖 朱棣는 여러 차례 대규모의 이민을 하명했다. 그러나 사람들은 그 누구도 자신이 나고 자란 고향 땅을 떠나기를 원하지 않았고, 조정에서는 어쩔 수 없이 강제로 이민을 시키게 되었다. 그 당시 山西省의 洪洞, 臨汾, 蒲絳 등지의 사람들은 河南, 山東, 河北, 陝西 일대로 이주해야 했다. 매번 萬戶씩 이주를 했는데, 이민자들이 도망가는 것을 방지하기 위하여, 병사들은 그들을 등을 마주하게 하여 묶고, 다시 밧줄을 이용해 일렬이 되도록 연결하여, 마치 물고기 떼처럼 줄줄이 늘어서서 움직이게 했다. 도중에 누군가가 대소변이 보고 싶으면, 관병에게 "나리 손 좀 풀어주세요"라고 부탁했고, 대소변을 본 이후에는 다시 묶곤 했다. 이런 일이 자주 발생하자, 이민자들이 "내 손을 풀어주세요"라고 말하기만 하면 곧 바로 대소변을 보고 싶다는 뜻이란 것으로 이해하게 되었다. 오랜 시간이 흐르자, "손을 풀다"는 말은 화장실을 간다는 말로 바뀌게 되었다.

Yì shuō "jiěshǒu", rénmen dōu zhīdào shì dà xiǎobiàn de yǎchēng, nàme zhè ge yǎchēng shì zěnme lái de ne? Míng Hóngwǔ、Yǒnglè niánjiān, wèi jiějué xǔduō shěngfèn dìguǎngrénxī, dìxiárénchóu de xiànxiàng, Tàizǔ Zhū Yuánzhāng、Chéngzǔ Zhū Dì duōcì xiàlìng dàguīmó yímín。Dàn rénmen shuí dōu búyuàn líkāi tǔshēngtǔzhǎng de jiāxiāng gùtǔ, cháotíng zhǐhǎo shíxíng qiángzhì yímín。Nàshí de Shānxī Hóngdòng、Línfén、Pújiàng děng dì rénmín yào yí wǎng Hénán、Shāndōng、Héběi、Shǎnxī yídài, měicì qiānyí jūn yǐ wàn hù jì, wèi fángzhǐ yímínmen táopǎo, guānbīngmen bǎ tāmen fǎnbǎng qǐlái, bìng zài yòng shéngsuǒ lián chéng yíchuàn, shǐ qí yúguàn ér xíng。Lùshàng yǒu rén yào dàxiǎobiàn, biàn xiàng guānbīng qǐngqiú: "Lǎoyé, qǐng jiě shǒu。" Biàn hòu zài chóngxīn kǔnbǎng。Zhèyàng cìshù duō le, yímínmen zhǐyào shuō "Wǒ yào jiěshǒu" jiù zhīdào shì yào dàxiǎobiàn le。Jiǔ ér jiǔ zhī, "jiěshǒu" jiù chéng le shàng cèsuǒ de zhuānyòngyǔ le。

또 밧줄을 풀고 팔이 편안해져 편하게 대소변을 보니, "손을 풀다"가 발전하여 "方便(편리하다)"가 되었고, 이로부터 화장실 가는 것을 "方便方便"이라고 하는 문명용어가 생겨났다. 이리하여 "方便" 또한 화장실을 간다는 말의 대명사가 되었다.

Yòu yīn jiě shéngsuǒ sōng shǒubì yǐ "fāngbiàn" yú dàxiǎobiàn, biàn yóu "jiěshǒu" yǎnbiàn wéi "fāngbiàn", bìng yóu cǐ chǎnshēng le shàng cèsuǒ wéi "fāngbiàn fāngbiàn" zhī wénmíng yòngyǔ。 "Fāngbiàn" yì wéi shàng cèsuǒ zhī dàimíngcí。

화장실을 간다는 말에는 "上1号"라는 또 다른 저속하지 않은 명칭이 있는데, 여기에 얽힌 유래에도 재미있는 이야기가 존재한다. 소문에 따르면, 20세기 40년대, 남경 建康路 우체국 맞은편에 공공화장실이 하나 있었는데, 거리 쪽으로 난 화장실 벽면에는 "001"이라는 숫자가 이목을 끌고 있었다. 어느 날 한 여성이 화장실에 일을 보러 가는데, 마침 한 명의 남자를 마주치게 되었다. 이 남자는 이 여성이 화장실에 가는지를 모르고, 단지 공손하게 어디를 가느냐고 물었다. 이 여자는 화장실 간다는 말하기가 부끄러워서, 벽에 적힌 일련번호 "001"을 보고 즉시 기지를 발휘하여 "上1号"라고 답했다. 이와 같이 간단하면서도 점잖은 호칭이 매우 빠르게 사람들에게 받아들여져서 유행하게 되었다. 회의를 할 때나 남자와 같이 있을 때, 여성은 종종 두 번째 손가락을 들어 동료에게 함께 가자고 표시하곤 하는데, 제안을 받은 사람은 그걸 보는 즉시 그 뜻을 눈치 채곤 한다.

Shàng cèsuǒ háiyǒu yī yǎchēng "shàng 1 hào", qí yóulái yì yǒu yī zé qùwén. Jùshuō 20 shìjì 40 niándài, Nánjīng jiànkānglù yóujú de duìmiàn yǒu yí zuò gōnggòng cèsuǒ, cèsuǒ línjiē de qiángshàng yǒu yì xǐngmù de biānhào "001". Yìtiān, yí wèi nǚtóngbāo qù cèsuǒ fāngbiàn, zhèng yù yí wèi nánshì. Zhè wèi nánshì bùzhī zhè wèi nǚtóngbāo yào qù cèsuǒ, zhǐshì lǐmào de wèn tā qù nǎr. Zhè wèi nǚtóngbāo bùhǎoyìsī shuō qù cèsuǒ, tā kàndào qiáng shàng de páihào "001", biàn língjī yí dòng, huídá shuō "Shàng 1 hào". Zhè zhǒng jí jiǎndān shàngkǒu yòu wényǎ de jiàofǎ, hěn kuài bèi rénmen jiēshòu bìng liúxíng kāilái. Kāihuì shí huò yǔ nánshìmen zài yìqǐ shí, nǚtóngbāo wǎngwǎng jǔ shízhǐ shìyì jī huǒbàn tóng qù, bèi jī zhě yí kàn jiù míng cǐ yì.

코카콜라의 유래
Kěkǒukělè de yóulái

코카콜라는 톡 쏘면서도 맛이 있고, 기력을 돋우고 정신을 맑게 하는 효과가 있는, 세계 제일의 음료라는 美名을 가지고 있다. 코카콜라는 1886년 5월 애틀랜타에서 존 펨버턴이라는 아마추어 약사가 조제했다. 이 음료는 코카(coca)와 콜라(cola) 씨앗을 기본 원료로 해, 어느 정도 뇌를 튼튼하게 하는 효과를 가진 약즙으로, 졸음을 쫓는 작용도 가지고 있는데, 이것이 바로 미국 최초로 출시된 코카콜라이다.

Kěkǒukělè jùyǒu cìjī kěkǒu、yì qì zhuàng shén zhī gōngxiào, bìng yù yǒu shìjiè dì yī yǐnliào de měichēng。Kěkǒukělè shì yī bā bā liù nián wǔ yuè Yàtèlándà yí wèi míng jiào Yuēhàn·Péngbódùn(约翰·彭伯顿) de yèyú yàojìshī pèizhì chénggōng de。Zhè zhǒng yǐnliào yǐ gǔkē(coca) hé kēlā(cola) zǐ zuò jīběn yuánliào, liànzhì chéng yì zhǒng yǒu yídìng liáoxiào de jiàn nǎo yào zhī, bìngqiě yǒu tíshén zuòyòng, zhè biàn shì měiguó zuìchū shàngshì de Kěkǒukělè。

코카콜라는 약품의 일종으로, 처음에는 탄산을 함유하지 않았고, 판매량도 미미했다. 하루는 한 두통환자가 가게 안으로 들어와, 점원에게 곧바로 복용할 수 있게 약을 지어달라고

184

부탁했다. 이 점원은 약을 조제한 후, 병에 정해진 양의 수돗물을 넣은 게 아니라, 잘못 집어 든 콜라를 주입해버렸다. 그 환자는 한 모금 깊이 들이마시더니, 자기도 모르게 연신 "nice"를 외쳐댔다. 그는 연달아 몇 잔을 들이켰는데, 온몸이 한결 가뿐해지는 기분이 들었다. 아무도 예상치 못하게, 한 점원의 부주의가 코카콜라의 운명을 바꿔놓게 되었고, 그저 그런 약제가 기적 같이 전 세계를 풍미하는 음료로 일약 변신을 하게 되었다.

Kěkǒukělè zuò wéi yì zhǒng yàopǐn, qǐchū yě bù hán qìtǐ, xiāoliàng yě wēi hū qí wēi. Yì tiān, yì míng tóutòng huànzhě lái dào diàn nèi, yāoqiú diànyuán dāngchǎng gěi tā pèi yào fúyòng. Zhè gè diànyuán pèi hǎo hòu, bú shì xiàng píng nèi zhùrù yídìng fèn'é de zìláishuǐ, érshì zhùrù cuò ná de kělè. Nà wèi huànzhě shēn xiā yì kǒu, bùjīn liánshēng jiào qǐ "Miào" lái. Tā lián hē le jǐ bēi hòu, gǎndào húnshēn qīngsōng le xǔduō. Shéi yě bù céng liàoxiǎng dào, yì míng diànyuán de shūhu dàyì, cái gǎibiàn le Kěkǒukělè de "mìngyùn", jìng qíjì bān de cóng yìzhǒng pǔtōng yàojì yáoshēnyíbiàn chéngwéi fēngmí quánqiú de yǐnliào.

홋날, 펨버턴의 조수인 로비슨은 이 음료를 코카콜라라고 부르자고 제안했고, 코카콜라 로고도 유창한 필체로 Cocacola란 상표의 글씨를 써서 지금까지 이어져오고 있다. 하지만 이 음료는 중국에서 '可口可乐'이라 불리지 않았고, 1920년대 CocaCola의 중국어 이름은 "蝌蝌啃蜡"였다. 그런데 이 한자의 문자적 의미가 마치 모종의 연체동물을 말린 후 조제한 한약 같은 느낌이어서, 사람들로 하여금 꺼리게끔 만들었다. 1930년대에 이르러, 한 영국에서 유학 중이던 중국 유학생이 회사에서 실시한 공개 명칭공모에서 '可口可乐'이란 네 글자를 써냈는데, 그때부터 이 중국어 명칭은 전형적인 잘된 음역어로 탈바꿈하여, 오늘날까지 사용되어지고 있다.

Hòulái, Péngbódùn de zhùshǒu Luóbǐsēn(罗比森) jiànyì jiāng zhè zhǒng yǐnliào chēng wéi Cocacola, hái yǐ liúchàng de bǐfǎ shūxiě le Cocacola shāngbiāo zìyàng, bìng yìzhí yánxí zhì jīn。Dàn zhèzhǒng yǐnliào zài Zhōngguó bìng bú jiào Kěkǒukělè, èr shí shìjì èr shí niándài, Cocacola de zhōngwén míngzì jiào "kēkē kěn là(蝌蝌啃蜡)", yīn hànzì de zìmiàn yìsī hěn xiàng shì mǒuzhǒng ruǎntǐ dòngwù shài gān hòu zhìchéng de zhōngyào, lìng rén shēng wèi。Dào le sān shí niándài, yǒu wèi zài Yīngguó liúxué de Zhōngguó liúxuéshēng zài gōngsī gōngkāi zhēngjí míngchēng shí xiě xià le "Kěkǒukělè" sì gè hànzì, cóngcǐ zhè gè zhōngwén míngchēng chéng wéi jīngdiǎn yīnyì, bìng shǐyòng zhì jīn。

실제와 다른 명성
Míngbùfúshí

옛날에 齊奄이라는 젊은이가 집에 살찐 고양이 한 마리를 길렀다. 齊奄은 특히 이 고양이를 좋아했는데, 녀석이 평범하지 않고, 용맹스럽고 위풍당당하여, 마치 호랑이처럼 느껴져서, 그 이름을 "범 고양이"라고 지었다. 어느 날 집에 많은 사람들이 손님으로 왔는데, 식후의 휴식시간에 바로 이 고양이를 주제로 이야기하기 시작했다. 어떤 손님이 '범 고양이'라는 이름이 마음에 들지 않아서, 齊奄에게 말했다. "호랑이도 용맹하지만, 용만큼 위력이 있는 것이 아니니, '용고양이'라 부르는 게 낫겠소!"

Gǔshíhòu, yǒu yí gè niánqīngrén jiào QíYǎn, tā jiā lǐ yǎng le yì zhī féidà de māo。 QíYǎn tèbié xǐhuān zhè zhī māo, juéde tā hěn bù xúncháng, yīngyǒng wēifēng, jiù xiàng lǎohǔ nàyàng, yúshì gěi tā qǐmíng jiào "hǔ māo"。 Yǒu tiān jiā lǐ lái le hǎo duō rén zuò kè, chá yú fàn hòu jiù shuō qǐ zhè māo lái le。 Yǒu gè kèrén duì "hǔ māo" zhè míngzi bù zěnme mǎnyì, yúshì jiù duì qíyǎn shuō："Lǎohǔ gùrán hěn yǒngměng, dàn bùrú lóng yǒu shénwēi, bùrú jiù jiào 'lóng māo'ba！"

齊奄이 찬성하려고 하자, 또 다른 손님이 말을 했다. "용의 위세는 호랑이를 능가하지만,

용은 승천하려면 구름을 타야 하므로, 구름이 용을 능가하는 것 아니겠소? 내가 보기엔 '구름고양이'이라 부르면 좋겠소!"

QíYǎn gāng xiǎng biǎoshì zàntóng, lìng yí wèi kèrén shuō huà le: "Lóng de shénwēi suīrán chāoguò hǔ, dàn lóng yào shēng tiān, bìxū chéng yún, yún bú jiù chāoguò lóng le ma? Wǒ kàn jiù jiào 'yún māo' hǎo le!"

齊奄이 말을 꺼내기도 전에, 또 다른 손님이 곧바로 말을 받았다. "구름이 비록 하늘과 해를 가릴 수 있지만, 바람이 불면 다 걷히는 것이니, 그래도 바람의 힘이 크므로, '바람고양이'가 훨씬 더 나을 것 같소."

Hái bù děng QíYǎn fā huà ne, yòu yǒu yí wèi kèrén jǐnjiē zhe shuō: "Yúnwù suīrán nénggòu zhē tiān bì rì, dànshì fēng yì chuī jiù quán sàn le, kànlái háishì fēng de xiàolì dà, 'fēngmāo' yīnggāi gèng hǎo yìdiǎn!"

"바람도 굉장하지만, 큰 바람이 불어오면 높은 담장만이 그것을 막아낼 수 있으니, 바람이 어찌 담장에 비길 수 있겠소? 그냥 '벽고양이'로 고치는 게 좋아요!" 齊奄은 끼어들 기회조차 없어, 아예 말을 하지 않고, 손님들의 토론을 듣기만 할뿐이었다.

"Fēng gùrán hěn lìhài, dànshì dà fēng guā qǐlái, zhǐyǒu gāoqiáng nénggòu dǎng de zhù, fēng nǎr bǐdeshàng qiáng ne? Jiù gǎi jiào 'qiángmāo' hǎo le！" QíYǎn dōu méiyǒu jīhuì chā zuǐ, suǒxìng bù shuōhuà le, zhǐhǎo tīng kèren men tǎolùn。

'벽고양이'라고 부른다고 하자, 또 한 명의 손님이 자리를 지키지 못하고 일어나, 강력하게 반대를 했다. "벽이 가장 튼튼한 건가요? 높은 벽은 견고하지만, 쥐는 거기에 구멍을 뚫을 수 있고, 쥐는 구멍을 뚫으면 벽을 무너지게 할 수 있으니, 그렇다면 쥐가 제일 무서운 것이 되니, '쥐 고양이'가 가장 적합하겠소, 내가 보기엔 더 고를 필요가 없어요."

Tīngshuō yào jiào "qiángmāo", háiyǒu yí gè kèrén zuò bu zhù le, tā qiángliè fǎnduì dào : "Qiáng shì zuì jiēshí de ma? Gāo qiáng suīrán hěn jiāngù, dànshì lǎoshǔ huì zài shàngmian dǎdòng a, lǎoshǔ dǎdòng nénggòu shǐ qiáng kuǎtā, suǒyǐ háishì lǎoshǔ zuì lìhài le, 'shǔmāo' zuì héshì le, wǒ kàn jiù búyòng xuǎn le。"

서로가 서로의 이유를 대며 모두 자신이 옳다고 주장하는 바람에, 齊奄은 한시도 도대체 이 고양이에게 어떤 이름을 지어 주어야 할지 결정을 내릴 수 없었다.

Gōng shuō gōng yǒu lǐ, pó shuō pó yǒu lǐ, kèrén men dōu hùxiāng zhēnglùn qǐlái le, QíYǎn yìshí yě nábudìng zhǔyì, dàodǐ yào gěi zhè zhī māo gǎi yí gè shénmeyàng de míngzì。

마을 동쪽 끝에는 덕망이 높은 노인이 살고 있었는데, 그들이 고양이 이름을 바꾸자고 재잘대며 논쟁하는 것을 듣고, 게다가 '쥐 고양이'라고 불러야 한다는 말에 절로 쓴웃음이 지어졌다. 그는 타당하고 신랄한 어투로 이 젊은이들에게 말했다. "쥐 잡는 게 고양이라고! '쥐고양이', '벽고양이', '바람고양이'가 다 뭐야? 고양이는 고양이야, 너희들은 무엇 때문에 허세를 부려서, 인위적으로 녀석의 본모습을 감추려는 것이지?" 사람들은 이 말을 듣고, 그 지없이 부끄러웠다.

Cūn dōngtóu zhù zhe yí wèi dégāowàngzhòng de lǎorén, tīng tāmen zhèxiē rén jījīzhāzhā de zhēnglùn zhe wèi māo gǎi míngzì, érqiě hái yào jiào "shǔmāo", búyóude kǔxiào le. Tā yì zhèng cí yán de duì zhèxiē niánqīngrén shuō : "Bǔ lǎoshǔ de jiùshì māo ma, jiào shénme 'shǔ māo', 'qiáng māo', 'fēng māo' de ? Māo jiùshì māo, nǐmen gànma yào gùnòng xuánxū, rénwéi de qù yǎn'gài tā de běnlái miànmù ne ? Zhòngrén tīng le, cánkuì bùyǐ.

원래 고양이인 것을, 사람들은 그 신기함을 드러내기 위해, 이름을 이것저것으로 바꿔보지 만, 결국은 웃을 수도 울 수도 없는 어처구니없는 '쥐 고양이'라는 이름을 짓고 만다. 한 가지 사물에 대한 허식과 과장은, 본래의 모습을 잃게 할 뿐이니, 이것이 바로 '이름과 실제가 부합하지 않음'이다.

Běnlái shì yì zhī māo, rénmen wèile xiǎnshì tā de shénqí, bǎ tā de míngzì gǎi lái gǎi qù, zuìhòu jìng lìng rén tíxiàojiēfēi de qǔ le gè "shǔmāo" de míngzi. Duì yí jiàn shìwù de xūshì hé kuāzhāng, zhǐ huì shǐ tā shīqù běnlái miànmù, zhè jiùshì míngbùfúshí.

70 준대로 모욕을 받은 여우
Zìqǔqírù de húlí

여우는 나쁜 심보를 가진 녀석으로, 다른 동물들을 속여서 놀려먹길 좋아했다. 이번은 한 동안 여우가 아무 일 없이 보냈는데, 그가 삐딱하게 머리를 쓰기 시작했으니, 이번에 그에게 걸려든 것은 한 마리 학이었다.

Húli shì ge huàixīnyǎnr de jiāhuo, zǒng ài qīfù zhuōnòng qítā de dòngwù。 Zhè zhènzi húli xián de méi shìr, tā kāishǐ dòng wāi nǎojīn le, zhè cì bèi tā tiāozhōng de shì yì zhī hè le。

여우는 학을 찾아가, 정중하게 다음날 자신의 집으로 와서 식사하자고 초대했고, 학은 기뻐하며 그러마고 대답했다.

Húli qù zhǎo hè, zhèngzhòng de yāoqǐng tā dì èr tiān dào zìjǐ jiālǐ lái chī fàn, hè hěn gāoxìng de dāying le。

다음날, 학은 말쑥하게 차려입고 여우네 집에 도착했다. 여우는 만면에 웃음을 띤 채 학을 방안으로 인도해, 식탁 앞에 앉았다. 저녁식사를 들여왔는데, 학이 좋아하는 해물스프로, 그것은 물고기, 새우, 게 등을 끓여 만든 것으로, 맛난 냄새를 풍기고 있었다.

Dì èr tiān, hè dǎban de zhěngzhěng qíqí de láidào le húli jiā。 Húli mǎnmiàn chūnfēng

191

de qǐng hè jìn le wū, zài cānzhuō qián zuò xiàlái. Wǎncān duānshàng lái le, shì hè zuì xǐhuān de hǎixiān nóngtāng, nà shì yóu yú, xiā, xiè děng áochéng de, sànfā zhe yòurén de xiāngwèir.

여우가 말했다. "사양하지 마시고, 식사하시죠!"

Húli shuō : "Bié kèqì, qǐng yòngcān ba!"

학은 기뻐하며 고개를 숙여 음식을 먹으려다 보니, 자신이 놀림의 대상이 되었음을 알게 되었다. 스프는 아주 평평한 접시에 담아져 있어, 학은 도저히 마실 수가 없었던 것이다! 학의 그 난처해하면서도 너무나 먹고 싶어 하는 얼굴을 보며, 여우는 너무나 기분이 좋아져, 일부러 큰 액션으로 스프를 마시는 것이었다. 이번 저녁식사를, 학은 아무것도 먹을 수 없었고, 그는 너무나 화가 치밀었지만 내색하지 않고 집으로 돌아갔다.

Hè hěn gāoxìng de dītóu yào chī, cái fāxiàn zìjǐ bèi zhuōnòng le, yīnwèi tāng shì chéng zài qiǎnpíng qiǎnpíng de pánzi lǐ, hè gēnběn wúfǎ hē dào! Kàn zhe hè nà zhāng jiǒngpò de、kěwàng chī tāng de liǎn, húli déyì jí le, hái gùyì dà kǒu dà kǒu de hē zhe tāng. Zhè dùn wǎncān, hè shénme yě méiyǒu chī, tā fēicháng fènnù de què bú luò shēngsè de huíqù le.

며칠 후, 학이 여우를 찾아와, 식사대접을 하겠노라 말을 했다. 여우는 다른 동물들을 놀려 먹는데 일찌감치 이골이 나 있던 지라, 학을 놀려주었던 일에 대해서, 그는 이미 까마득하게 잊고 있었고, 그래서 그는 당연하게 여기며 초대에 응했다. 학이 문을 열자, 방안에서 진한 향내가 풍겨져 나와, 여우는 먹고 싶은 마음에 침이 계속 흐르는 것이었다.

Jǐ tiān hòu, hè lái zhǎo húli, shuō yào qǐng tā chī fàn. Húli duìyú zhuōnòng qítā dòngwù zǎojiù chéng le xíguàn, yīncǐ, duìyú zhuōnòng hè de nà jiàn shì, tā zǎoyǐ wàng de yìgānèrjìng le, yúshì tā lǐsuǒdāngrán de qù fù le yuē. Hè yì kāimén, wūlǐ jiù piāochū le nóngnóng de shíwù de xiāngwèir, bǎ húli chán de kǒushuǐ zhí liú.

학은 여우를 식탁으로 인도했는데, 식탁 위엔 두 개의 주둥이가 좁은 플라스크 병이 놓여 있고, 그 안에는 맛있는 콩이 담겨져 있었고, 학은 품위 있는 자태로 긴 주둥이를 병 안으로 집어넣어, 맛난 콩을 쪼아 아주 맛나게 먹어댔다. 학이 말했다. "여우 형제님, 이 콩들은 신선하고 영양가도 많습니다, 너무 맛있네요. 맘껏 드세요, 사양하지 마시고!" 여우는 배가 고파 배에서 꾸르륵 꾸르륵 소리가 났지만, 한 입도 먹을 수가 없었으니, 이번에 그는 놀림당하는 기분을 제대로 느끼게 되었던 것이다.

Hè jiāng húli qǐng shàng cānzhuō, cānzhuō shàng bǎi zhe liǎng ge zhǎi kǒu de chángjǐngpíng, lǐmiàn zhuāng zhe měiwèi de dòuzi, hè yōuyǎ de jiāng cháng zuǐba shēnrù zhǎi kǒu píng, zhuó chū měiwèi de dòuzi, chī de jǐnjǐnyǒuwèi. Hè shuō dào : "Húli lǎodì, zhèxiē dòuzi jì xīnxiān yòu yǒu yíngyǎng, hǎochī jí le. Nǐ jǐnguǎn chī, bié kèqì!" Húli è de dùzi gūgū jiào, què yìkǒu yě chībudào, zhè yì huí tā kě chángdào le bèi zhuōnòng de zīwèi le.

아이는 어른의 스승
Háizi kěyǐ chéngwéi chéngrén de lǎoshī

아이의 생각은, 때로는 직접적이고 단순하지만, 그것은 가장 진리에 가까울 수도 있다.

Háizi de sīxiǎng, yǒu shíhòu shì zhíjiē ér jiǎndān de, dànshì tā kěnéng zuì tiējìn zhēnlǐ。

재미있는 한 실험이 있다. 한 열기구 위에 세 사람이 있었다, 그것은 상승 과정 중에 고장이 나서, 반드시 한 사람을 포기해야만 다른 두 사람의 생명을 안전하게 확보할 수 있었다. 하지만, 이 세 사람은 모두 세계 최고의 과학자들로: 한 사람은 환경학자로, 그는 세계의 생태의 균형을 보장할 수 있고; 한 사람은 핵 전문가로, 그는 전쟁을 억제할 수 있으며; 또 한 사람은 농학박사로, 그는 우리들의 식량 공급을 보장할 수 있다. 그렇다면, 이러한 세 사람을, 당신은 누구를 포기할 것인가?

Yǒu yíge cèshì hěn yǒuyìsi。Yí ge rèqìqiú shàngmiàn yǒu sān ge rén, tā zài shàngshēng guòchéng zhōng chū le gùzhàng, bìxū shèqì yí ge rén cái nénggòu quèbǎo lìngwài liǎng ge rén de shēngmìng ānquán。Dànshì, zhè sān ge rén dōu shì shìjiè dǐngjiān de kēxuéjiā: Yí ge shì huánbǎo xuéjiā, tā nénggòu bǎozhàng zhè ge shìjiè de shēngtài pínghéng; Yí ge shì hé zhuānjiā, tā nénggòu qù yìzhǐ zhànzhēng; Háiyǒu yí ge shì nóngxuéjiā, tā kěyǐ bǎozhàng wǒmen de liángshi gōngjǐ。Nàme, zhèyàng sān ge rén, nǐ huì shèqì shéi ne?

성인의 논리에 따라, 환경보호냐, 평화냐 식량이냐를 놓고 어느 것이 중요한지 줄곧 고민하고 있을 때였다. 이때, 한 아이가 한 마디 외쳤다: "가장 뚱뚱한 사람을 던져 버려요!" 이 답안은 가장 간단하지만, 가장 합리적인 것이다.

Àn chéngrén de luójí, yìzhí dōu zài bǐjiào huánbǎo、hépíng yǔ liángshi nǎge gèng zhòngyào。 Zhè shíhòu yí ge háizi hǎn le yí jù: "Bǎ zuì pàng de nà ge rēng xiàqù!" Zhè ge dá'àn shì zuì jiǎndān de, dàn tā shì zuì hélǐ de。

아이들은 종종 우리에게 또 다른 사고방식을 가르쳐 주기도 한다. 한 아이가 집으로 뛰어들어가, 신나게 그의 아버지에게 말을 했다: "그거 알아요? 사과 안에는 별이 숨어있고, 원하는 만큼 얼마든지 가질 수 있어요." 그의 아버지는 이것 또한 동화이거니 생각하고, 얼버무리며 알았다고 했다. 아이가 말했다: "아니요, 저는 아버지가 꼭 보게 할 거예요." 그는 이내 손이가는 대로 사과 하나를 집어 들더니, 중간부위를 칼로 잘랐다.

Háizi yǒushíhòu yě huì jiāo gěi wǒmen lìngwài yìzhǒng sīkǎo de fāngshì。 Yí ge háizi pǎo huíjiā xīnggāocǎiliè de gēn tā bàba shuō: "Nǐ zhīdào ma? Píngguǒ lǐmian cáng zháo xīngxing, ni xiǎng yào duōshǎo kē jiù yǒu duōshǎo kē。" Tā bàba xiǎng zhè yòu shì tónghuà, jiù zhīzhiwúwú de shuō zhīdào le。 Háizi shuō: "Bù, wǒ yídìng yào nǐ kànjiàn。" Tā jiù shùnshǒu ná guò yí ge píngguǒ lányāo qiē le yì dāo。

사과의 가로 자른 면은 바로 별의 형상이었다. 아이는 또 자르자, 두 번째 별이 나타났다. 아이는 옆으로 세워서 한 조각 한 조각씩 잘라나가자, 그의 아버지는 놀라는 표정으로 눈앞에 튀어나오는 별들을 목도하게 되었다. 아이의 발견은 옳았다. 아이의 입장에서 보면, 사과 안에는 별이 숨어 있었던 것이고, 그것은 결코 동화가 아니라, 사실이었던 것이다.

Píngguǒ de héngqièmiàn jiùshì yì kē xīngxīng de xíngzhuàng。 Háizi yòu qiè le yípiàn, yúshì chūxiàn dì èr kē xīngxing。 Háizi héng zhe yípiàn yípiàn de qiè xiàqù, tā bàba chēngmùjiéshé de kàndào yǎnqián de píngguǒ lǐ tiàochū yì kē yòu yì kē xīngxing。 Háizi de fāxiàn shì duì de。 Duì háizi lái shuō, píngguǒ lǐ cáng zhe xīngxīng, bìng búshì yí ge tónghuà, érshì yí ge shìshí。

우리 어른은 어떤가? 사과를 먹을 땐 언제나 그것을 세로로 쪼개곤 했다. 우리는 가로로 자른 면을 좋아하지 않았으므로, 그래서 지금까지 사과 안에 별이 숨어있다는 것을 생각조차 할 수 없었던 것이다.

Wǒmen chéngrén ne? Chī píngguǒ cónglái dōu shì shù zhe bǎ tā pōukāi。 Wǒmén bù xǐhuan qiè héngduànmiàn, suǒyǐ cónglái bú huì xiǎngdào píngguǒ lǐ cáng zhe xīngxing。

"不耻下问"이란 무엇인가? 종종, 아이는 어른의 스승이 될 수도 있다. "아랫사람에게 묻는 것을 부끄러워하지 않는다."는 반드시 우리가 자신보다 학력이 낮거나 지위가 낮은 자에게 배움을 청하는 것만을 말하는 것은 아니다. 많은 경우에 있어서는, 아이가 세상을 보는 것처럼, 사고의 방식을 전환함으로서, 우리 스스로에게 더욱 많은 것을 배울 수 있도록 할 수 있는 것이다.

Shénme shì "bùchǐxiàwèn"? Yǒushíhòu háizi kěyǐ shì chéngrén de lǎoshī。 "Bùchǐxiàwèn" bújiàndé yídìng shì shuō wǒmen xiàng bǐ zìjǐ xuélì qiǎn, dìwèi dī de nàxiē rén qù qǐngjiào。 Hěn duō shíhòu xiàng háizi kàn shìjiè yíyàng, zhuǎnhuàn yìzhǒng sīwéi de fāngshì, yěxǔ jiù huì ràng wǒmen xué dào gèng duō。

'感冒'란 단어의 유래
'Gǎnmào' yì cí de yóulái

宋나라 때의 중앙정부는 "三館"과 "三閣"을 두었었다. "三館"은 文館과 史館, 集賢館을 일컬으며, 각기 국가의 도서와 경적과 역사서 편찬 등 업무를 다루었다. "三閣"은 祕閣과 龍圖閣, 天章閣을 일컬으며, 주로 경적이나 도서 및 임금의 명에 의해 편찬된 서적들을 보관했다. 이 "三館"과 "三閣"을 통틀어서 "館閣"이라 불렀던 것이다.

Sòngcháo shí de zhōngyāng zhèngfǔ shèyǒu 'sān guǎn(三館)' hé 'sān gé(三閣)'. 'Sān guǎn(三館)' jí Wénguǎn(文館), Shǐguǎn(史館) hé Jíxiánguǎn(集賢館), fēnbié zhǎngguǎn guójiā de túshū, jīngjí, xiūshǐ děng shìyí. 'Sān gé' jí Mìgé(祕閣), Lóngtúgé(龍圖閣) hé Tiānzhānggé(天章閣), zhǔyào shì shōucáng yǒu guān jīngjí, túshū jí lìdài yù zhì diǎnjí děng. 'Sān guǎn' hé 'sān gé' tǒngchēng wéi 'Guǎngé'.

당시 관각엔 돌아가며 서는 당직근무제가 없었고, 매일 밤 閣의 직원이 당직을 섰다. 관리 사회가 부패했던지라, 직원들에 대한 관리가 느슨하여, 당직을 맡은 閣의 직원들이 제멋대로 직무를 이탈하는 '근무이탈'현상이 유행을 했다. 핑계를 대고자, 당직근무일지에 "속이 불편함(肠肚不安)"이란 네 글자를 기입하곤 했는데, 이것이 오랜 세월을 거쳐 일반화되어졌다. 하루는 대학사 陳鵠이 당직 차례가 되었는데, "근무이탈"하기 전에 생각해보니, 다들 천편일률적으로 "속이 불편함"이라 쓰는 것이 너무 상투적인 표현이라 여겨져, 창의적으로 쓴답시고 "感風"이란 두 글자를 썼다.

Nàshí guǎngé méiyǒu lúnliú zhíbān zhìdù, měiwǎn ānpái yī míng géyuán zhísù. Yóuyú guānchǎng fǔbài, guǎnlǐ xiāngdāng kuānsōng, zhíbān géyuán shànlí zhí shǒu 'kāiliū' chéng fēng. Wèi gěi zìjǐ zhǎo jièkǒu, biàn zài zhíbān dēngjìbù shàng xiě shàng "cháng dù bùān" sì gè zì, qiě yuēdìng súchéng. Yī tiān lúndào dàxuéshì Chén Hú(陳鵠) zhísù, tā zài 'kāi liū' qián xiǎng, rén rén dōu qiānpiānyílǜ xiě "cháng dù bùān", wèimiǎn tài sútào, yúshì tā bié chū xīn cái de xiěxià le "gǎn fēng" èr zì.

'感風'은 의학용어이다. 宋대 이전, 중국의학은 병의 원인에 대한 기술이 규범화되지 않았다. 남송 때의 의학전문가 陳無擇이 처음으로 병의 원인을 '內因', '外因', '不內外因'의 세 종류로 구분하고, 그중 '外因'을 '六淫'으로 또 나누었는데, 그것은 즉 風, 寒, 暑, 濕, 燥, 火 등 여섯 가지 시절에 반하는 기후변화를 지칭하는 것이었다. 분명히, 陳鵠은 陳無擇의 새 학설을 알고 있었던 듯하다. 그렇기 때문에 그는 '六淫' 중 첫 번째에 해당하는 '風' 앞에 '感'字를 더한 것이며, '感'이란 '받다'의 뜻이니, 의미인즉슨 그가 '육음'중의 첫 번째인 '風'의 침입을 받아, 몸이 찌뿌둥해져서, 당직을 설 수 없다는 뜻이었던 것이다. 이 후로, 陳鵠이 만들어낸 '感風'이란 단어는, 근무이탈자들에 의해 잇달아 흉내 내어 사용되어져, 관리들 사이에서 답습되어지게 되었다.

Gǎnfēng shì yī ge yīxué cíyǔ. Sòngdài yǐqián, Zhōngguó yīxué duì bìngyīn biǎoshù bìng bù guīfàn. Nán Sòng yīlǐ jiā Chén Wúzé(陳無擇) shǒucì jiāng bìngyīn fēn wéi nèi yīn、wài yīn hé bù nèi wài yīn sān dàlèi, qízhōng wàiyīn fēnwéi liùyín, jí fēng、hán、shǔ、shī、zào、huǒ děng liù zhǒng fǎncháng qìhòu biànhuà. Xiǎnrán, Chén Hú duì Chén Wúzé de xīn xuéshuō yǒu suǒ liǎojiě, gùér tā zài "liù yín" zhī shǒu de "fēng" qián jiā le yī ge "gǎn" zì, yìsī shì shuō tā shòudào liù yín zhī shǒu "fēng" de qīnxí, shēntǐ búshì, gù bù néng zhísù. Zìcǐ, Chén Hú suǒ chuàng "gǎnfēng" yī cí, bèi kāiliū zhě fēnfēn fǎngxiào shǐyòng, bìng wéi hòushì guānchǎng suǒ yánxí.

明과 淸 두 代엔 館閣이 翰林院에 예속되어져, 館閣의 관공업무 작태가 한림원에 덩달아 유입되어져, 신속히 모든 관공분야로 번져나가게 되었다. 관리들은 공무를 마치면 휴가를 내어 휴식을 취했는데, "感冒假"란 휴가계의 명칭이 보인다. "冒"는 '밖으로 드러나다'의 뜻이며, "假"는 '휴가'를 나타내며, "感"은 '感風'의 축약형으로, "感冒假"의 뜻은 '본인은 이 업무로 애쓰던 중, 외부계절변화의 침습을 받았으나, 병을 숨기고 지금까지 버텨왔지만, 증세가 마침내 확 드러나게 되어, 부득이하게 휴가를 내어 쉬려 한다'는 뜻이다. 淸代 이후로는, "感冒假"중 관방용어인 '假'字를 떼어내 버리게 되었고, "感冒"라는 단어가 관가를 벗어나, 의학전문용어로 탈바꿈되어졌다.

Míng Qīng èr dài, Guǎngé nàrù Hànlínyuàn, Guǎngé de yámén zuòfēng suí zhī dàirù Hànlínyuàn, bìng xùnsù mànyán dào zhěngge guānchǎng。Guānyuán men bàn bì gōngwù duō huì qǐngjià xiūxī, lì chēng qǐng "gǎnmào jià"。"Mào", tòuchū yě, "jià" jí jiàqī, "gǎn" nǎi "gǎn fēng" yī cí de shěngluè, "gǎn mào jià" jí yì wéi: běn guān zài wèi gāi gōngwù cāoláo zhī jì, yǐ gǎn wài yín, yǐn bìng ér jiānchí zhì jīn, zhèngzhuàng zhōngyú bàofā chū lái, gù bùdébù qǐngjià xiūxī。Qīng dài yǐhòu, "gǎnmàojià" zhōng chúdiào guānchǎng yòngyǔ "jià" zì, "gǎnmào" yì cí kāishǐ zǒuchū guānchǎng, bìng wéi yījiā zhuānyòng。

73

사마천의 효도방법
Sīmǎ Qiān de jìnxiào fāngshì

우리는 모두 태사공 사마천이 일생동안 긴 시간을 써서 천하를 유람했고, 또 일찍이 조정의 명을 받아 서남쪽에 외교사절로 갔었던 사실을 알고 있다. 그의 아버지 司馬談이 병세가 위중할 때, 그는 외지에서 여러 해 동안 떠돌이생활을 하다가 마침내 돌아오게 되었다. 그리고 그는 아버지 곁에서 위대한 사명을 받아들이게 되었다.

Dàjiā dōu zhīdào, Tàishǐ gōng Sīmǎ Qiān yìshēng yòng le hěn cháng de shíjiān yóulì tiānxià, yòu céng jiēshòu cháotíng de mìnglìng chūshǐ Xī nán. Zài fùqīn Sīmǎ Tán bìng zhòng de shíhou, tā zài wài piāobó duōnián zhōngyú huílái. Zài fùqīn shēnbiān, tā jiēshòu le yí ge wěidà de shǐmìng.

_____

_____

_____

사마담은 이제 곧 운명할 때가 되었지만, 그에게는 끝내지 못해 마음속에 남은 근심거리가 있었다. 그는 사마천에게 말했다 : "우리 집 선조들은 주나라 때의 태사로, 이전에는 명성이 자자했지만. 후에는 가운이 기울게 되었다. 지금 나는 태사로서, 천하가 통일되어지고, 인재가 무더기로 배출되어지는 시대에 처했건만, 난 이 시대에 대해 어떠한 기록도 남기지 않아, 마음이 정말 불안하구나! 내가 죽은 후에, 너는 내 뒤를 이어 사관이 되어, 우리 조상들의 직업을 계승해야만 한다. 넌 절대로 내가 쓰려던 저서를 잊어선 안 된다!

Sīmǎ Tán zhèshí kuài bùxíng le, dàn tā háiyǒu xīnshì wèi liǎo. Tā duì Sīmǎ Qiān shuō : "Wǒ jiā xiānrén shì Zhōu cháo de Tàishǐ, cóngqián míngshēng xiǎnhè, hòulái jiā dào shuāiluò. Xiànzài wǒ zuò wéi Tàishǐ, chǔ zài dāngjīn tiānxià yìtǒng, réncái bèichū de shídài, kěshì wǒ duì zhège shídài què méi zěnme jìzǎi, xīnlǐ zhēn shì bù'ān a! Wo sǐ le yǐhòu, nǐ yídìng yào jiētì wǒ zuò tàishǐ, jìchéng wǒmen zǔshàng de zhíyè. Nǐ yídìng búyào wàngjì wǒ yào zhuànxiě de zhùzuò a!"

사마담은 또 말했다. : "효도라는 것은, 부모를 섬기는 것에서 시작해서, 임금을 섬기는 것으로 이어지고, 마지막으로는 반드시 후대에 자신의 명성을 떨칠 수 있어야하니라. 후대에 명성을 떨침으로서, 부모를 나타내는 것, 이것이 효도 중에서도 큰 것이다. 너는 내 말을 명심할 지어다!" 사마천은 울며 말했다. : "소자가 부족하긴 합니다만, 반드시 아버님께서 기록해 놓은 역사 자료들을 잘 정리해서, 감히 빠뜨리는 것이 없도록 하겠습니다."

Sīmǎ Tán yòu shuō : "Suǒwèi xiào, shǐ yú shìqīn, jiēzhe shì shìjūn, zuìhòu bì néng shǐ zìjǐ yángmíng hòushì. Yángmíng hòushì, yǐ xiǎn fùmǔ, zhè shì xiào zhī dà zhe. Nǐ jìzhe wǒ de huà ba!" Sīmǎ Qiān kū zhe shuō : "Xiǎozi bù mǐn, yídìng hǎo hao zhěnglǐ fùqīn yǐjīng jìlù de lìshǐ zīliào, bù gǎn yǒu suǒ quēshī."

사마천은 이렇게 아버지의 당부를 받아들여, 결국에는 《太史公書》라는 대 저서를 써내었으니, 이것이 바로 후대에 알려진 《史記》인 것이다.

Sīmǎ Qiān jiù zhèyàng jiēshòu le fùqīn de zhǔtuō, zuìhòu xiě chéng yí bù dà shū 《Tàishǐ gōng shū》, yě jiùshì míngchuán hòushì de 《Shǐjì》.

우리는 사마천이 이러한 대작을 완성할 수 있었던 것은, 한 편으론 그의 아버지 사마담의 유지를 계승했기 때문이라고 말할 수 있고, 다른 한 편으론 그가 천하를 유람했던 경험이 그로 하여금 시야를 넓히게 해, 이 책을 위해 기초를 다지게 한 때문일 것이다.

Wǒmen kàndào, Sīmǎ Qiān zhī suǒyǐ nénggòu qù wánchéng zhèyàng yí bù dà shū, yì fāngmiàn kěyǐ shuō shì jìchéng le qí fù Sīmǎ Tán de yízhì, lìng yì fāngmiàn shì tā zhōuyóu tiānxià de jīnglì shǐ tā kāikuò le shìyě, wèi zhè bù dàshū diàndìng le jīchǔ.

이른바 "遊必有方(〈논어·里仁〉편에 나오는 공자의 말로(父母在, 不遠遊, 遊必有方), 먼 곳에 갈 때는 반드시 그 행방을 부모에게 알려야 한다는 뜻)"이란 것은, 아무런 목적 없이 유람하는 것을 이름은 아니다. 사마천과 같은 결과를 이끌어내는 여행만이 인생의 견문을 넓히는데 도움이 된다. 그렇기 때문에 사마담은 안심하고 사마천에게 천하를 유람하라고 하였던 것이고, 죽기 전에 사마천에게 자기의 지향하는 바를 이어받기를 정중히 부탁했던 것이다. 《史記》란 책이 세상에 나옴으로써, 마침내 사마천으로 하여금 중국 사학계에서 드높은 지위를 차지하게 하였고, 더불어 그의 아버지 사마담의 사마천에 대한 커다란 영향력도 드러나 보이게 한 것이다.

Suǒwèi "yóu bì yǒu fāng" búshì háowúmùdì de mànyóu. Zhǐyǒu lèisì yú Sīmǎ Qiān zhèyàng de yóulì cái yǒuzhù yú rénshēng jiànshi de zēngzhǎng. Suǒyǐ, Sīmǎ Tán cái fàngxīn de ràng Sīmǎ Qiān zhuàng yóu tiānxià, yě zài línzhōng qián zhèngzhòng zhǔtuō Sīmǎ Qiān jìchéng zìjǐ de zhìyuàn. 《Shǐjì》 zhè bù dà shū de wènshì, zuìzhōng chéngjiù le Sīmǎ Qiān zài Zhōngguó shǐxuéjiè de chónggāo de dìwèi, yě zhāngxiǎn le qí fù Sīmǎ Tán duì Sīmǎ Qiān de jùdà yǐngxiǎng.

74

백거이의 세 친구
Bái Jūyì hé sān kuài shítou

　어떤 역사적 인물은, 아마 대부분의 사람들이 그들을 문장가로 여길 것이나, 사실 그들 모두는 이미 지방관으로서 한 지방의 백성을 다스린 경험을 가지고 있다. 예컨대, 항저우에 관리로 있던 백거이는 제방을 수리하고, 수리시설을 일으켜서, 해당지역의 전체경제를 발전시켜, 백성들은 매우 풍족해졌다. 이후 이임할 때, 백거이는 무엇을 가져갔을까? 그는 고작 天竺山에서 돌덩이 두 조각만 가져갔으며, 이를 시 한 수에 썼으니, 시가 말하길 : "3년 동안 刺史직을 맡아 일하며, 얼음물만 마시고 새싹만 먹었지, 오직 天竺山(杭州의 유명사찰 靈隱寺를 품고 있는 산으로, 저 유명한 葛洪이 일찍이 杭州에 기거하던 때에 하루에 이 산을 세 번씩 오르내렸다는 전설이 전해짐)에서 돌 두 개만 취하였네, 이것은 천금의 가치가 있지만, 청백리정신을 상하게 하는 것은 아니리."

　Yǒu xiē lìshǐ rénwù, dàjiā kěnéng juéde tāmen jiùshì wénrén, dànshì qíshí tāmen dōu yǒu guò zuò dìfāngguān de jīnglì, céngjīng zhìlǐ guò yìfāng bǎixìng. Bǐrú shuō, Bái Jūyì, céng zài Hángzhōu zuòguān, tā xiū dī, xīng shuǐlì, ràng dāngdì zhěngge de jīngjì fāzhǎn qǐlái, rénmín fēicháng fùzú. Hòulái diào zǒu de shíhou, Bái Jūyì dài zǒu le shénme ne? Tā jǐnjǐn cóng Tiānzhúshān dài le báobáo de liǎng piàn shítou, hái xiě le yì shǒu shī, shī yún : "Sān nián wéi cìshǐ, yǐn bīng fù shí niè. Wéi xiàng Tiānzhúshān, qǔdé liǎng piàn shí. Cǐ dǐ yǒu qiānjīn, wúnǎi shāng qīngbái."

이 시의 의미를 말하자면, '내가 오랜 세월 동안 이 지역에 刺史로서 정무에 힘쓰다가 지금은 떠나게 되어, 추억거리를 남기려하니, 그렇다면, 천축산 위에 올라 돌 두 덩이를 챙기 자꾸나. 이것은 천금의 가치가 있는 것으로, 부디 다년간의 나의 관직 생활의 청렴이미지를 손상시키지 말 지어다.'란 뜻이다.

Zhè shǒu shī de yìsi shì shuō, wǒ zài zhè ge dìfang zuò le duō nián de cìshǐ, cāoxīn zhèngwù, xiànzài yào zǒu le, liú yìdiǎn jìyì ba, nàme jiù cóng Tiānzhúshān shàng qǔdé liǎng kuài shítou dài zǒu ba, zhè kě dǐdeshàng qiānjīn, qiānwàn búyào sǔnhài wǒ duō nián wéi guān de qīngbái míngshēng a。

후에, 그는 또 쑤저우의 刺史로도 근무했는데, 떠날 때가 됐을 때에 행한 행동은 여전했으니, 동정호 근처에서 또 돌 두 덩이를 찾은 것이다. 이번의 돌은 크기가 커서, 어깨에 메고서야 관아로 들일 수 있었다. 백거이는 그것들을 깨끗하게 씻어, 하나는 현악기 받침으로 삼았고, 다른 한 덩이는, 움푹 안이 파인 것으로 볼 때, 술을 담아두는 데 쓰였던 듯싶다. 보다시피, 악기, 바둑, 서예, 그림 및 시와 술을 끊지 못하는 것은, 문인들의 기질인 것이다.

Hòulái, tā yòu zuò Sūzhōu cìshǐ, línzǒu de shíhou háishì zhè ge xíguàn, zài Dòngtínghú biān yòu zhǎo le liǎng kuài shítou。 Zhè liǎng kuài shítou hěn dà, shì tái zhe jìn fǔ de。

Bái Jūyì jiāng tāmen xǐ gānjìng, yí kuài shítou zuò le tā de qínjià, lìng yí kuài shítou ne, gūjì shì āoxiàn de, suǒyǐ yòng lái chǔ jiǔ. nǐ kàn, qínqí shūhuà, shī jiǔ liúlián, zhè shì yì zhǒng wénrén de zuòpài.

백거이는 이 바위 두 개를 얻고, 기뻐하며, 시를 쓰기를. "만고의 세월을 물가에 있다가, 하루아침에 내 손에 들어오게 되었구나. …… 고개 돌려 돌에게 묻네, 이 늙은이의 벗이 되어 주겠는가라고. 돌은 비록 말을 할 수 없지만, 내가 친구가 되는 걸 허락했네." 그가 말한 뜻은, "이 돌 두 덩이는 오랜 기간 줄곧 동정호변에 내버려져 있었지만, 지금은 내 수중에 들어와 있다. 비록 그것들이 말은 못할지라도 나와 동행하고 있으니, 우리 셋은 친구와 같다."이다.

백거이는 이처럼 한 덩이 대자연의 일부를 증표로 남겨, 자신의 마음을 그 속에다 담아두어 두고두고 음미했던 것이다.

Bái Jūyì ná de zhè liǎng kuài shítou, hěngāoxìng, xiě shī shuō : "Wàngǔ yí shuǐ bīn, yìzhāo rù wú shǒu ⋯ Huítóu wèn shuāng shí, néng bàn lǎo fū fǒu. Shí suī bùnéng yán, xǔ wǒ wéi sān yǒu." Tā shuō : "Zhè liǎng kuài shítou a, duō nián yǐlái yìzhí bèi rēng zài Dòngtínghú biān, ér xiànzài dào le wǒ de shǒulǐ. Tāmen suīrán bùnéng shuō huà, dàn péibàn zhe wǒ, wǒmen sān gè jiù xiàng shì péngyou ne." Bái Jūyì jiùshì zhèyàng liú yìfāng dàzìrán de xìnwù, ràng zìjǐ de xīnqíng yùnniàng qízhōng.

이것이 바로 중국 지식인이 관직에 있을 때의 품격이다. 그가 얻고자했던 것은 무엇인가? 대자연이요, 변치 않는 꾸준한 마음이요, 한곳의 백성을 위해 봉사한 후의 진솔함이지, 무슨 금은보화나 재산이 아니었다. 달리 말하자면, 유가사상 속의 덕으로 이루는 정치이념이 중국 지식인에게 미친 영향이 지대했단 얘기이다.

Zhè jiùshì Zhōngguó zhīshìfēnzǐ wéi guān shí de pǐngé. Tā xīwàng dédào de shì shénme ne ? Shì qīngfēngmíngyuè, shì yì kē héngcháng zhī xīn, shì wèi yìfāng bǎixìng zuò wán shíshì zhī hòu de tǎnrán, ér búshì yào shénme zhūbǎo、cáifù. Kěyǐ shuō, rújiā sīxiǎng zhōng de dézhèng lǐniàn duì Zhōngguó zhīshìfēnzǐ de yǐngxiǎng fēicháng dà.

1979년 12월, 미국 기상학자 로랑은 워싱턴의 미국 과학 진흥 대회의 연설에서 유명한 관점을 하나 내놓았다. 한 마리의 나비가 브라질巴西에서 날개 짓을 하면, 미국 텍사스得克萨斯 주에 회오리바람이 일어날 수 있다는 것이다. 이것이 훗날 모두가 얘기하는 나비효과라는 것이다.

Yī jiǔ qī jiǔ nián shí èr yuè, Měiguó qìxiàng xuéjiā Luòlúnzī(洛仑兹) zài Huáshèngdùn měiguó kēxué cùjìn huì de yǎnjiǎng zhōng tíchū yí ge zhùmíng de guāndiǎn: Yì zhī húdié zài Bāxī zhèndòng chìbǎng, yǒu kěnéng zài Měiguó Dékèsàsī zhōu yǐnlái yì chǎng lóngjuǎnfēng. Zhè jiùshì hòulái dàjiā suǒ shuō de húdié xiàoyīng.

왜 나비의 날개 짓이 그렇게 아득히 먼 곳에 회오리바람을 일으킬 수 있지? 그것은 이 세계의 사물들은 모두 서로 연관되어있으며, 일과 일 사이에도 모두 미묘하게 연결되어있기 때문이다. 만약 이러한 연관됨을 보지 못한다면, 그것은 바로 당신의 통찰력이 부족하기 때문이다.

Wèishénme húdié zhèn chì nénggòu yǐnqǐ nàme yáoyuǎn de lóngjuǎnfēng ne? Yīnwèi zhè ge shìjiè shàng de shìwù dōu xī xī xiāng guān, shì yǔ shì zhī jiān dōu yǒu zhe wēimiào de liánxì。 Rúguǒ kànbudào zhè xiē liánxì, nà jiùshì nǐ de wùxìng bùzú。

만약 우리의 통찰력이 상당한 수준에 있다면, 우리의 경험은 때로는 우리로 하여금 가장 간단한 방법을 찾을 수 있도록 하여, 복잡한 문제들을 물 흐르듯 해결하도록 할 것이다.

　Rúguǒ wǒmen de wùxìng gòu gāo, wǒmen de jīngyàn yǒushíhòu jiù néng jiào huì wǒmen zhǎo chū zuì jiǎndān de fāngfǎ, ràng yì xiē fùzá de wèntí yíng rèn ér jiě。

新中國이 성립되어진 초기에 발생한 한 사건은 아주 재미있다. 당시 어떤 연구소에서는 소련제 기계를 한 대 가져왔는데, 그 구조가 매우 복잡했다. 사람들은 그것을 연구하려 했으나, 기계를 분해한 후 모든 엔지니어들이 어리둥절해졌다. 그도 그럴 것이, 기계 안에는 100개 가까운 관들이 있었는데, 이리저리 복잡하게 얽혀 있는 것이, 이쪽 끝에 수없이 많은 관의 입구가 있는가 하면, 저쪽 끝에도 그만큼 많은 출구가 있었는데, 하지만 중간부위의 관과 관이 어떻게 연결되어 있는지, 그 누구도 알 수가 없었다.

　Wǒ jìde xīn Zhōngguó chénglì chūqī yǒu yí ge shìjì jièshào, hěn yǒuyìsī。 Dāngshí mǒu yánjiūsuǒ ná dào yì tái Sūlián chǎn jīqì, jiégòu fēicháng fùzá。 Rénmén xiǎng yào yánjiū tā ránér chāikāi jīqì hòu suǒyǒu gōngchéngshī dōu shǎ yǎn le。 Yuánlái, jīqì lǐmiàn yǒu jiāngjìn yì bǎi gēn guǎnzi, pán gēn cuò jié, zhè yì duān yǒu nàme duō guǎnzi de rùkǒu, nà yì duān yǒu nàme duō guǎnzi de chūkǒu, dàn zhōngjiān guǎnzi gēn guǎnzi shì zěnme liánjiē de, shéi dōu bùzhīdào。

210

누구든 보자마자, 그 상태를 유지한 채로 분리할 수 없다는 생각이 들었다. 모든 엔지니어가 이 기계에 대해 골똘히 생각해보았지만, 그 구조를 알아낼 수가 없었다. 이때 연구소의 수위 할아버지가 다가오더니, 두 가지 물건만으로 이 문제를 해결해냈다.

Dàjiā yí kàn, juéde bù néng jiēzhe chāi le。 Suǒyǒu de gōngchéngshī duì zhè tái jīqì jiǎo jìn nǎozhī, dàn jiùshì bùzhīdào tā de jiégòu。 Zhèshíhòu, yánjiūsuǒ yí ge kànmén de lǎorén guòlái le, tā zhǐ yòng le liǎngyàng dōngxi, jiù bǎ zhè jiàn shì jiějué le。

어떤 두 가지 물건이냐 하면, 하나는 그가 손에 쥐고 있던 담뱃대였고, 다른 하나는 그가 손에 쥐고 수시로 전달실의 조그만 칠판에 메모하는 데 쓰는 분필이었다. 그는 다가온 후 곧바로 담배 한 모금을 깊이 빨아들이더니, 아무 관이나 하나 잡아들고는, 숨을 내뱉었다, 그런 후 저쪽의 관에서 연기가 새어나오면, 그는 이쪽에 '1'이라 쓰고, 저쪽에도 '1'이라 썼다. 그는 또 한 차례 담배를 깊게 들이 마시고는, 한 관을 향해 내뱉으면, 또 한 관에서 연기가 나오는 것이었다. 그는 이쪽에 '2'라 표시하고, 저쪽에 또 '2'라 표시했다. 연달아 이런 식으로 해나간 결과, 마지막엔 이 관들의 대응관계를 모두 알아낼 수 있게 된 것이다.

Nǎ liǎng yàng? Yí ge shì tā zìjǐ shǒu lǐ wò zhe de dà yāndòu, lìng yí ge shì tā ná zài shǒu shàng suíshí zài chuándáshì xiǎo hēibǎn shàng jìshì de fěnbǐ. Tā guòlái hòu jiù xī zú le yì kǒu yān, suíbiàn zhǎo yì gēn guǎnzi, tǔ jìn yān qù, ránhòu kànjiàn nàbiān yǒu yì gēn guǎnzi mào chū yān lái, tā jiù zài zhètóu xiě le ge "yī", zài nàtóu yě xiě le ge "yī". Tā yòu xī yí dà kǒu yān, zài cháo yì gēn guǎnzi tǔ jìnqù, yòu yì gēn guǎnzi mào chū yān lái, tā zài zhè tóu xiě shàng "èr", nà tóu yě xiě shàng "èr", Jiēzhe zhèyàng zuò xiàqù, zuìhòu tā bǎ zhè xiē guǎnzi de duìyīng guānxì dōu nòng qīngchǔ le.

노인네가 문제를 해결했는데, 무엇에 의지한 것일까? 물론 배워서 알게 된 지식은 아니다. 사실, 이것은 경험의 기초 위에 통찰력이 가미되어 생겨난 실용적인 방법인 것이다. 무엇이 대박지혜인가? 이러한 통찰력인 것이다.

Lǎorén jiějué le wèntí, píng de shì shénme? Dāngrán bú shì xué lái de zhīshì. Qíshí, zhè shì zài jīngyàn de jīchǔ shàng jiāshàng wùxìng cái nénggòu chǎnshēng de yí ge shíyòng de fāngfǎ. Shénme shì dà zhìhuì? Zhèyàng de wùxìng jiùshì.

장님의 시각으로 보는 해

Mángrén shí rì

옛날, 태어나자마자 두 눈을 실명하여 아무것도 보지 못하는 사람이 있었다. 어려서부터 내내 그는 칠흑같이 어두운 암흑 속, 빛이 없는 세계 속에서 살았다. 주위 사람들이 세상 만물의 아름다움과 색채의 찬란함과 다양함에 감탄하는 소리를 들을 때마다, 그는 항상 엄청난 괴로움을 느꼈다. 왜냐하면 자신은 다만 최선을 다해 그 일체의 아름다움을 상상할 수밖에 없었기 때문이었다.

Cóngqián, yǒu gè rén yì shēng xiàlái jiù shuāngmù shīmíng, shénme yě kànbujiàn. Cóng xiǎo dào dà tā dōu shì huó zài hēiqīqī de, méiyǒu guāngliàng de shìjiè lǐ. Měidāng tīngdào zhōuwéi de rén gǎntàn shìjiān wànwù de měilì, sècǎi de xuànlàn duōzī, tā zǒngshì gǎndào tèbié nánshòu, yīnwèi zìjǐ zhǐnéng jìn zuìdà de nénglì qù xiǎngxiàng nà yíqiè de měihǎo.

눈 깜작할 사이에 18년이 지나고, 그는 한 사람의 잘생긴 젊은이로 자라났다. 비록 자신의 삶은 언제나 단조로운 검은색으로 가득 차 있지만, 그는 따스한 햇살을 매우 동경하는, 씩씩하고 낙관적이고 진취적인 사람이었다. 그는 오색찬란한 세상을 이해하고자 노력했는지라, 자신의 상상 속에서지만 안주하려하지 않았다. 그래서 그는 매우 겸허한 마음으로 다른 사람에게 가르침을 구했다.

Zhuǎnyǎn jiān shí bā nián guòqù le, zhège rén yǐjīng zhǎngchéng yígè yīngjùn xiāosǎ de niánqīngrén le. Suīrán zìjǐ de shēnghuó zǒngshì bèi dāndiào de hēisè tiánmǎn, dàn tā hěn xiàngwǎng wēnnuǎn de yángguāng, tā shì nàme zhāoqìpéngbó, lèguān jìnqǔ. Tā xiǎng nǔlì de qù liǎojiě wǔcǎibānlán de shìjiè, nǎ pà shì zài zìjǐ de xiǎngxiàng lǐ. Yúshì, tā hěn xūxīn de xiàng biérén qiújiào.

먼저, 그는 만물의 근원인 태양이 어떤 모양인지 알고 싶었다. 그가 논에서 모내기하는 할아버지에게 물으니, 할아버지가 그에게 대답하기를 "태양은 큰 놋쇠접시가 하늘에 걸려있는 것 같고, 동쪽에서 떠서 서쪽으로 지지." 큰 놋쇠접시? 젊은이는 자기 집에 놋쇠접시가 있다는 것을 알고 있었다. 집으로 돌아온 후, 그는 여전히 놋쇠그릇의 모양을 볼 수가 없었던지라, 놋쇠그릇을 두드려서 놋쇠그릇의 소리를 들어볼 수밖에 없었다. 그 뒤에 공교롭게도 절에서 종치는 소리를 들었는데, 놋쇠그릇 소리와 같았던지라, 그는 당연히 종이 바로 태양이라고 여겼다.

Shǒuxiān, tā xiǎng zhīdào wànwù zhī yuán de tàiyáng shì shénmeyàng de? Tā wèn nóngtián lǐ chā yāng de lǎo yéyé, lǎo yéyé huídá tā shuō: "Tàiyáng a, jiù xiàng yígè dà tóngpán yíyàng guà zài tiān shàng, dōng shēng xī luò." Dà tóngpán? Niánqīngrén zhīdào a, zìjǐ Jiālǐ jiù yǒu. Huíjiā hòu, tā háishì kànbudào tóngpán de yàngzi, zhǐhǎo qiāo qiāo tóngpán, tīng tīng tā de xiǎngshēng. Hòulái pèngqiǎo tīngdào le sìmiào lǐ qiāo zhōng de shēngyīn, hé tóngpán de shēngxiǎng yíyàng, tā lǐsuǒdāngrán de jiù yǐwéi zhōng jiùshì tàiyáng le.

어느 날 그는 또 한 아이에게 물었다, 태양이 무슨 모양이냐고? 아이는 곰곰이 생각하다가 그에게 말했다 "태양빛은 아주 밝아서, 어둠 속에서의 양초같이 반짝반짝 빛이나요." 양초? 집으로 돌아온 후 그는 엄마에게 양초 한 자루를 찾아달라고 했지만, 그는 양초의 빛을 볼 수 없었던지라, 양초를 손에다 들고, 세심하게 어루만져볼 수밖에 없었고, 그는 양초가 가늘고 긴 원통형의 막대기란 것을 깨닫게 되었다. 그 뒤에 그는 또 대나무 피리 한 개를 만졌는데, 양초를 만지는 것과 똑같은 느낌이었다. "원래 태양은 이런 모양이구나!" 그는 매우 기뻤고, 그는 대나무 피리를 태양이라고 여겼다.

Yǒutiān tā yòu wèn yígè xiǎohái, tàiyáng shì shénmeyàng de? Xiǎohái xiǎng le xiǎng gàosu tā shuō: "Tàiyáng guāng hěn liàng, jiù xiàng hēiàn lǐ de làzhú yíyàng, shǎnshǎn fāguāng." Làzhú? Huíjiā hòu tā jiù ràng māma gěi tā zhǎo le gēn làzhú, tā kànbudào làzhú de guāngliàng, zhǐhǎo bǎ tā ná zài shǒu lǐ, zǐxì de mō le mō, tā míngbái le, làzhú shì xìxìchángcháng de yuányuán de bàngzi. Zài hòulái, tā yòu mō dào le yì zhī zhúdí, hé mō làzhú de gǎnjué yìmōyíyàng. "Yuánlái tàiyáng jiù shì zhège yàngzi a!" Tā fēicháng de kāixīn, tā rènwéi zhúdí jiù shì tàiyáng le.

태양과 종, 피리는 서로 큰 차이가 나는 것들이다, 하지만 젊은이는 어째서 저것들 사이의 차이점을 느끼지 못하고, 저들을 혼동했을까? 원래 그는 장님으로 태양을 본적이 없고, 다만 다른 사람들로부터 들어보기만 했기 때문이다.

Tàiyáng yǔ zhōng、zhúdí xiāngchà tài yuǎn le, dànshì niánqīngrén wèishénme huì gǎnjuébudào tāmen zhī jiān de qūbié, jiāng tāmen hùnxiáo ne? Yuányīn jiù zài yú tā shì mángrén, gēnběn méiyǒu qīnyǎn jiàn guò tàiyáng, zhǐshì xiàng biérén dǎting de yuángù a.

아는 것은 실천에서 비롯되는 것으로, 실천을 통하지 않고, 단지 다른 사람의 편면적인 말에 의지해서 판단한다면, 반드시 잘못된 결론을 내리게 된다. 사실 장님이 태양에 대해 잘못된 인식을 가지고 있는 것을 보고 웃을 수만은 없다. 우스운 일은, 우리 같은 많은 '눈을 가진' 사람들이, 오히려 장님처럼, 단편적으로 문제를 보는 것으로, 이것이야말로 그리해서는 아니 될 일이다.

Rènshi láiyuán yǔ shíjiàn, bù tōngguò shíjiàn, zhǐ yīkào biérén de zhīyánpiànyǔ lái zuò pànduàn, bìrán huì déchū cuòwù de jiélùn。 Qíshí, mángrén duì tàiyáng yǒu cuòwù de rènshi, bìng bù kěxiào。 Kěxiào de shì, wǒmen xǔduō "yǒu yǎnjing" de rén, què xiàng mángrén yíyàng, piànmiàn de kàn wèntí, zhè jiùshì bù kě qǔ dé le。

....

....

....

77 포장지가 내용물을 속일 순 없어

Mǎi dú huán zhū

아주 먼 옛날, 초나라에 스스로 총명하다 여기는 상인이 있었는데, 한 번은 이웃나라 정나라로 보석을 팔러 가게 되었다. 자신의 보석이 잘 팔릴 수 있도록, 보석함 위에 특히 신경을 썼다. 그 상자는 그가 일부러 찾아서 데려온 기술자가 上品의 목련나무로 만든 것으로, 상자는 고풍스러운 스타일로 만들어졌고, 상자의 뚜껑에는 정교한 꽃무늬가 조각되어져 있으며, 게다가 각종 구슬을 예쁜 장미석과 함께 박았고, 테두리는 비취로 장식을 했다. 이것이 다가 아니라, 그는 계피등과 같은 향신료로 상자를 향기롭게 만들었다. 그런 후 마지막으로 귀중한 보석을 안에 넣었다. 이리하여 놓으니, 그의 보석은 아름다움이 넘쳐나도록 포장되어져, 눈부시게 빛나게 되었다.

Hěn jiǔ yǐqián, Chǔ guó yǒu gè zì rènwéi hěn cōngmíng de shāngrén, yǒu yī cì, tā dào línguó Zhèng guó qù mài zhūbǎo. Wèi le tā de zhūbǎo nénggòu mài gè hǎo jiàqián, tā tèbié huāfèi le yì fān xīnsī zài zhuāng zhūbǎo de hézi shàngmiàn: Nà hézi shì tā tèdì zhǎo lái de qiǎojiàng tiāoxuǎn de shànghǎo de mùlán zuò de; hézi zuò de gǔsè gǔxiāng de, hái zài hé gàizi shàng diāokè shàng jīngměi de huāwén; bìng gěi hézi qiàn shàng gèzhǒng zhūyù, pèi shàng hǎokàn de méiguī shí, yòng fěicuì xiāng biān; bùjǐn rúcǐ, tā hái yòng guì、jiāo yílèi xiāngliào bǎ hézi xūn de fāngxiāng pūbí; zuìhòu cái fàngrù guìzhòng de zhūbǎo. Zhèyàng yī lái, tā de bǎozhū bèi bāozhuāng de měi lún měi huàn, guāngcǎi duómù.

정나라에 도착한 후, 누군가 그의 매대 앞으로 다가왔는데, 모양새가 예쁜 보석함에 완전히 빠진 눈치였다. 그는 함을 들어 꼼꼼히 뜯어보고, 뚜껑 위의 꽃장식과 상감되어진 구슬을 가볍게 어루만지는가 하면, 또 함을 열었는데 안에서 기분 좋은 향기가 코를 자극하는지라, 그는 쏙 빠져든 것 같았다. 어느새 입으론 혼잣말로 "멋져, 멋져, 아주 멋져"하고 외치고 있었고, 손은 어느 틈엔가 돈 꾸러미를 꺼내고는, 한 개 사겠노라 말하는 것이었다. 초나라 상인은 너무 기뻐하며, 공손하게 구슬로 장식된 상자를 정나라 사람에게 건넸다. 정나라 사람이 보석을 들고 돌아가겠거니 생각했었는데, 어찌 된 일인지, 그는 놀랍게도 상자를 열어 보석을 꺼내어 상인에게 돌려주는 것이었다. 초나라 사람은 깜짝 놀라, 황급히 설명했다. "손님, 저는 보석과 상자를 함께 파는 것입니다, 상자만 팔지 않습니다." 그러자 정나라 사람은 조금도 놀라지 않으며, 또렷하게 대답했다. "상자가 보석보다 훨씬 멋집니다. 제가 사려는 것은 이 상자이니, 보석은 돌려드리겠습니다." 말을 마치자, 아무렇지도 않은 듯 상자를 들고 자리를 떴다.

Dào le Zhèng guó hòu, yǒu gè rén láidào tā de tānwèi qián, kànlái tā wánquán bèi piàoliang de hézi xīyǐn le: Tā ná qǐ hézi xìxì de xīnshǎng zhe, qīngqīng fǔmō zhe hégài shàng de huāwén hé xiāngqiàn de zhūyù; dǎkāi hézi, fāngxiāng de xiāngqì pūbí ér lái, tā sìhū dōu táozuì le; zuǐ lǐ zìyánzìyǔ bùtíng de shuō zhe: "Piào·liang, jīngzhì, měilì !" Shuō huà jiān, suíshǒu jiù tāo chū le yí guàn qián, shuō tā yào mǎi yí gè. Chǔ guó shāngrén fēicháng kāixīn, gōnggōngjìngjìng de jiāng zhuāng le bǎozhū de hézi dìgěi le Zhèng guó rén. běn yǐwéi Zhèng guó rén ná zhe bǎozhū jiù líkāi le, shéi céng xiǎng, tā jìngrán dǎkāi hézi yào jiāng bǎozhū qǔ chūlái huán gěi zhūbǎo shāngrén. Chǔ guó rén fēicháng jīngyà, liánmáng jiěshì shuō: "Zhè wèi rénxiōng, wǒ shì zhūbǎo、hézi yìqǐ chūshòu de, bù dān mài hézi." Zhèng guó rén yìdiǎn yě bù jīngyà, tā zhèn zhèn yǒu cí de shuō: "Hézi bǐ zhūbǎo piàoliang duō le, wǒ yào mǎi de jiùshì zhè ge hézi, bǎozhū huán gěi nǐ hǎo le !" shuō bà, biàn qīngsōng de ná zhe hézi líkāi le.

초나라 상인은 완전히 어안이 벙벙해져, 입을 떡 벌린 채 한 마디도 못하는 모양새가, 상자에 너무 많은 공을 들인 걸 후회하는 것인지, 아니면 이런 식으로 보석을 사는 사람도 있나 하는 모양인지 가늠할 수 없는 모양새였다.

Chǔ guó shāngrén wánquán shǎyǎn le, tā zhāng zhe zuǐ jìngrán yí jù huà yě shuō bù chūlái le, bùzhīdào tā shì hòuhuǐ duì hézi huāfèi tài duō xīnsi ne, háishì chījīng jìng yǒu zhèyàng mǎi bǎozhū de rén ne?

보석을 파는 초나라 사람은 형식을 너무 따지다가, 형식이 내용을 이기게 되어, 결말이 바람과 위배되는 결과를 가져오고 말았다. 이 寓言은 일처리에 있어 주객이 전도되어지고, 중요한 것이 무엇인지를 모르는 사람을 풍자한다. 하지만 다른 각도에서 보면, 정나라 사람의 외모를 중시하고 내용을 소홀히 한 점 또한 바람직하지 않다.

Mài bǎozhū de Chǔ rén guòfèn jiǎngjiū xíngshì, yǐzhì xíngshì shèng guò le nèiróng, dǎozhì le shì yǔ yuàn wéi de jiéguǒ. Zhè zé yùyán fěngcì le nàxiē bàn shì zhǔcì diāndǎo, bú biàn qīngzhòng de rén. Dàn cóng lìng yī jiǎodù kàn, nà gè Zhèng guó rén zhǐ zhòng wàibiǎo ér hūlüè nèiróng, yěshì bù kě qǔ de.

지혜와 총명의 차이
Zhìhuì hé cōngmíng zhījiān de qūbié

프랑스에선 일찍이 지능테스트 퀴즈를 내서, 상을 준 적이 있었다. 퀴즈인즉 : 만약 루브르卢浮宫 미술관에 화재가 발생하고, 이때 당신은 안에서 단 한 점의 명화만 훔칠 수 있다면 당신은 어떤 명화를 훔칠 것인가 하는 것이었다.

Fǎguó céngjīng chū guò yí dào zhìlì cèyàntí, yǒu jiǎng zhēngdá. Cèyàntí shuō, rúguǒ Lúfúgōng búxìng shīhuǒ, zhège shíhòu nǐ zhǐnéng cóng lǐmiàn qiǎng chū yì fú mínghuà, nǐ jiāng qiǎng nǎ fú huà?

사람들은 잇따라 답을 보내왔는데, 절대다수의 사람들이 〈모나리자蒙娜丽莎〉에 집중해서 관심을 보이며, 훔친다면 분명 이 그림을 훔치겠노라 했다. 그러나 이 대상은 결국 프랑스의 당시 대작가의 차지가 되어졌다. 그의 대답은 무엇이었을까? 그는, 나는 비상구에서 가장 가까이 있는 것을 훔칠 것이라고 했던 것이다.

Rénjiā fēnfēn lái zuòdá, juédàbùfēn rén dōu jízhōng zài 《Méngnàlìshā》 shàng, yào qiǎng kěndìng qiǎng zhè fú huà. Dànshì, zhè ge dàjiǎng zuìhòu bèi Fǎguó dāngshí de yí wèi dàzuòjiā ná zǒu le. tā de dá'àn shì shénme ne? Tā shuō, wo qiǎng lí ānquán chūkǒu zuì jìn de nà fú huà.

〈모나리자〉는 어디에 있나? 루브르박물관에 가 본 사람은 모두 안다. 그 그림은 2층에 큰 홀에 있으며, 그다지 크지도 않은 그림이란 걸. 우리 한번 생각해보자, 정말로 불이 나서, 짙은 연기 가운데, 다른 사람들은 밖으로 탈출 하는데, 당신만 사람들과 반대로 2층으로 달려 간다면, 당신은 〈모나리자〉를 만지기도 전에 일찌감치 불에 타 죽게 될 것이다.

《Méngnàlìshā》 zài nǎr? Qù guò Lúfúgōng de rén dōu zhīdào, tā zài èr lóu de yí ge dàtīng lǐ, érqiě shì yì fú bú dà de huà. Wǒmen xiǎng xiǎng, yàoshì zhēn zháohuǒ le, yípiàn nóngyān zhōng, biérén wǎng wài táoshēng, nǐ nì zhe rénliú wǎng èr lóu pǎo, gūjì nǐ hái méi mōzháo 《Méngnàlìshā》 nà fú huà jiù yǐjīng bèi shāosǐ le.

이러한 상황에서, 당신은 어떻게 해야 할까? 말하자면 간단한 일로, 첫 번째 해야 될 일은 비상구를 찾는 것으로, 그리하여 자신이 불바다 속에서 충분히 탈출 할 수 있게 해야 하며, 두 번째로는 바로 당신이 아무렇게나 손을 뻗어 잡히는 대로 그림을 집어 드는 것으로, 이것이 바로 큰 지혜이다!

Zài zhè zhǒng qíngkuàng xià, nǐ yīnggāi zěnmebàn? Shuō qǐlái hěn jiǎndān, dì yí bù shì yào zhǎodào ānquán chūkǒu, yào ràng zìjǐ nénggòu cóng huǒhǎi zhōng táo chūlái, dì'èr bù jiùshì nǐ néng suíshǒu qiǎng nǎ fú huà jiù qiǎng nǎ fú huà. Zhè shì dà zhìhuì a!

한 억만장자 과부가 있었는데, 목숨을 끔찍이도 아꼈다. 그녀는 운전기사를 모집하는데 조건은 운전기사의 기술이 반드시 좋아야했다. 그녀의 집사는 그녀에게 신중히 고르도록 했고 맨 마지막으로 전국에서 세 명의 기사를 골라내었다. 이 세 명의 수준은 막상막하하였고,

기술은 모두 절대 일류였다.

　　Yǒu yí ge shēnjià yìwàn de fù shuāng, tèbié xī mìng. Tā yào zhāopìn sījī, tiáojiàn shì
zhège rén de jìshù yídìngyào hǎo. Tā de guǎnjiā gěi tā qiān tiāo wàn xuǎn, zuìhòu zài quánguó
tiāochūlái sān ge sījī. Zhè sān ge rén shuǐpíng bùxiāngshàngxià, jìshù dōushì juéduì yìliú de.

　　집사는 결정을 내리지 못한 채, 세 사람을 노부인에게 데리고 가서 말했다. "당신이 직접
고르세요." 이 노부인은 그들 세 사람한테 똑같은 질문을 했다 : 만약 우리가 지금 외출을
했는데, 앞에 낭떠러지가 놓여있다면, 당신의 기술조건으로, 낭떠러지에서 얼마나 먼 곳에
차를 세울 수 있나요?

　　Guǎnjiā dìng bu xiàlái, bǎ sān rén dài dào lǎotàitai miànqián shuō: "Nín zìjǐ dìng ba."
Zhè ge lǎotàitai wèn le tāmen sā tóng yí ge wèntí: rúguǒ wǒmen xiànzài chūqù, qiánmiàn
shì xuányá, píng nǐ de jìshù, nénggòu bǎ chē tíng zài lí xuányá duō yuǎn de dìfang?

　　첫 번째 기사가 곧바로 대답했다. "저의 기술은 좋습니다, 저는 어렵지 않게 절벽에서 1m
떨어진 곳에 차를 세울 수 있습니다."

　　두 번째 기사가 말했다. "저의 기술은 그의 기술보다 더 좋습니다. 저는 30cm 떨어진 곳에
차를 세울 수 있습니다."

　　세 번째 기사는 잠시 생각한 후에 말했다. "저는 아주 멀리서 절벽이 보이면 바로 거기에
차를 세울 것입니다. 저는 못 갑니다."

Dì yí gè sījī mǎshàng huídá: "Wǒ jìshù hǎo, wǒ néng wěnwěndāngdāng bǎ chē tíng zài lí xuányá yì mǐ yuǎn de dìfang."

Dì èr gè sījī jiù shuō: "Wǒ jìshù bǐ tā hái hǎo, wǒ néng tíng zài lí xuányá sān shí límǐ de dìfang."

Dì sān gè sījī xiǎng le yíhuìer shuō: "Wǒ dà lǎoyuǎn yí kànjiàn xuányá jiù tíngchē, wǒ bú guòqù."

결국 노부인에게 채용된 기사는 바로 세 번째 사람이었다. 왜 그랬을까? 답은 바로 세 사람의 태도에 있었다. 앞에 두 기사는 기술을 과신해 잘난 체하다, 사고를 피하기 어렵게 될 것이다. 세 번째 기사는 무엇이 가장 중요한 것인지를 안다. 그것은 바로 안전인지라, 그래서 그는 기술을 자랑거리로 삼지 않을 것이다. 이것이 바로 큰 지혜와 작은 총명의 차이이다.

Jiéguǒ, bèi lǎotàitai lùyòng de sījī shì dì sān gè rén. Wèishénme ne? Dá'àn jiù zài sān gè rén de tàidù shàng. Qiánmiàn liǎng gè sījī kào zhe jìshù chěngqiáng, nánmiǎn búhuì chūshì. Dì sān gè sījī zhīdào shénme zuì zhòngyào, nà jiùshì ānquán, suǒyǐ tā bú huì bǎ jìshù dāngzuò xuànyào de zīběn. Zhè jiùshì dà zhìhuì hé xiǎo cōngmíng zhījiān de qūbié.

79 曾子의 교육관
Zèngzǐ shā zhū

옛날에 증자라는 사람이 있었다. 어느 날 그의 아내가 장터에 가서 물건을 사겠다고 하자, 집안의 아이들이 함께 따라가겠다고 칭얼댔다. 장터에 사람이 많아, 아내는 아이들을 잘 돌보지 못할까 봐 걱정이 되어, 아이들을 어르며 말했다 : "얌전히 집안에서 놀고 있으면 엄마가 돌아와서 너희에게 돼지를 잡아서 맛난 고기를 먹게 해주마!" 아이들은 설을 보낼 때에야 먹을 수 있는 맛있는 음식을 먹게 해준다는 말을 듣고는, 기분이 좋아져, 더 이상 울고불고 하지 않았다.

Gǔ shíhòu, yǒu gè jiào Zèngzǐ de rén。 Yǒu yī tiān, tā de qīzi yào qù jíshì shàng mǎi dōngxi, jiālǐ niányòu de háizi chǎo zhe nào zhe yào yìqǐ gēnzhe qù。 Jíshì shàng rén duō, qīzi dānxīn zhàogù bù hǎo háizi, biàn hǒng xiǎohái shuō : "Guāiguāi zài jiālǐ wán, māma huílái le, shā zhū gěi nǐmen zhǔ xiāngpēnpēn de ròu chī！" Xiǎoháizi yì tīng kěyǐ chī dào zhǐyǒu guònián cái chī de měiwèi, xīn lǐ yì gāoxìng, yě jiù bù kū bú nào le。

반나절이 지나자, 아내가 시장에서 돌아왔다. 막 대문으로 들어서는데, 그녀는 증자가 집안에서 새끼 돼지를 잡아 죽이려는 광경을 보게 되었다. 그녀는 조급히 달려들어, 그의 손안에 쥐어져있는 칼을 빼앗아, 화를 내며 비난했다 : "당신 미쳤어요? 이 돼지가 이제 얼마나 됐다고! 우리는 그것이 자라서 우리의 살림을 개선시켜줄 거라 기대하고 있잖아요! 왜 지금 그 돼지를 죽이려는 거예요?"

Bànxiǎng guòqù le, qīzi cóng jíshì lǐ huílái le, gāng jìn jiā mén, tā jiù kànjiàn, Zèngzǐ zhèng zhuāzhù jiā lǐ nà zhī hái hěn niányòu de xiǎo zhū yào shā。 Tā hěn zháojí, chōng guòqù duóxià tā shǒu zhōng de dāo, qìfèn de zhǐzé shuō : "Nǐ fēng le ma? Zhè zhū cái duō dà ā! Wǒmen kě zhǐwàng zhe tā zhǎngdà lái gǎishàn wǒmen de shēnghuó ne! Wèishénme xiànzài jiù yào shā tā ne?"

증자도 화를 냈다. 그는 불평하며 말했다 : "당신이 아이들에게 돌아와서 돼지를 잡아, 고기를 먹게 해주겠다고 했잖소!"

Zèngzǐ yě hěn qìfèn, tā bùpíng de shuō : "Shì nǐ dāyìng xiǎoháizi, huílái le yào shā zhū gěi tāmen chī ròu de ā!"

아내는 듣자마자 "풉"하고 웃으며 말했다. : "나는 단지 보채는 아이들을 달래려 농담으로 한 말인데, 당신은 어째서 진짜라고 여기죠?"

Qīzi yì tīng, pūchī yìshēng xiào le, tā shuō : "Wǒ zhǐ búguò shì zài hǒng xiǎoháizi wán, nǐ zěnme jiù dàngzhēn le ne?"

증자의 얼굴빛이 바로 바뀌며, 아내를 향해 매섭게 몰아세웠다. : "이게 어떻게 애들을 달래는 거요? 그들은 마음속으로 모두 철석같이 믿고 있어서, 당신에 대한 희망으로 가득 차 있어요. 당신은 그들이 당신이 돌아오길 얼마나 바라고 있는지 느껴지지 않아요?"

Zèngzǐ liǎnsè yíxiàzi jiù biàn le, tā hěn yánlì de duì qīzi shuō : "Zhè zěnme néng hǒng tāmén ne？ Tāmén xīnzhōng kě dōu shì dàngzhēn le ā, duì nǐ chōngmǎn zhe xīwàng, nǐ néng gǎnshòu dào tāmen pànwàng nǐ guīlái de jíqiē xīnqíng ma？"

아내도 갑자기 부끄러움을 느끼며, 웃음기를 거둬들였다. 그녀는 아이들의 기대하고 있는 눈빛을 살피니, 마치 고기를 먹지 못하게 되어 실망하는 표정을 알아차릴 수 있었다.

Qīzi yě tūrán gǎndào cánkuì le, tā shōuhuí le xiàoróng, tā zhùyì dào le háizi men nà qīdài de yǎnshén, hǎoxiàng yě juéchá dào tāmen tīngshuō chībudào ròu de shīwàng。

증자가 말을 이었다. : "가장 중요한 것은 우리 어른들이 아이들의 모범이라는 것입니다, 그들은 철이 없어서, 곳곳에서 부모를 따라하고, 부모의 가르침을 듣고 따릅니다. 오늘 당신이 그들을 속이는 것은, 곧 그들더러 당신처럼 남을 속이라고 가르치는 것입니다. 어머니가 자신의 아이를 속인다면, 그 아이는 곧 자신의 어머니를 믿지 않을 것입니다. 이것이야말로 아이들을 교육하는 좋은 방법이 아닙니다!"

Zèngzǐ jiēzhe shuōdào : "Zuì zhòngyào de shì wǒmen dàrén dōu shì háizi de biǎoshuài, tāmén bù dǒngshì, chùchù huì mófǎng fùmǔ, tīngcóng fùmǔ de jiàodào。 Jīntiān nǐ qīpiàn tā, jiùshì jiào tā xué nǐ de yàngzi piàn rén。 Zuò mǔqīn de qīpiàn zìjǐ de háizi, nà háizi jiù bú huì xiāngxìn zìjǐ de mǔqīn le. Zhè kě bú shì jiàoyù háizi de hǎo bànfǎ ā!"

아내는 듣고 있자니 더욱 죄책감이 들게 되었고, 그녀는 더 이상 증자가 돼지를 죽이는 것을 막지 않게 되었고, 그를 도와 그와 함께 아이들을 위해 풍성한 저녁 식사를 준비하게 되었다. 아이들이 얼마나 기뻐했는지는 말할 필요도 없다.

Qīzi tīng zhe tīng zhe xīnzhōng gēng nèijiù le, tā bú zài zǔnáo Zèngzǐ shā zhū le, érshì bāngzhù tā yìqǐ wèi háizi men zhǔnbèi le yī dùn fēngshèng de wǎncān. Háizi men béng tí yǒu duō gāoxìng le.

부모의 말 한마디, 행동 하나하나는 모두 아이에게 지대한 영향을 미칠 수 있고, 아이들은 모두 덩달아 배울 수 있다. 따라서 가장의 몸소 보이는 실천은 자녀 교육을 잘 시키는 보증수표이므로, 언제 어디서나 행동으로 가르치는 것과 말로 가르치는 것을 결합시켜야한다.

Fùmǔ de yì yán yì xíng, yì jǔ yí dòng, dōu huì duì háizi chǎnshēng jí dà de yǐngxiǎng, háizi dōu kěnéng gēn zhe xué. Suǒyǐ, jiāzhǎng de yǐ shēn zuò zé shì jiàoyù hǎo zǐnǚ de bǎozhèng, yào suíshí suídì bǎ shēnjiào yǔ yánjiào jiéhé qǐlái.

귀신이 무서운 초나라 사람
Jīng rén wèi guǐ

옛날 초나라에 한 사람이 있었는데, 그는 귀신을 매우 무서워하여, 어엿한 칠 척의 사나이가 밤에는 감히 혼자 외출하지도 못했다. 설령 집에 있을지라도 날이 어두워지면 바로 등불을 매우 밝게 켜야만 했다. 뿐만 아니라, 마른 나뭇잎이 땅에 떨어지거나, 뱀과 쥐가 기어가는 소리를 들으면, 그는 항상 귀신이 움직이고 있다고 느꼈다. 점점, 그가 귀신을 아주 무서워한다는 사실이 이웃에 퍼지게 되었고, 도둑의 귀에도 전해지게 되었다.

Gǔshíhòu, Chǔ guó yǒu gè rén, tā fēicháng pà guǐ, tángtáng yígè qīchǐ nán'ér, wǎnshàng yě bù gǎn yígè rén chūmén; jíbiàn shì dài zài jiālǐ, tiān yì hēi yě yào mǎshàng bǎ dēng diǎn shàng, dēnghuǒ tōngmíng cái kěyǐ. Bùjǐn rúcǐ, tīngdào gānkū de shùyè luòdì, huòzhě shé hé shǔ páxíng de shēngyīn, tā yě zǒng juéde shì guǐ zài dòng. Mànmàn de, tā fēicháng pà guǐ de shìqíng chuánbiàn le jiēfang sìlín, yě chuán dào le xiǎotōu de ěrduo lǐ.

도둑은 마음속으로 이건 자신에게 아주 좋은 기회가 만들어졌다라고 생각하게 되었다. 밤이 깊어지자, 도둑은 그의 집으로 달려가, 그의 집 담장 위로 기어 올라가, 귀신을 무서워하는 그가 아직 잠들지 않은 것을 보고, 바로 바람소리를 빌려, 처량하고 기괴한 소리를 내자,

으스스한 것이, 마치 억울하게 죽은 영혼이 울고 있는 것 같았다. 초나라 사람은 너무나 무서워, 그는 놀라서 부들부들 떨기까지 하면서, 이불 속으로 들어가, 이불로 온몸을 가리고, 눈을 질끈 감은 채로, 전신은 얼음처럼 차가워졌다. 도둑은 인기척이 없어진 것을 보자, 다시 귀신이 우는 척을 몇 번 더 시도했지만, 그 사람은 일찌감치 놀라서 이불 속에서 기절해버린 상태였다. 도둑은 사뿐사뿐 그의 집안으로 들어가서, 그의 집의 모든 값진 물건들을 한데 모아놓고는, 그를 살피니 여전히 반응이 없는 지라, 어깨를 으쓱대며 자리를 떴다.

Xiǎotōu xīn xiǎng, zhè kě gěi zìjǐ chuàngzào le yí ge juéjiā de jīhuì. Yè shēn le, xiǎotōu pǎo dào tā jiā qù, pá dào tā jiā de qiángtóu shàng, kàndào pà guǐ de nà rén hái méiyǒu shuìjiào, jiù jiè zhe fēngshēng, fāchū qīlì gǔguài de jiàoshēng, yōuyōu yuànyuàn de, fǎngfú zhēn xiàng nà yuānsǐ de guǐhún zài kū. Chǔ rén fēicháng hàipà, tā xià de sèsè fādǒu, zuān dào bèiwō lǐ, yòng bèizi méngzhù le quánshēn, jǐn bì zhe yǎnjing, húnshēn bīngliáng. Xiǎotōu yí kàn méiyǒu le dòngjìng, yòu shì zhe zhuāng le jǐ cì guǐ jiào, nà rén zǎo xià de tān zài bèiwō lǐ yūn guòqù le. Xiǎotōu niè shǒu niè jiǎo de zǒu jìn le tā jiā lǐ, sōuluó le tā jiā suǒyǒu zhíqián de dōngxi, jiàn tā háishì méiyǒu fǎnyìng, biàn dà yáo dà bǎi de líkāi le.

다음날, 해가 중천에 뜨고서야, 초나라 사람은 잠에서 깨어났고, 그 제서야 집안이 이미 누군가에 의해 몽땅 털렸다는 것을 알아차리게 되었다. 누군가는 그가 귀신을 무서워한다는 것을 알고, 그에게 농담하며 말하기를 "당신네 물건은 귀신이 훔쳐간 것이요."라고 하였다. 어젯밤의 무서웠던 상황을 떠올리며, 초나라 사람은 뜻밖에도 이 말을 정말로 여겼고, 그는 귀신이 그의 집에 와서 물건을 훔쳐갔다는 말에 대해 한 치의 의심도 하지 않았다. 그 이후로 그는 담력이 더욱 좋아들어, 집안에만 머물며 그 어디에도 감히 갈 수 없었다.

Dì èr tiān, rì shàng sān gān le, Chǔ rén cái shuìxǐng le guòlai, zhè cái fāxiàn jiālǐ yǐjīng bèi rén xǐjié yì kōng le. Yǒurén zhīdào tā pà guǐ, jiù gēn tā kāi wánxiào shuō: "Nǐmen jiā de dōngxi shì bèi guǐ tōu zǒu de." Xiǎng xiǎng zuótiān wǎnshang de kǒngbù qíngjǐng, Chǔ rén jìngrán bǎ zhè huà dāngzhēn le, tā duì yǒu guǐ lái tā jiā tōu dōngxi de shuōfǎ shēn xìn bù yí. Cóng cǐ zhī hòu, tā dǎnzi gèngjiā xiǎo le, dài zài jiālǐ nǎlǐ yě bù gǎn qù le.

한참이 지난 후, 그 도둑은 또 다른 사람의 집에 가서 물건을 훔치다가 현장에서 체포되었다. 관아의 사람이 도둑 집에 가서 그가 훔친 장물을 검사하는 김에 초나라 사람 집의 물건도 이 도둑에게 도둑맞은 것임을 발견하게 되었다. 모두가 매우 기뻐하며 물건들을 들고 초나라 사람에게 돌려주러 갔고, 이 기회에 요괴는 원래 존재하지 않는 것이니, 더 이상 요괴를 믿지 말라고 권했다.

Bùzhī guò le duō jiǔ le, nà ge xiǎotōu yòu qù biéren jiā tōu dōngxi, bèi rénjiā zhuā le gè xiànxíng; yámén de rén qù xiǎotōu jiā chá tā tōu dé de zāngwù, shùnbiàn fāxiàn le Chǔ rén jiā de dōngxi yě shì bèi zhè ge xiǎotōu gěi tōu zǒu de. Dàjiā hěn gāoxìng de ná zhe dōngxi guīhuán gěi Chǔ rén, yě xiǎng jiè cǐ quànshuō tā búyào zài xiāngxìn guǐguài le, yīnwèi guǐguài gēnběn jiù bù cúnzài.

생각지도 않게, 초나라 사람은 자신의 분실물을 돌려받았는데도 그다지 기뻐하지 않고, 걱정하며 말을 했다. "역시 귀신이 훔쳐간 것이었어, 그가 우리 집의 물건을 훔쳐서 도둑에게 주었던 거야!" 이웃 사람들은 이 광경을 보자 어리둥절해져, 서로의 얼굴을 마주 볼 뿐, 어찌 할 바를 몰라 했다.

Méixiǎngdào, Chǔ rén ná dào zìjiā de shīwù, bìng méiyǒu hěn gāoxìng, érshì yōulù de shuō: "Guǒrán shì gěi guǐ tōu zǒu le a, tā tōu zǒu wǒ jiā de dōngxi jìngrán sòng gěi le xiǎotōu!" Jiēfáng sìlín zhè xià shǎyǎn le, miàn miàn xiāng qū, dōu bù zhīdào shuō shénme hǎo le。

주관적인 미신은 사람을 어떤 맹목적인 상황에 빠지게 할 수 있는데, 이것이 바로 흔히 말하는 귀신에 홀린다는 것이다. 이런 맹목성은 나쁜 사람에게 쉽게 이용되어질 수 있고, 심지어는 그 피해를 당해도 깨닫지 못하게 된다.

Zhǔguān míxìn huì shǐ rén xiànrù mǒuzhǒng mángmù de jìngdì, jiùshì cháng shuō de guǐmíxīnqiào。 Zhè zhǒng mángmùxìng hěn róngyì bèi huàirén zhuāzhù bìng jiāyǐ lìyòng, shènzhì shēnshòu qí hài yě bùzhī juéxǐng。

81

'亂七八糟의 유래
'Luànqībāzāo' de yóulái

　　"乱七八糟"는 어질러진 모양이 전혀 이치에 맞지 않고 무질서함을 형용하는 말이다. 사람마다 모두 그 뜻을 알고 있는 이 성어는 의외로 두 가지 중대한 역사적 사건에서 기인되어졌다.

　　"Luàn qī bā zāo" xíngróng luàn de bù chéng yàngzi, hāowú tiáolǐ hé zhìxù。Zhège rén rén jiē zhī qí yì de chéngyǔ què qǐyuán yú liǎng qǐ zhòngdà de lìshǐ shìjiàn。

　　초나라와 한나라가 서로 싸우던 시기에, 劉邦은 일찍이 강력한 군대를 거느리고 있던 일부 장수들을 왕으로 분봉했다. 西漢이 세워진 후, 이 異姓을 가진 왕들의 세력은 점점 커져가서, 중앙집권을 공고히 하는데 심각한 위협이 되었다. 어사대부御史大夫 晁錯은 정세의 위험성을 목도하고, 漢 景帝에게 '변방지역의 범위를 축소시키기'를 건의해서, 제후들의 거센 불만을 불러일으켰다. 오나라 왕 劉濞는 楚, 趙, 膠東, 膠西, 濟南, 淄川 등 6개 왕과 결탁하여, 기원전 154년에 "晁錯을 주살하여, 군주의 측근을 깨끗하게 하자"라는 기치를 내걸고, 병력을 연합하여 반란을 일으켰다. 景帝는 계략에 넘어가, 晁錯을 살해하고 말았으나, 劉濞 등은 여전히 군대를 물리지 않게 되자, 마침내 태위太尉 周亞夫로 하여금 군대를 통솔하여 이 반란을 종식시키게 했다. 역사는 이 사건을 "七國의 난"이라 일컫는다.

　　Chǔ Hàn xiāngzhēng shíqī, LiúBāng céng bǎ yìxiē zhǎngwò zhòngbīng de jiànglǐng fēnfēng wéi wáng。Xīhàn jiànlì hòu, zhèxiē yìxìng wáng de shìlì zhújiàn péngzhàng qǐlái, bìng yánzhòng yǐngxiǎng dào zhōngyāng jíquán de gǒnggù. Yùshǐ dàifū CháoCuò kàndào júshì de wēixiǎn, xiàng Hàn Jǐngdì jiànyì "xuē fān", yǐnqǐ le gè zhūhóu wáng de qiángliè bùmǎn. Wúwáng Liúbì chuàntōng Chǔ, Zhào, Jiāodōng, Jiāoxī, Jìnán, Zīchuān děng liù ge wáng, yú gōngyuán qián yī bǎi wǔ shí sì nián dǎ zhe "zhū CháoCuò, qīng jūncè" de qíhào, liánhé qǐbīng pànluàn. Jǐngdì zhòngjì, cuòshā CháoCuò, dàn Liúbì děng réng bù tùibīng, zùihòu lìng Tàiwèi ZhōuYàfū shuài jūn píngxī le zhè chǎng pànluàn. Shǐ chēng "Qī gúo zhī luàn."

서기 290년, 서진西晉 晉 무제 司馬炎이 죽고, 그의 아들 司馬衷이 왕위를 계승하여 惠帝라 칭했다. 司馬衷은 향락 외에는 어떠한 일도 알지 못하여, 대권은 그의 외할아버지인 楊駿의 수중에 들어갔다. 그러나 惠帝의 왕비 賈南風은 야심이 대단하고, 또 계략도 가지고 있어, 왕권을 장악하고자 했다. 서기 291년(元康 원년) 3월, 賈왕비는 계략을 써서 楊駿을 죽이고, 楊太后를 죽게 한 후, 그 결과로 조정의 추대를 받아 汝南왕 司馬亮이 추대되어 권력을 장악하게 되어, 賈왕비는 여전히 실권이 없는 상태였다. 賈왕비는 司馬瑋와 司馬亮의 불편한 관계를 이용하여, 또 계략을 꾸며 司馬亮을 죽이고, 법도를 벗어난 일을 도모했다는 죄명으로 司馬瑋마저 처형한 후, 賈왕비는 조정을 주관하게 되었다.

Gōngyuán 290 nián, Xījìn Jìn Wǔdì SīmǎYán qùshì, tā de érzi SīmǎZhōng jìwèi chēng Hùidì. SīmǎZhōng chú le xiǎnglè yǐwài, shénme shì yě bù dǒng, dàquán lùorù tā de wàizǔfù YángJùn shǒuzhōng. Dàn Hùidìhòu JiǎNánfēng yěxīn bóbó, yòu yǒu xīnjì, yù zhǎng huángquán. Gōngyuán èr jiǔ yī nián(Yuánkāng yuánnián) sān yuè, Jiǎhòu shèjì shāsǐ le

YángJùn, bīsǐ Yáng tàihòu, yóu cháotíng tuījǔ Rǔnánwáng SīmǎLiàng zhǎngquán, Jiǎhòu réng wèi yǒu shíquán。Jiǎhòu lìyòng SīmǎWěi hé SīmǎLiàng de máodùn, yòu shèjì shāsǐ le SīmǎLiàng, yǐ túmóu bùguǐ de zuìmíng jiāng SīmǎWěi chǔsǐ, Jiǎhòu dé yǐ zhǔchí cháozhèng。

서기 299년(元康 9년) 12월, 가후는 또 자신이 낳지 않은 惠帝의 장남을 죽여, 제후들의 원한을 사게 되었다. 다음해 4월, 趙나라 왕 司馬倫은 태자의 복수를 한다는 핑계로, 賈왕비를 죽이고, 바보황제 司馬衷을 폐위시키고, 자신이 황제의 자리에 즉위했다. 이 일은 다른 왕들의 강력한 반발을 불러 일으켜, 그 후 다섯 명의 왕들이 이 반란에 참여하게 되었다. 이들은 주마등처럼 하나하나 왕위에 올랐다가는, 줄줄이 피살되어지는 처지가 되었다. 그러다 기원전 306년(光熙 원년)에 이르러서야 晋武帝 司馬熾가 왕위에 즉위해서야 16년간의 반란은 끝이 나게 되었다.

Gōngyuán èr jiǔ jiǔ nián(Yuánkāng jiǔ nián) shí èr yuè, Jiǎhòu yòu shāsǐ Huìdì zhǎngzǐ(búshì Jiǎhòu shēng), yǐnqǐ le zhū wáng yuànhèn。Cìnián sì yuè, Zhàowáng SīmǎLún jièkǒu wèi tàizǐ bàochóu, shāsǐ Jiǎhòu, fèidiào báichī huángdì SīmǎZhōng, zì lì wéi dì。Zhè yòu yǐnqǐ qítā yìxiē wáng de qiángliè fǎnduì, xiānhòu yòu yǒu wǔ ge wáng cānrù le zhè chǎng pànluàn。Zhè xiē rén xiàng zǒumǎdēng sìde yīgègè dēngtái, yòu yīgègè bèi shādiào。Zhídào gōngyuán sān líng liù nián(Guāngxī yuánnián) Jìn Wǔdì SīmǎChì dēngjī jiéshù le shí liù nián de pànluàn。

여덟 명의 왕들이 참가해 반란을 일으켰기 때문에, 역사는 "八王의 난"이라고 부른다. 이번 반란은 서한의 "七國의 난"보다 민중들에게 더 큰 재난과 고통을 안겨다 주게 되어, 사회는 매우 혼란한 상태로 되어버렸다. 훗날, 사람들은 이 두 가지 역사적 사건을 연계시키게 되어, 점차적으로 "乱七八糟"라는 사자성어가 만들어지게 되었다.

Yīnwèi xiānhòu yǒu bā ge wáng cānrù pànluàn, suǒyǐ shǐ chēng "bā wáng zhī luàn". Zhècì pànluàn bǐ Xīhàn "qī gúo zhī luàn" gěi rénmín dàilái de zāinàn gèngjiā shēnzhòng, jiāng shèhùi gǎo de yìtuánzāo. Hòulái, rénmén bǎ zhè liǎng cì dòngluàn liánxì qǐlái, biàn zhújiàn chǎnshēng le "luàn qī bā zāo" zhè yī chéngyǔ.

82

권위를 뒤집은 실험정신
Tuīfàn quánwēi lǐlùn de shíyàn jīngshén

갈릴레이는 17세기 이탈리아의 위대한 과학자이다. 그는 학교에서 공부할 때 친구들이 그를 '변론가'라고 불렀다. 그가 제기한 질문들은 매우 비범해서, 항상 선생님들을 난처하게 했다.

Jiālìlüè shì 17 shìjì Yìdàlì wěidà de kēxuéjiā。 Tā zài xuéxiào niànshū de shíhòu, tóngxué men jiù chēng tā wéi "biànlùn jiā"。 Tā tíchū de wèntí hěn bù xúncháng, chángcháng shǐ lǎoshī hěn nán jiědá。

그 당시, 과학을 연구하는 사람들은 모두 아리스토텔레스亚里士多德를 믿어서, 이 2000년 전의 그리스 철학자들의 말을 바꿀 수 없는 진리로 여겼다. 누군가 아리스토텔레스를 의심하면, 사람들은 그를 "무슨 뜻이죠? 설마 인류의 진리를 거스르겠단 건 아니겠죠?"라고 꾸짖을 지경이었다.

Nà shíhòu, yánjiū kēxué de rén dōu xìnfèng Yàlǐshìduōdé, bǎ zhè wèi liǎng qiān duō nián qián de Xīlà zhéxuéjiā de huà dàngzuò bùróng gēnggǎi de zhēnlǐ。 Shéi yàoshì huáiyí Yàlǐshìduōdé, rénmen jiù huì zébèi tā: "Nǐ shì shénme yìsi? Nándào yào wéibèi rénlèi de zhēnlǐ ma?"

236

아리스토텔레스는 "두 개의 쇠구슬이 있는데, 하나는 10파운드고, 하나는 1파운드이다. 동시에 높은 곳에서 떨어뜨리면, 10파운드짜리가 먼저 땅에 닿는다, 속도는 1파운드의 10배이다."라고 말한 적이 있다. 이 말은 갈릴레이伽利略로 하여금 의문이 생기게 했다. 그는 생각하길: 만약 이 말이 맞는다면, 이 두 개의 쇠구슬을 같이 묶으면, 느리게 떨어지는 것이 빠르게 떨어지는 것을 잡아당겨, 떨어지는 속도는 당연히 10파운드보다 느릴 것이다. 하지만, 만약 묶은 두 개의 쇠구슬을 하나의 몸체로 간주한다면, 그 무게는 11파운드가 되어, 떨어지는 속도는 당연히 10파운드 쇠구슬보다 빠를 것이다. 이리되면, 하나의 사실에서 두개의 상반된 결론을 얻게 되는 데, 이건 어떻게 설명할 것인가?

Yàlǐshìduōdé céngjīng shuō guò: "Liǎng gè tiě qiú, yí ge shí bàng zhòng, yí ge yī bàng zhòng, tóngshí cóng gāochù luòxià lái, shí bàng zhòng de yídìng xiān zhuó dì, sùdù shì yí bàng zhòng de shí bèi." Zhè jù huà shǐ Jiālìlüè chǎnshēng le yíwèn。 Tā xiǎng: Rúguǒ zhè jù huà shì zhèngquè de, nàme bǎ zhè liǎng gè tiě qiú shuān zài yìqǐ, luò de màn de jiù huì tuō zhù luò de kuài de, luòxià de sùdù yīngdāng bǐ shí bàng zhòng de tiě qiú màn; dànshì, rúguǒ bǎ shuān zài yìqǐ de liǎng ge tiě qiú kànzuò yí ge zhěngtǐ, jiù yǒu shí yī bàng zhòng, luòxià de sùdù yīngdāng bǐ shí bàng zhòng de tiě qiú kuài。 Zhèyàng, cóng yí ge shìshí zhōng què kěyǐ déchū liǎng ge xiāngfǎn de jiélùn, zhè zěnme jiěshì ne?

갈릴레이가 이 의문을 가지고 수없이 반복 실험을 했는데, 모두 아리스토텔레스의 말이 틀린 것임을 증명했다. 서로 다른 무게의 쇠공 두개가 높은 곳에서 동시에 낙하하면, 쇠공이 떨어지는 속도는 쇠공의 무게와는 상관이 없었다. 갈릴레이는 당시 겨우 25세였는데, 이미 수학 교수가 되어있었다. 그는 학생들에게 실험 결과를 발표하면서, 피사比萨의 사탑에서 공개 실험을 하겠노라고 선언했다.

Jiālìlüè dài zhe zhè ge yíwèn fǎnfù zuò le xǔduō cì shìyàn, jiéguǒ dōu zhèngmíng Yàlǐshìduōdé de zhè jù huà díquè shuō cuò le. Liǎng ge bùtóng zhòngliàng de tiěqiú tóngshí cóng gāo chù luòxià lái, zǒngshì tóngshí zhuódì, tiěqiú wǎng xià luò de sùdù gēn tiěqiú de qīngzhòng méiyǒu guānxì. Jiālìlüè nà shíhòu cái èr shí wǔ suì, yǐjīng dāng le shùxué jiàoshòu. Tā xiàng xuéshēng men xuānbù le shìyàn de jiéguǒ, tóngshí xuānbù yào zài Bǐsà chéng de xié tǎ shàng zuò yí cì gōngkāi shìyàn.

이 소식은 빠르게 전파되었다. 그 날이 되자, 많은 사람들이 사탑 주변에 모여서, 모두 이 문제에 있어 과연 누가 승자가 될 것인지 지켜보았다, 고대의 철학자인 아리스토텔레스일까, 아니면 젊은 수학자 갈릴레오일까? 누군가가 말했다. "이 젊은이는 겁 없이 함부로 나대는 군, 감히 아리스토텔레스의 잘못을 찾아내려 하다니!" 누군가는 또 말했다. "좀 있으면 그는 고집부리지 못할 거야, 진실은 냉정한 것이거든, 제대로 창피를 당할 거야!"

Xiāoxī hěn kuài chuán kāi le. Dào le nà yì tiān, hěn duō rén lái dào xié tǎ zhōuwéi, dōu yào kàn kàn zài zhè ge wèntí shàng shéi shì shènglìzhě, shì gǔdài de zhéxuéjiā Yàlǐshìduōdé ne, háishì zhè wèi niánqīng de shùxué jiàoshòu Jiālìlüè? Yǒu de shuō: "Zhè ge qīngnián zhēn shì dǎndàwàngwéi, jìng xiǎng zhǎo Yàlǐshìduōdé de cuòchu!" Yǒu de shuō: "Děng huìr tā jiù gùzhíbuliǎo la, shìshí shì wúqíng de, huì ràng tā diū jǐn le liǎn!"

갈릴레이가 사탑 꼭대기에 나타났다. 오른손에는 10파운드짜리 쇠구슬을 들고 있고, 왼손에는 1파운드짜리 쇠구슬을 들고 있었다. 두 개의 쇠구슬은 동시에 손을 벗어나, 공중에서 떨어져 내렸다. 잠시 후, 사탑 주위의 사람들은 모두 놀라움을 금치 못하고 환호성을 질렀는데, 그도 그럴 것이 모두 두 개의 쇠구슬이 동시에 땅에 떨어졌으니, 이것은 갈릴레오가 했던 말과 똑같았기 때문이었다. 이때서야 사람들은 아리스토텔레스와 같이 위대한 철학자가 한 말도 모두가 옳은 것만은 아니라는 것을 비로소 깨달았다.

Jiālìlüè zài xié tǎ dǐng shàng chūxiàn le. Tā yòushǒu ná zhe yí ge shí bàng zhòng de tiěqiú, zuǒshǒu ná zhe yí ge yí bàng zhòng de tiěqiú. Liǎng ge tiěqiú tóngshí tuōshǒu, cóng kōngzhōng luòxià lái. Yíhuìr, xié tǎ zhōuwéi de rén dōu rěnbuzhù jīngyà de hūhǎn qǐlái, yīnwèi dàjiā kànjiàn liǎng ge tiěqiú tóngshí zhuódì le, zhèng gēn Jiālìlüè shuō de yí gè yàng. Zhèshí dàjiā cái míngbái, yuánlái xiàng Yàlǐshìduōdé zhèyàng de dà zhéxuéjiā, shuō de huà yě búshì quándōu duì de.

'完璧'이란 표현의 유래

Wán bì guī Zhào

일찍이 조나라왕은 더할 수 없이 귀중한 和氏玉和氏璧을 얻었고, 진秦왕은 그것을 빼앗아 올 계략을 꾸몄다. 그리하여 그는 사자를 조왕에게 파견하여, 난 열 다섯 개의 성과 이 옥을 바꾸고 싶다고 말을 했다. 조趙조왕은 진나라가 호시탐탐虎狼 다른 나라를 노리는 강국인지라, 일단 이 둥근 옥이 진나라로 옮겨지면 다시는 가져올 방법이 없음을 알고 있었다. 인상여藺相如가 말했다, "만약 우리가 가지지 않는다면 이유가 궁색하므로, 제가 이 옥을 가지고 가되, 만약 성과 바꿔올 수 없다면, 제가 목숨을 내걸고서라도 옥을 진왕의 손아귀에 들어가지 않게 할 것이니, 제가 존재하는 한, 이 옥도 존재할 것입니다."

Dāngnián Zhào wáng dédào jiàzhí liánchéng de Héshìbì, Qín wáng xiǎng shèfǎ duó guòlái. Yúshì tā pài shǐzhě gàosù Zhào wáng shuō, wǒ yuànyì yòng shí wǔ zuò chéngchí lái huàn zhè kuài bì. Zhào wáng zhīdào Qín shì hǔláng zhī guó, zhè kuài bì yídàn ná dào Qín guó jiù méiyǒu bànfǎ zài ná huílái. Lìn Xiāngrú shuō "Rúguǒ wǒmen bú qù de huà shì zìjǐ líkuī, wǒ dài zhe zhè kuài bì qù, rúguǒ bù néng huàn huí chéngchí, wǒ huō chū mìng lái yě bú huì ràng tā luò zài Qín wáng zhī shǒu, yǒu wǒ zài jiù yǒu zhè kuài bì zài."

藺相如가 보옥을 가지고 진나라에 오자, 진왕은 곁채에서 아무렇게나 접견하고는, 신하들과 미녀들로 하여금 깔깔거리며 이 천하의 보물을 돌려보게 하는 것이었다. 藺相如는 단번에 이 옥이 여기서 존경받지 못함이, 조나라가 존경받지 못함과 같으며, 돌려받기가 쉽지 않을 것이란 걸 알아차렸다.

Děng Lìn Xiāngrú dài zhe Héshìbì láidào Qín guó, Qín wáng jiù suí suí biàn biàn zài piāndiàn jiējiàn, bìng ràng dàchén、měirén xīxīhāhā de chuán kàn zhè wújiàzhībǎo。Lìn Xiāngrú yí kàn jiù míngbai le, zhè kuài yù zài zhèlǐ bú shòu zūnjìng, jiù xiàng Zhào guó bú shòu zūnjìng yíyàng, yào ná huílái shì hěn nán de shìqíng。

그래서 그는 진왕에게 말했다. "대왕, 이 옥에는 흠집이 있는데, 저한테 주시면, 제가 당신께 보여드리겠습니다." 진왕이 그 옥을 그의 손에 돌려주자, 藺相如는 몇 발짝 뒤에 물러나 기둥에 붙어서, 화가 머리끝까지 치밀어서, 옥을 손에 쥔 채로 진왕에게 말했다, "당신이 이런 곳에서 옥을 맞이하는 것은, 보옥에 대해서도, 조나라에 대해서도 존중하지 않는다는 것이요. 당신도 알다시피 우리는 오기 전에 분향재배하고 보름동안 목욕재계함으로써, 진나라에 대한 존중을 나타내었소.

Yúshì tā jiù gēn Qín wáng shuō, "Dàwáng, zhè kuài měi yù shì yǒu xiácī de, nǐ gěi wǒ, wǒ zhǐ gěi nǐ kàn。" Děng Qín wáng bǎ zhè kuài bì huán dào tā shǒu lǐ, Lìn Xiāngrú tuì hòu jǐ bù kào zài zhùzi shàng, nùfā shàng chōng guān, chí bì ér lì, gēn Qín wáng shuō, "Nǐ zài zhèyàng yí ge dìfāng yíngjiē zhè kuài yù, shì duì bǎoyù、yě shì duì Zhào guó de bù zūnzhòng。Nǐ zhīdào wǒmen lái zhī qián, fénxiāng dǐnglǐ, zhāijiè shí wǔ tiān, yǐ shì duì Qín guó de zūnzhòng。

저는 옥을 조심스럽게 받들고 왔으나, 당신은 아무렇게나 이 옥을 신하들 및 미녀들과 돌려보았는데, 이러한 성의 없고 거만한 태도는 나로 하여금 당신들이 진정으로 성을 보옥과 바꾸려고 하지 않음을 깨닫게 하였소. 만약 당신이 진정으로 보옥을 원한다면, 우리처럼 15일 동안 목욕재계하고 분향을 함은 물론, 또한 성을 먼저 갈라서 넘겨주어야만, 전 당신에게 보옥을 드릴 수 있을 것입니다. 그렇지 않으면, 나의 머리와 이 보옥이 이제 동시에 당신의 궁전 기둥에 부딪쳐 부셔질 것입니다. 진왕은 겁이 나서, 서둘러서 그의 요구에 응하겠노라 답했다.

Wǒ fèng yù ér lái, ér nǐ suíbiàn bǎ zhè kuài yù chuán yǔ dàchén、měirén, zhèyàng yí ge xièmàn de tàidù jiù ràng wǒ zhīdào, nǐmen bú shì zhēnzhèng xiǎng yào yòng chéngchí lái huàn Héshìbì de。Rúguǒ nǐ zhēn yào zhè kuài yù, nǐ yě yào xiàng wǒmen yíyàng zhāijiè fénxiāng shí wǔ tiān, érqiě nǐ yào xiān bǎ chéngchí huà gěi wǒmen, wǒ cái nénggòu zài bǎ zhè kuài yù gěi nǐ。Bùrán de huà, wǒ de tóu hé zhè kuài yù xiànzài jiù tóngshí zhuàng suì zài nǐ jīndiàn de dàzhù shàng。" Qín wáng hàipà le gǎnjǐn dáyīng le tā de yàoqiú。

인상여는 진왕이 약속을 지키지 않을 것이라는 것을 아는지라, 밤새 가솔을 시켜 이 보옥을 조나라로 돌려보냈다. 그 자신은 남아서, 진왕에게 최종적인 결과를 통보했다. 그는 진왕에게 말했다. "나는 당신이 정말로 성을 줄 생각이 없다는 것을 알았으며, 이제 완전한 상태의 옥은 이미 조나라로 돌아간 상태입니다."

Lìn Xiāngrú zhīdào Qín wáng bú huì lǚxíng nuòyán, suǒyǐ liányè ràng jiārén dài zhe zhè kuài měiyù táo huí le Zhào guó. Tā zìjǐ zé liú xiàlái, zuìhòu gēn Qín wáng zuò yí gè jiāodài. Tā duì Qín wáng shuō, "Wǒ zhīdào nǐ méiyǒu zhēnzhèng gěi wǒmen chéngchí zhī xīn, xiànzài wánbì yǐjīng guī Zhào le."

고통 없이는 최고의 경지도 없다
Qiānchuíbǎiliàn dàilái de jìngjiè

어느 절 안에 화강암으로 아주 정교하게 조각한 불상이 있었는데, 매일 많은 사람들이 불상 앞에 와서 절을 하곤 했다. 그런데 이 불상으로 향하는 계단 역시도 불상과 마찬가지로 같은 산에서 채굴한 화강암으로 쌓은 것이었다.

Zài yí zuò fósì lǐ gōng zhe yí ge huāgāngyán diāokè de fēicháng jīngzhì de fóxiàng, měitiān dōu yǒu hěn duō rén lái dào fóxiàng qián móbài. Ér tōngwǎng zhè zuò fóxiàng de táijiē yě shì yóu gēn tā yíyàng cǎi zì tóngyī zuò shāntǐ de huāgāngyán qì chéng de。

어느 날, 이 계단들이 아니꼬워서 그 불상에게 항의하기를, 우리는 원래 형제로, 같은 산에서 나왔거늘, 무슨 근거로 사람들이 다 우리를 짓밟고 가서 너에게 절을 하는 거지? 넌 뭐가 대단한 거냐?

Zhōngyú yǒu yì tiān, zhè xiē táijiē bù fúqì le, tāmen duì nà ge fóxiàng tíchū kàngyì shuō, nǐ kàn wǒmen běn shì xiōngdì. láizì yú tóngyí ge shāntǐ, píng shénme rénmen dōu cǎi zhe wǒmen qù móbài nǐ a? Nǐ yǒu shénme liǎobùqǐ a?

그 불상은 담담하게 그들에게 말하길, 왜냐하면, 너희들은 단지 네 번의 칼질을 거쳐서 지금의 이 자리에 오게 되었지만, 나는 천번 만번의 칼질을 거쳐서야 비로소 불상이 될 수 있었다고.

Nà ge fóxiàng dàndàn de duì tāmen shuō, yīnwèi nǐmen zhǐ jīngguò sì dāo jiù zǒu shàng le jīntiān de zhè ge gǎngwèi, ér wǒ shì jīngguò qiān dāo wàn guǎ cái déyǐ chéng fó。

공자가 말했던 15세부터 70세까지의 6개의 인생역정, 즉 학문에 뜻을 두기志于学, 而立, 不惑, 知天命, 耳順, 從心所欲 등 여섯 가지 단계는, 우리들로 말하면, 참조할만한 가치가 있는 거울이다.

Kǒngzǐ suǒ shuō de cóng shí wǔ suì dào qī shí suì de liù ge rénshēng lìchéng, jí zhì yú xué、érlì、bú huò、zhī tiānmìng、ěrshùn、cóng xīn suǒ yù děng liù ge jiēduàn, duìyú wǒmen lái shuō, yěshì zhíde wǒmen cānzhào de yí miàn jìngzi。

우리가 공자가 서술한 인생의 경지를 보면, 뒤로 갈수록 내면의 마음을 강조하며, 뒤로 갈수록 침착하고 온화해진다. 하지만 침착함이 있기 이전에, 사실은 많은 투쟁과 시련을 겪어야했다.

Wǒmen kàn Kǒngzǐ suǒ miáoshù de rénshēng jìngjiè, yuè dào hòulái yuè qiángdiào nèixīn, yuè dào hòulái yuè cóngróng héhuǎn, ér zài zhè cóngróng zhī qián, qíshí shì yào jīnglì qiān chuí bǎi liàn de。

영국의 과학자가 한 실험결과를 발표한 적이 있다. 그들은 호박처럼 평범하고 값싼 식물들의 생명력이 얼마나 강한지를 시험해보기 위해, 아주 많은 수량의 동시에 생장을 시작한 어린 호박들에게 저울추를 달았는데, 이 저울추의 무게가 어린 호박들이 견뎌낼 수 있는 한계였다.

Yīngguó de kēxuéjiā gōngbù guò yí ge shíyàn: Tāmen wèi le shì yī shì nánguā zhèyàng yì zhǒng pǔpǔtōngtōng de liánjià de zhíwù shēngmìnglì néng yǒu duō qiáng, jiù zài hěn duō hěn duō tóngshí shēngzhǎng de xiǎo nánguā shàng jiā fámǎ, fámǎ de zhòngliàng jiùshì xiǎo nánguā suǒ néng chéngshòu de jíxiàn。

이리하여, 서로 다른 호박들은 서로 다른 저울추를 누르게 하여, 오직 한 개의 호박만이 압력이 가장 높아지도록 했다. 하루에 몇 그람에서 몇 십 그람, 몇 백 그람, 몇 천 그람까지 중량은 늘어갔고, 이 호박이 다 익었을 때엔, 위쪽에는 이미 수백 근의 무게가 누르는 지경이 되었다.

Zhèyàng, bùtóng de nánguā yā bùtóng de fámǎ, zhǐyǒu yí ge nánguā yā dé zuì duō。 Cóng yì tiān jǐ kè dào jǐ shí kè、jǐ bǎi kè、jǐ qiān kè, zhè ge nánguā chéngshú de shíhou, shàngmiàn yǐjīng yā le jǐ bǎi jīn de zhòngliàng。

최후의 실험은 이 호박을 다른 호박들과 같이 놓고, 여럿이 칼로 내리쳐 쪼개어, 그 재질이 어떻게 다른가를 보는 것이었다. 다른 호박들이 모두 단칼에 퍽퍽 쪼개져나갈 때, 이 호박은 오히려 칼이 튕겨져 나갔고, 도끼도 튕겨져 나갔다, 끝내 이 호박은 전기톱을 써서야 열 수가 있었다. 이 녀석의 과육의 강도는 이미 성년이 된 나무의 줄기처럼 단단해져 있었다.

Zuìhòu de shíyàn shì bǎ zhè ge nánguā hé qítā nánguā fàng zài yìqǐ, dàjiā shì zhe yì dāo pōu xiàqù, kàn zhídì yǒu shénme bùtóng。 Dāng biéde nánguā dōu suí zhe shǒu qǐ dāo luò pū pū de dǎkāi de shíhou, zhè ge nánguā què bǎ dāo tán kāi le, bǎ fǔzi yě tán kāi le, zuìhòu, zhè ge nánguā shì yòng diànjù zhīzhī gāgā jù kāi de. Tā de guǒròu de qiángdù yǐjīng xiāngdāng yú yì zhū chéngnián de shùgàn!

이것은 무슨 실험인가? 사실은 하나의 생명실험으로, 우리 현대인이 처해있는 외적 환경과 우리의 내적 반동력 사이의 상관관계를 설명해주는 가장 좋은 본보기인 것이다.

Zhè shì yí ge shénme shíyàn ne? Qíshí jiùshì yí ge shēngmìng shíyàn, zhè jiùshì wǒmen xiàndài rén suǒ chǔ de wàizài huánjìng gēn wǒmen nèizài fǎnzhānglì zuì hǎo de xiězhào.

소리로 새를 잡는 사나이
Jīng gōng zhī niǎo

　　전국시대 위나라에 更贏이라고 불리는 유명한 장수가 있었는데, 그는 결코 용감하고 두려움을 모르는 용사는 아니었지만, 총명함이 남보다 뛰어나고, 관찰력도 보통 사람보다 좀 더 날카로웠다.

　　Zhànguó shíqī, Wèi guó yǒu yí wèi yǒumíng de jiànglǐng jiào Gèng Yíng, tā bìng bú shì yǒnggǎn wúwèi de yǒngshì, dàn què cōngmíng guòrén, guānchálì yě bǐ chángrén gèng mǐnruì yìxiē。

　　하루는, 更贏이 위나라 왕을 모시고 훈련장에 가서 군사 훈련을 시찰하게 되었다. 높은 무대 아래를 지나갈 때, 更贏은 처량한 기러기의 소리를 들었고, 고개를 들어서 보니, 하늘에서 한 마리의 기러기가 천천히 빙빙 돌며 날아다니고 있었다. 녀석은 낮게 날고 있었고, 울음소리는 처량하기 그지없었다. 魏王은 이 사실을 전혀 눈치 채지 못하고, 그는 그저 몰두해서 병사들의 훈련을 지켜보고 있었다.

　　Yǒu yì tiān, Gèng Yíng péitóng Wèi wáng dào liànbīngchǎng shìchá jūnduì cāoliàn. Zǒu dào yíge gāo táizi xiàbiān de shíhou, Gèng Yíng tīngjiàn le bēicǎn de dàyàn shēng, táitóu yí kàn, tiānkōng zhōng zhèng yǒu yì zhī dàyàn zài mànmàn de fēixiáng。 Tā fēi de hěn dī, jiàoshēng qīlì bēicǎn。 Wèi wáng bìng méiyǒu zhùyì dào zhèxiē, tā hái zài zhuānxīn de kàn shìbīng men de cāoliàn ne。

更贏은 흥미롭게 느껴졌고, 곧 미소를 띠며 魏王에게 말했다 : "대왕, 저기 하늘에 기러기가 있지 않습니까. 저는 화살 없이 저것을 쏘아 떨어뜨릴 수 있습니다." 魏王은 고개를 돌려 更贏을 보고, 이내 또 고개를 쳐들어 빙빙 하늘을 돌고 있는 기러기를 발견하고는, 의심하는 눈초리로 更贏에게 말했다.: "이게 어찌 가능하겠어요? 설마 당신의 활솜씨가 활이 필요 없는 단계에 도달했다는 건 아니겠죠?" 更贏이 말했다 : "평소에는 활을 사용해야하지만, 오늘은 없어도 됩니다."

Gèng Yíng juéde yǒuqù, biàn wēixiào zhe tóng Wèi wáng shuō : "Dàwáng, nín kàn tiānkōng zhōng nà zhī yàn, wǒ kěyǐ búyòng jiàn jiù bǎ tā shè xiàlái." Wèi wáng huí guò tóu lái kànkan Gèng Yíng, yòu yǎngtóu kànkan nà fēixiáng de dàyàn, yíhuò de duì Gèng Yíng shuō : "Zhè zěnme kěnéng ne？ Nándào nǐ shèjiàn de gōngfu yǐjīng dádào búyòng jiàn de dìbù le ma？" Gèng Yíng shuō : "Píngshí děi yòng jiàn, dàn jīntiān kěyǐ bú yòng。"

위왕은 매우 흥미로워져서, 更贏이 어떻게 활을 사용하지 않고 저 기러기를 쏘아 떨어뜨리는지 보고 싶어졌다. 말하는 사이에, 누군가가 이미 활과 화살을 준비해놓았고, 更贏은 화살을 내려놓고, 활만 들었다. 자세를 잡고 서서, 얼굴은 기러기를 향하고, 한 손은 활을 받치고 다른 한 손으로 활시위를 한번 당기자, '핑' 소리가 들리더니 기러기가 소리를 내며 공중에서 떨어졌다.

Wèi wáng fēicháng gǎn xìngqù, tā yě xiǎng kànkan GèngYíng shì rúhé bú yòng jiàn shè xià nà zhī yàn de. Shuō huà jiān, yǐjīng yǒu rén zhǔnbèi hǎo le gōngjiàn, zhǐjiàn GèngYíng fàngxià jiàn, zhǐ ná qǐ gōng. Zhàndìng zīshì, miàn cháo zhe dàyàn, yì shǒu tuō zhe gōng, lìng yì shǒu lā le yíxià xián, jiù tīng "pēng" de yì shēng, nà yàn yīngshēng biàn cóng kōngzhōng diào le xiàlái.

魏王은 녀석이 자신의 발아래에 떨어지는 것을 빤히 쳐다보면서 깜짝 놀랐다. 두 눈을 부릅뜨고, 의심의 눈초리로 更贏에게 물었다. : "당신의 활솜씨가 어떻게 이렇게 훌륭한 경지까지 도달한 거죠?" 更贏은 고개를 가로로 저으며 겸손히 웃으며 魏王에게 대답했다. : "제 활 쏘는 솜씨가 좋은 것이 아니라, 이 기러기 때문입니다. 이 녀석은 상처를 입고 있는 놈입니다."

Wèi wáng yǎn zhēngzhēng de kàn zhe tā diào dào le zìjǐ de jiǎoxià, tā dà chī yì jīng. Dèng dà shuāngyǎn, yíhuò de wèn GèngYíng : "Nǐ shèjiàn de běnlǐng zěnme néng dádào zhèyàng jīngzhàn de dìbù?" GèngYíng yáo yáo tóu, qiānxū de xiào zhe duì Wèi wáng shuō : "Bú shì wǒ shèjiàn de běnlǐng gāo, shì yīnwèi zhè zhī dàyàn ; Tā shì shòu guò shāng de a."

魏王은 더욱더 놀라서, 이해할 수 없다는 듯 캐물었다.: "기러기가 공중에서 날고 있었는데, 당신은 어찌 그것을 알았단 말이요?" 更贏이 이어서 설명했다, "이 기러기는 매우 느리

게 날고 있었을 뿐만 아니라, 울음소리도 처량한 것이 평상시와는 다른 소리였습니다.; 느리게 난다는 것은 오래된 상처가 아팠기 때문이며, 울음소리가 처량했던 것은 녀석이 기러기 떼를 벗어난 지 오래되었다는 증거이지요. 오래된 상처는 낫지 않았고, 두려운 마음이 아직 완전히 사라지지 않아서, 활시위의 소리만을 듣고도, 화살이 자신을 쏜 것이라고 오판하여, 필사적으로 위쪽으로 날아오르는 바람에 오래된 상처가 갈라지게 되었고, 그 결과 공중에서 떨어지게 되었던 것입니다."

Wèi wáng gèng jīngyà le, tā bùjiě de zhuīwèn : "Yàn zài kōngzhōng fēi, nǐ yòu shì zěnme zhīdào de ne？" GèngYíng jìxù jiěshì shuō, "Zhè zhī dàyàn fēi de hěn màn a, érqiě jiàoshēng hěn bēicǎn, zhè hé píngshí shì bù yíyàng de；fēi de hěn màn, shì yīnwèi tā jiù shāngkǒu zuò tòng, jiàoshēng bēicǎn, shuōmíng tā líkāi qúnyàn hěn jiǔ le。Jiùshāng méiyǒu quányù, hàipà de xīnqíng jiù hái méiyǒu wánquán xiāoshī, tīngdào gōngxián de shēngxiǎng, yǐwéi yǒu jiàn yào shè xiàng tā, jiù pīnmìng de xiàng shàng fēi, yǐnqǐ le jiùshāng kāiliè, zìrán jiù cóng kōngzhōng zhuìluò xiàlái le。"

魏王은 사리에 모두 들어맞는 그의 분석을 듣고, 은근히 그의 관찰 능력에 감탄할 수밖에 없었고, 이후에 많은 국가 대사를 처리하는데 있어서, 갈수록 更赢을 중용하게 되었다.

Wèi wáng tīng tā fēnxi de tóutóushìdào, bùdébù ànàn pèifú tā xìzhì de guānchá nénglì, hòulái zài xǔduō guójiā dàshì de chǔlǐ shàng, yuèláiyuè zhòngyòng GèngYíng le。

옛날에, 어떤 사람이 새 집을 짓고, 친구를 한 명 초청하여, 친구는 매우 기뻐하며, 들락날락하고, 안팎으로 구경하며, 이따금 새집의 아름다움과 편안함을 찬탄했다.

Gǔ shíhòu, yǒu gè rén jiàn le xīnfáng, yāoqǐng yí ge péngyou qù zuò kè. Péngyou hěn gāoxìng, jìnjìnchūchū, lǐlǐwàiwài de cānguān zhe, shí bù shí de zàntàn xīnfáng de piàoliang hé shūshì.

끝으로 새 부엌에 이르렀는데, 그는 아궁이에 있는 그 굴뚝이 곧게 뻗고, 아궁이 옆에는 땔감이 많이 있는데, 아궁이에서 특히 가까운 위치에 있어, 자칫하면 화재가 날 위험이 있다는 것을 발견했다. 그는 곧바로 친구에게 말했다: "자네는 굴뚝을 구부러진 것으로 바꿔야하고, 땔감도 조금 멀리 두어야 하네, 그렇지 않으면, 바람이 불면 부엌에서 불이 날 걸세!"

Zuìhòu láidào le xīn chúfáng lǐ, tā fāxiàn zào shàng nà yāncōng qì de bǐzhí, zàopáng háiyǒu hěn duō cháicǎo, lí zàotángkǒu tèbié jìn, yī bù xiǎoxīn jiù yǒu fāshēng huǒzāi de wēixiǎn. Tā mǎshàng duì péngyou shuō: "Nǐ yīnggāi bǎ yāncōng gǎi chéng wānqū de, cháicǎo yě yào fàng de yuǎn yìdiǎn, bùrán de huà fēng yì chuī chúfáng lǐmiàn jiù huì fāshēng huǒzāi!"

주인은 의심스런 눈초리로 친구를 보게 된 것이, 원래는 친구가 자기 집 잘 지었다고 칭찬해주어서 매우 기뻤지만, 그러나 방금 새로 수리한 굴뚝을 고쳐야 한다고 하고, 게다가 화재가 날 거라는 불길한 말을 하니, 그는 기분이 썩 달갑지 않았다. 그러나 체면 때문에 기분을 제대로 드러낼 수 없어, 아무렇게나 얼버무리고 말았다.

Zhǔrén yíhuò de kànkan péngyou, běnlái tīng péngyou kuājiǎng zìjǐ de fángzi jiàn de hǎo, hái tǐng kāixīn de, kěshì péngyou què shuō gānggāng xīnxiū de yāncōng xūyào gǎi, érqiě hái shuō fāshēng huǒzāi zhèyàng huìqì de huà, tā jiù búlèyì le. Búguò ài yú miànzi yě méiyǒu biǎoxiàn de hěn míngxiǎn, zhǐshì húluàn de zhīwú le yìshēng.

친구는, 마침 따뜻한 마음씨를 가진 사람인지라, 주인집에 머무는 하루 내내, 그는 이 우환의 가능성을 줄곧 입에 올리더니, 떠날 때조차 주인에게 당부하는 것을 잊지 않는 것이었다. 하지만 이 주인은 조금도 마음속에 담아두지 않은 채, 완전히 한쪽 귀로 듣고, 한쪽 귀로 흘려버렸다.

Péngyou ne, gānghǎo shì ge rèxīncháng, zài zhǔrén jiā de yì zhěngtiān lǐ, tā zǒngshì diànjì zhe zhège yǐnhuàn, línzǒu hái méiyǒu wàngjì dīngzhǔ zhǔrén. Kěshì zhège zhǔrén yìdiǎnr yě méi fàngzài xīnshàng, wánquán shì zuǒ ěrduo jìn, yòu ěrduo chū le.

친구가 떠난 지 며칠 안 되어, 그의 집엔 불이 났는데, 불꽃은 부뚜막에서 비롯된 것이, 친구가 처음에 말한 것과 완전히 똑같았다. 막 새 집을 지은 사람으로서 심정은 몹시 안타까웠고, 특히나 그렇게 많은 심혈을 기울여 고친 집이라서 더욱 안타까웠다. 주위의 따뜻하고 선량한 마을이웃들이 짙은 연기에 휩싸인 모습을 보고 급히 달려와 불끄기를 도와주었다. 물을 나르는 사람, 물건을 나르는 사람, 도구를 들고 있는 사람 등, 모두가 제각기 바쁘게 움직였다. 역시 사람의 수가 많으니 발휘되어지는 힘도 커서, 얼마 안 있어, 화재는 진압이 되었다.

Péngyou zǒu hòu méi jǐ tiān, tā jiā jiù zháohuǒ le, huǒmiáo jiùshì cóng zàotái nàlǐ yǐnqǐ de, hé péngyou dāngchū suǒ shuō de wánquán yìmúyíyàng. Gāng jiàn xīnfáng de rén xīnlǐ fēicháng jiāojí, yě fēicháng dānxīn, tā tèbié xīnténg huāfèi le nàme duō xīnxiě xiūjiàn de fángzi ǎ. Sìxià lǐ rèqíng shànliáng de xiāng lǐ xiānglín kàndào nóngyān gǔngǔn dōu máng pǎo lái bāngmáng jiùhuǒ : Duān shuǐ de, bān dōngxi de, ná gōngjù de, dàjiā fēnbié gèzì mánglù zhe. Guǒrán shì rén duō lìliàng dà, bù yíhuìr, dàhuǒ jiù bèi pūmiè le.

자신의 새 집이 화재를 다행히 면한 것을 보고, 주인은 너무 기뻤다. 여러 마을 어른들께 감사함을 나타내기 위해, 그는 가족들에게 소를 잡아 술상을 차리게 하고, 잘 차린 술상을 여럿 준비하여, 감사의 뜻을 나타냈다. 불을 끄는 데 도움을 준 모든 사람들은, 불을 끄느라 머리를 그슬리고 이마를 데었든, 아니면 단지 옆에서 몇 번 소리만 쳤든 간에 관계없이, 공로 크기에 따라 좌석을 배치했다. 모두 함께 먹고 마시고, 정말 시끌벅적했다. 그러나 유독 그에게 애초 연통을 구부러지게 바꾸라고 조언했던 친구는 초대 받지 않았다.

Kàndào zìjǐ de xīnfáng xìngmiǎn yú huǒzāi, zhǔrén fēicháng gāoxìng; wèile dáxiè zhòng fùlǎo xiāngqīn, tā ràng jiā lǐ rén zǎiniú bǎi jiǔ, zhǔnbèi le jǐ zhuō fēngshèng de jiǔcài, lái biǎodá xièyì。 Suǒyǒu bāngmáng jiùhuǒ de rén, bùguǎn shì yīnwèi jiùhuǒ shāo de jiāotóulàné de, hái shì jǐnjǐn zhǐ zài pángbiān hǎn le jǐ shēng de, dōu àn gōngláo dàxiǎo pái le zuòwèi。 Dàjiā yìqǐ chī chī hē hē, hǎo bú rènào。 dànshì, wéidú méiyǒu qǐng nàge zuìchū gěi tā jiànyì, ràng tā bǎ yāncōng gǎi wānqǔ de péngyou。

주인은 여전히 화재 발생의 근본원인을 깨닫지 못하고 있었던 것이다! 만일 그가 당초에 친구의 건의를 듣고 굴뚝을 구부러지게 바꾸고, 장작들을 아궁이에서 멀리 옮겨놓았더라면, 지금처럼 소를 잡아 술상을 마련하느라 돈을 쓸 필요도 없었을 것이며, 물론 이번 화재도 일어나지 않았을 것이다!

Zhǔrén háishì méiyǒu yìshí dào fāshēng huǒzāi de gēnběn a! Jiǎrú tā dāng chū tīngcóng péngyou de jiànyì, bǎ yāncōng gǎi wānqǔ, bǎ cháihuǒ nuó kāi zàokǒu, xiànzài yě jiù búyòng zǎiniú bǎi jiǔ de huāfèi, dāngrán yě gēnběn bú huì fāshēng zhè chǎng huǒzāi le!

87 거들먹거리기를 좋아하는 소인배
Xiǎorén dézhì de Cáo Shāng

송나라에 조상曹商이라는 사람이 있었는데, 그는 송나라 왕 아래에서 일하는 대신이었다. 어느 날, 송나라 왕은 그를 진나라에 외교사절로 파견했다. 위세를 드러내기 위해, 송나라 왕은 사절단의 진용을 상당히 호화롭게 꾸리기로 결정했다. 그래서 그는 많은 수행원들로 하여금 조상을 따르게 하고, 또 그에게는 호화롭게 장식되어진 마차 몇 대와 대량의 재물을 제공하여, 사절단으로 하여금 도중에 쓸 수 있게 하였다. 조상은 진나라에 도착하자, 진나라 왕의 접대를 받았다. 그는 언변이 뛰어나고, 진나라 왕의 마음을 잘 헤아릴 줄 알아, 그의 비위를 잘 맞추었던지라, 진나라 왕의 환심을 사 기쁘게 만들었다.

Sòng guó yǒu ge jiào Cáo Shāng de rén, shì Sòng wáng shǒuxià de yì míng dàchén。 Yǒu yì huí, Sòng wáng pài tā chūshǐ Qín guó。 Wèi le zhuàngdà shēngshì, Sòng wáng juédìng bǎ shǐtuán de zhènróng gǎo de háohuá yìxiē。 Yúshì tā wěipài le zhòngduō suícóng gēn zhe Cáo Shāng, yòu wèi tā pèibèi le jǐ liàng zhuāngshì háohuá de chē, yǐjí dàliàng de cáiwù, gòng shǐtuán lùtú shàng kāixiāo。 Cáo Shāng lái dào Qín guó, dédào le Qín wáng de jiēdài。 Yīnwèi tā néngshuōhuìdào, dǒngde chuāimó Qín wáng de xīnsī, yòu shànyú qǔyuè Qín wáng, yúshì bǎ Qín wáng hǒng de hěn gāoxìng。

256

조상이 작별을 고하고 귀국하려하자, 진나라 왕은 무척 아쉬워했다. 길을 떠나기 전, 진나라 왕은 조상에게 백 대의 마차를 주어, 그로 하여금 폼 나게 송나라로 돌아가게 하였다. 조상은 이 백 여대의 마차를 대열로 맞추어서, 기세등등하게 송나라로 향했다. 가는 길에 장자의 집 앞을 지나가게 되었는데, 조상은 그의 명성을 익히 알고 있던 터라, 겸사겸사 들르게 되었는데, 기실은 자신을 뽐내기 위해서였다.

Cáo Shāng gàocí huí guó, Qín wáng hái zhēn yǒu xiē bù shě. Línxíng qián, Qín wáng sòng gěi Cáo Shāng yì bǎi liàng chē, ràng tā fēngfēng guāng guāng de huí Sòng guó. Cáo Shāng bǎ zhè yì bǎi duō liàng chē biān chéng chēduì, hàohàodàngdàng de xiàng Sòng guó jìnfā. Tújīng Zhuāngzǐ jiā ménkǒu, Cáo Shāng jiǔwén qí dàmíng, jiù shùnbiàn bàifǎng yíxià, qíshí zhǔyào shì wèi zìwǒ xuànyào.

장자庄子는 초라한 집에서 그를 맞이했다. 장자 일가의 가난한 모습과 자신의 지위를 비교하여보던 조상은, 허세 가득한 목소리로 과장하여 말했다. "장 선생님, 정말 대단하시네요. 짚신을 짜서 생계를 유지하고, 이렇게 좁은 골목 안에서 살며, 피골이 상접하신데도 여전히 낙관적으로 사시다니요. 당신의 이런 수양되어진 모습은 저 조상은 비교할 수가 없습니다. 그런데 그거 아세요? 진나라에 가서, 제가 만승지국인 진나라 왕을 만족시켰나봅니다. 그가 저에게 백대의 마차를 하사했으니까요. 이것 참 자랑할 만하지 않습니까?" 조상은 장자를 너무도 모르고 있었던 것이, 그가 장자 앞에서 늘어놓은 것이야말로 장자가 전혀 거들떠보지도 않는 것들이었다.

Zhuāngzǐ zài jiǎnlòu de jiā lǐ jiēdài le tā. Duìbǐ Zhuāngzǐ yì jiā shēnghuó de kùnjiǒng hé zìjǐ dìwèi de xiǎnhè, Cáo Shāng zhìdéyìmǎn de chuīniú shuō : "Zhuāng Zhōu xiānsheng, nǐ zhēn liǎobùqǐ ya, nǐ yīkào biānzhī cǎoxié wéichí jiānnán de shēngjì, zhù zài pínkùn de zhǎixiàng lǐ, miànhuángjīshòu de, kěshì réngrán bù gǎi lèguān de tàidù. Nǐ zhèzhǒng xiūyǎng shì wǒ Cáo Shāng bù néng bǐ de. Kěshì, nǐ zhīdào ma, chūshǐ Qín guó, wǒ néng shǐ zhè ge wànchéng zhī guó de guójūn mǎnyì, tā shǎngcì le wǒ yì bǎi liàng chē, zhè shì wǒ Cáo Shāng zhídé xuànyào de běnshì." Yào shuō Cáo Shāng zhēn shì tài bù liǎojiě Zhuāngzǐ le, tā zài Zhuāngzǐ miànqián xuànyào de, zhèng shì Zhuāngzǐ búxièyígù de dōngxi.

장자는 조상의 소인배 같은 득의양양한 모습을 보고, 속으로 가소롭게 생각하며, 조상에게 한 이야기를 들려주었다. 장자가 말했다. "듣자하니, 진나라 왕은 의사를 불러 병을 고칠 때, 의사의 행동거지에 따라, 보수를 몇 등급으로 나눈다더군요. 의사가 진나라 왕의 독창을 치료하고 없애주면, 그에게 마차 한 대와 맞먹는 값을 주고, 혀로 진나라 왕의 치질을 핥아 병세를 약화시킨 의사에게는 다섯 대의 마차에 맞먹는 보수를 준다하더이다. 의사가 사용하는 수단이 품격이 낮을수록, 그가 얻는 보상은 더 많다는 것이지요. 그대는 진나라 왕으로부터 그토록 많은 보수를 받았으니, 진나라 왕을 위해 어떤 일을 했을까 알 수가 없구려. 그대도 치질을 고쳐준 건 아니오? 구역질 나오게 하지 말고, 어서 가시오!"

Zhuāngzǐ kàn Cáo Shāng yí fù xiǎoréndézhì de yàngzi, xīnli juéde hǎo xiào, yúshì jiù gěi Cáo Shāng jiǎng le yí ge gùshì. Zhuāngzǐ shuō : "Wǒ tīngshuō, Qín wáng qǐng yīshēng zhì bìng, àn yīshēng de biǎoxiàn, bǎ chóuláo fēn wéi jǐ ge děngjí. Yīshēng gěi Qín wáng zhìliáo dúchuāng, néng shǐ dúchuāng xiāosàn de, jiù shǎng gěi tā xiāngdāng yú yí liàng chē de qián ; kěn yòng shétou wèi Qín wáng shì zhìchuāng, shǐ tā de téngtòng shāojiǎn de yīshēng, jiù shǎng gěi tā xiāngdāng yú wǔ liàng chē de chóuláo. Yīshēng shǐyòng de shǒuduàn yù shì bēixià, tā dédào de chóuláo jiù yuè duō. Géxià nín dédào Qín wáng nàme hòuzhòng de bàochóu, bùzhī dōu wèi Qín wáng gàn shénme la? Shì bú shì yě wèi Qín wáng zhìliáo zhìchuāng láizhe. Nín bié èxīn wǒ la, háishì zǎo diǎn líkāi ba!"

조상은 원래 자기자랑을 하려 했건만, 그가 어찌 장자를 말로 넘어가게 할 수 있겠는가. 그는 장자한테 핀잔을 들어 쥐구멍이라도 찾아들어가고 싶은 심정이 되어, 끝내 풀이 죽어 그곳을 떠나고 말았다.

Cáo Shāng běn xiǎng xuànyào zìjǐ, kě tā nǎli shuōdeguò Zhuāngzǐ ya。 Tā bèi Zhuāngzǐ shǔluò de hènbude zhǎo ge dìféng zuàn jìnqù, zhǐhǎo chuítóu sàngqì de líkāi le。

장자가 이 이야기를 하는 것은, 우리들에게 생활 속에서 종종 자신을 드러내고자 애쓰는 지도급 인사들일수록, 지위를 탐하고, 사리를 취할 때, 더욱 수단과 방법을 가리지 않는다는 점을 알려주려는 것이다.

Zhuāngzǐ jiǎng zhè ge gùshì, shì yào gàosù dàjiā, zài shēnghuó zhōng, wǎngwǎng yuè shì zìwǒ xuànyào de dáguān xiǎnguì, tāmen zhuīqiú dìwèi、 móuqǔ sīlì de shíhòu, yuè shì bù zé shǒuduàn。

259

아빠의 몰래한 사랑
Bàba ànzhōng shīyǔ de ài

재미있는 미국산 이야기가 하나 있다. 어린 사내아이가 하나 있었는데, 어릴 때부터 소아마비에 걸려, 다리를 절름거렸고, 이 병은 그로 하여금 고르지 않은 이를 갖게 하여, 추해보이게 한 결과, 이 아이는 어릴 때부터 냉대를 받아야만 했다. 어린 친구들은 그가 절름발이인데다 못생긴지라, 누구도 그와 함께 놀려 하지 않았다.

Yǒu yí ge Měiguó de xiǎo gùshì hěn yǒuyìsī. Yí ge xiǎo nánhái, cóng xiǎo dé le jǐsuǐ huīzhìyán, tuǐ qué le, zhè ge bìng hái dǎozhì tā zhǎng le yì kǒu cēncī bùqí de yáchǐ, hěn bù hǎokàn, suǒyǐ zhè háizi cóng xiǎo jiù bèi shòu lěngluò. Xiǎo huǒbàn men dōu juéde tā yòu qué yòu bù hǎokàn, dōu bù gēn tā zài yìqǐ wán.

하루는, 그의 아버지가 어린 묘목 한 줌을 들고 와, 자신의 여러 자녀들에게 말을 했다. "너희들 한 사람 당 묘목 한 개씩 가져다가 심거라, 가장 잘 키우는 사람에게 선물을 사줄 것이다."

Yǒu yì tiān, tā de fùqīn ná le yì bǎ xiǎo shùmiáo huílái, gēn tā de duō ge érnǚ shuō: "Nǐmen yí ge rén ná yì kē shùmiáo qù zhòng, kàn shéi de shù zhòng de zuì hǎo, wǒ jiù gěi tā mǎi lǐwù."

이 사내아이는 형 누나들과 함께 묘목을 가져다 심었다. 이 아이는, 늘 냉대를 받았던지라, 일종의 자포자기 심리상태가 있었다. 그는 묘목에게 한두 번 물을 주고는, 마음속에 소극적인 생각이 생겨났다. "에이, 몰라, 그 나무더러 일찍 죽어버리라고 하지 뭐, 어쨌든 난 환영받지 못하는 아이이니까, 선물을 받고 싶어 해도 받을 수 없을 거야." 그리하여 그는 더 이상 그 나무에게 물을 주지 않았다.

Zhège xiǎo nánhái gēn tā de gēgē jiějiě yìqǐ ná le shùmiáo zhòng xiàqù. Zhè háizi ne, yóuyú lǎo shòu lěngluò, jiù yǒu yì zhǒng zìbàozìqì de xīntài. Tā gěi nà kē shùmiáo jiāo le yì liǎng huí shuǐ yǐhòu, xīn lǐ jiù yǒu yì zhǒng hěn xiāojí de xiǎngfǎ. Tā xiǎng: "Wǒ bù guǎn le, hái bùrú ràng wǒ nà kē shù zǎozǎo sǐ le ne, wǒ fǎnzhèng shì bú shòu rén xǐhuān de háizi, wǒ zài xiǎng yào lǐwù yě bú huì dédào de." Yúshì tā jiù zài yě bù gěi nà kē shù jiāoshuǐ le.

하지만, 나중에 그는 자신의 나무가 다른 사람들 것보다 더 잘 자라는 것을 알게 되었다. 그 나무는 아주 빨리 자라고, 이파리도 아주 번들거렸다. 이것은 아주 튼튼한 나무였다.

Kěshì, hòulái tā què fāxiàn, tā nà kē shù què zhǎng de bǐ biérén de hǎo. Nà kē shù zhǎng de tèbié kuài, shùyè zhǎng de tèbié xiānliàng. Zhè shì yì kē tèbié zhuózhuàng de xiǎo shù.

아버지는 끊임없이 그에게 말해주었다. "아이구야, 얘야, 너 이담에 크면 식물학자가 되겠는 걸. 넌 정말이지 천재구나, 네 나무는 어쩜 이렇게 잘 자라니?"

Fùqīn búduàn de duì tā shuō: "Tiān na, érzi, nǐ zhǎngdà huì chéngwéi yí ge zhíwùxuéjiā de. Nǐ zhēn shì tiāncái, nǐ de shù zěnme zhǎng de zhème hǎo ne?"

얼마인가가 지나자, 아버지는 말씀하셨다. "모두들 봤지? 이 묘목들 중에서, 이 아이가 심은 나무가 잘 자랐으니, 내 선물은 그에게 사 줄 것이다." 아버지는 이 사내아이에게 그가 특히 좋아하는 선물을 사주었다.

Guò le yí duàn shíjiān, fùqīn shuō: "Dàjiā dōu kànjiàn le, zài zhèxiē shùmiáo zhōng zhǐyǒu zhège háizi zhòng de zuì hǎo, wǒ de lǐwù děi mǎi gěi tā." Yúshì fùqīn gěi zhège xiǎo nánhái mǎi le yí ge tā tèbié xǐhuān de lǐwù.

그 후, 이 아이는 계속해서 격려를 받았고, 끝내는 이것은 하늘의 뜻이라는 생각을 하게 되었다. 어느 날 한밤중에 그는 잠이 오지 않아, 마음속으로 "책에서 말하길 식물들은 모두 밤에 큰다고 하던데, 가서 내 나무에게 물을 더 줄까보다"라고 생각했다.

Hòulái, zhè háizi búduàn shòudào gǔlì, tā jiù xiǎng, zhè shì tiānyì. Yǒu yì tiān bànyè, tā shuìbuzháojiào, xīn xiǎng: "Shū shàng shuō zhíwù dōu shì zài bànyè shēngzhǎng, wǒ qù gěi wǒ de shù zài jiāo diǎn shuǐ ba."

그가 뛰어나왔을 때, 그는 놀라운 광경을 보게 되었다. 그의 아버지가 그의 나무에 한 바가지 한 바가지씩 물을 주고 있는 것이 아닌가? 그는 퍼뜩 사건의 진상을 알아차리게 되었다, 그의 아버지는 매일 밤마다 몰래 그를 위해 그의 나무에 물을 주셨던 것임을. 이 나무는 그의 아버지가 그의 마음속에 심은 의식으로, 이 아이로 하여금 자신감을 갖게 하려 한 것이었다.

Tā pǎo chūlái de shíhòu, jīngyà de fāxiàn, tā de fùqīn zài nà kē shù biān zhèng yì sháo yì sháo de jiāoshuǐ. Tā tūrán míngbái, tā de fùqīn měitīn yèlǐ dōu zài qiāoqiāo de wèi tā jiāozháo zhè kē xiǎo shù. Zhè kē xiǎo shù jiùshì tā de fùqīn zài tā xīnlǐ zhòng xià de yí ge yìshí, ràng zhè ge háizi zìxìn qǐlái.

이 사실을 알아차린 후, 이 아이의 생명에 대한 태도는 바뀌었다. 훗날, 그는 식물학자가 되지 않았고, 미국대통령이 되었다. 그는 바로 프랭클린富兰克林 루즈벨트罗斯福였다.

Kàjiàn zhè yí mù yǐhòu, zhè ge háizi duì shēngmìng de tàidù jiù gǎibiàn le. Hòulái, tā méiyǒu chéngwéi zhíwùxuéjiā, érshì chéng le Měiguó zǒngtǒng. Tā jiùshì Fùlánkèlín·Luósīfú.

이 짧은 이야기는 물론 허구인 것이, 역사상의 루즈벨트는 39세 때에야 병이 난 것으로 되어있다. 하지만 이 이야기는 사람으로 하여금 깊이 생각하게 하는 무언가를 담고 있다. 그것은 바로 부모의 자식에 대한 사랑으로, 이러한 사랑은 영원토록 드러나게 할 필요도 없고, 영원토록 자녀로 하여금 알게 할 필요도 없다.

Zhè zé xiǎo gùshì zìrán shì xūgòu de, yīnwèi lìshǐ shàng de Fùlánkèlín·Luósīfú shì zài sān shí jiǔ suì shí cái yīn bìng zhì cán. Dànshì zhè zé xiǎo gùshì fǎnyìng le mǒ xiē lìng rén shēnsī de zhélǐ. Zhè jiùshì fùmǔ duì érnǚ de ài a, zhè zhǒng ài yǒngyuǎn bù xūyào zǒu dào yángguāng dǐxia, yǒngyuǎn bù xūyào ràng érnǚ zhīdào.

89

그 아버지에 그 아들
Fēi qí fù bù shēng qí zǐ

옛날, 제齊나라에 어떤 부자가 있었는데, 재산이 많기로 유명해, 지역에서 제일가는 갑부였다. 그에겐 두 명의 아들이 있었는데, 어릴 때부터 꿀단지에 빠져서 자란지라, 먹고 마시고 노는 데는 정통했지만, 모두 더할 수 없이 우둔하고, 특히 사리에 어두웠다. 부자는 그의 아들들을 너무나 오냐오냐 키운지라, 그들을 교육한 적조차 없었다. 눈 깜짝할 사이에 두 아들은 성인이 되었으니, 외모는 그럴듯했고, 체구는 산 만해졌지만, 온종일 아무것도 하지 않고, 한가롭게 빈둥거리기만 했다.

Gǔshíhòu, Qí guó yǒu ge fùrén, jiācái wàn guàn, fù jiǎ yìfāng. Tā yǒu liǎng ge érzi, cóng xiǎo zài mìtáng guàn lǐ pào zhe zhǎngdà, chīhēwánlè yàngyàng jīngtōng, dàn dōu tèbié yúbèn, yóuqí bùmíng shìlǐ. Fùrén duì tā de érzi wànbān nì'ài, cónglái dōu bú jiàoyù tāmen. Zhuǎnyǎnjiān, liǎng ge érzi dōu zhǎngdà le, daòshì yìbiǎoréncái, réngāomǎdà, dànshì chéngtiān wúsuǒshìshì, xiányóuhuàngdàng.

그 지역에 학식이 풍부하고 덕망이 높은 지혜로운 자가 있었는데, 艾子라고 불렀다. 艾子는 도저히 눈뜨고 볼 수가 없어서, 이 부자에게 엄숙한 어조로 말하기를: "당신의 아들들은 생긴 건 그럴듯하지만, 지식을 습득하지 않아서, 둘 다 세상물정을 모르니, 당신은 그 많은 재산을 나중에 그들에게 어떻게 관리하라고 하실 겁니까?"

Dāngdì yǒu ge xuéshí yuānbó, dégāo wàngzhòng de zhìzhě jiaò Àizǐ. Àizǐ shízài kànbúxiàqù le, jiù yánsù de duì zhè ge fùrén shuō : "nín de érzi suīrán zhǎng de bú huài, kěshì yě bù xuéxí zhīshì, gègè dōu bù míngbái rénqíngshìgù, nín nàyàng fēnghòu de jiāchǎn, yǐhòu ràng tāmen zénme lái guǎnlǐ ne?"

_____

_____

_____

애자는 정말 고민되어 한 말이었지만, 이 아비 된 자인 부자는 오히려 그걸 느끼지 못하고 있었다. 다른 사람이 자신의 아들들을 비평하는 것을 듣자, 그는 화가 나서 분노하며 대답했다: "제 아들들은 모두 똑똑하고, 거액의 재산이 있어, 그들은 없는 것이 없고, 하고 싶은 것은 뭐든지 다 할 수 있습니다. 어떻게 사리를 모르며, 집을 관리를 못하겠습니까?"

Àizǐ zhuóshí shì yípiàn kǔxīn, kěshì zhè ge zuò fùqīn de fùrén què méiyǒu tǐhuì dào. tīngdào biérén pīpíng zìjǐ de érzi, tā hěn shēngqì, qìfèn de huídá: "wǒ de érzi dōu hěn cōngmíng a, wǒmen yǒu zhe wàn guàn jiācái, tāmen yīngyǒujìnyǒu, xiǎng zuò shénme jiù néng zuò shénme. zěnme huì bù míngbái shìlǐ, guǎnlǐ bu liǎo jiā ne?"

_____

_____

_____

_____

이 아버지가 이렇게 완고한 것을 보고, 애자 역시 화가 났지만, 그는 화를 누르고, 여전히 인내하며 부자에게 말했다: "당신네는 확실히 부유하지만, 이것과 당신의 아들들이 사리를 모르는 것과는 아무런 관련도 없습니다. 다른 거는 시험할 필요 없이, 당신은 오직 당신의 아들들에게 쌀이 어디서 왔냐고 물어보면, 당신은 이내 이해가 될 것입니다." 잠시 멈췄다가 애자가 이어서 말했다: "만약에 그들이 옳은 답을 한다면, 저는 근거 없는 말을 한 죄를 달게 받겠습니다."

Kàndào zhège fùqīn zhème wángù, Àizǐ yě dòngqì le, búguò tā yā zhe nùqì, réngrán nàixīn de duì fùrén shuō: "nín jiā quèshí hěn fùyǒu, dànshì zhè hé nín de érzi men shìfǒu míngbái shìlǐ méiyǒu rènhé de guānxi. búyòng kǎoyàn biéde, nín zhǐ yào wèn nín de érzi men mǐ shì cóng nǎlǐ lái de, nín jiù míngbái le." dùn le dùn, Àizǐ jiēzhe shuō: "rúguǒ tāmen dáduì le, nà wǒ yuànyì chéngdàn shuō xiāhuà de zuìguo. "

그 부자는 급히 두 명의 아들을 불러, 다급하게 물었다.: "얘들아, 너희는 우리가 먹는 쌀이 어디서 생겨나는지 아느냐?"

Nà ge fùrén jímáng zhǎo lái liǎng ge érzi, jíqiè de wèndào: "háizimen, nǐmen zhīdào wǒmen chī fàn de mǐ shì nǎlǐ lái de ma?"

266

큰 아들이 히죽히죽 웃으며 답했다.: "이건 간단합니다. 쌀은 우리 집 식량 창고의 양식 주머니에서 가져오는 거잖아요! 거기에 아주 많이 있어서, 저는 매번 하인이 그곳에 가서 꺼내는 것을 봤어요!"

Dà érzi xiàoxīxī de huídá: "zhè hěn jiǎndān a, shì cóng zánmen jiā liángcāng de liángshí kǒudài lǐ qǔ lái de a! nàlǐ hěn duō de, wǒ měicì dōu kànjiàn púrén qù nàlǐ qǔ a!"

부자는 말을 듣자 눈살을 찌푸리면서, 연신 고개를 내저었다. 작은 아들은 아버지가 기뻐하지 않는 모습을 보더니, 곧 대답했다.: "형 말은 틀렸어, 쌀은 큰 길에 있는 쌀가게에서 사오는 거야! 저길 봐, 저렇게 많은 사람들이 쌀 포대를 들고 가 저곳에서 쌀을 사잖아, 우리 집 쌀도 저기서 사온 거야!"

Fùrén tīng le zhòu zhe méi, zhí yáotóu, xiǎoérzi yí kàn fùqīn bù gāoxìng, mǎshàng jiēhuà dào: "nǐ shuō de bú duì, mǐ shì cóng dàjiē de mǐpū lǐ mǎi lái de a! nǐ kàn nàme duō rén dōu ná zhe mǐdàizi qù nàlǐ mǎi mǐ qù, wǒmén jiā de mǐ yěshì cóng nàlǐ mǎi lái de!"

말을 마치자, 그는 득의양양하게 아버지를 쳐다보는 폼이, 마치 그의 칭찬을 기대하는 눈치였다. 하지만, 이 부자의 얼굴은 일찌감치 새파랗게 질려있었고, 목구멍은 무언가에 막힌 것처럼, 한마디도 말을 꺼낼 수 없었다.

Shuō wán le, tā hái déyì de kànkan fùqīn, fǎngfú zài děngdài zhe tā de kuājiǎng síde。 kěshì, zhège fùrén de liǎn zǎo yǐjīng biàn de tiěqīng le, hóulóng fǎngfú bèi shénme dōngxi yēzhù le, yí jù huà yě shuō bu chūlái。

애자는 그들 세 부자의 난처해진 모습을 보면서, 옅은 미소를 지으며 자리를 떴다. 출발하면서 그는 의미심장하게 말을 남겼다.: "이런 아버지가 아니었더라면, 이런 아들들도 태어나지 않았을 것이야!"

Àizǐ kàn zhe tāmen fùzǐ sān rén de gāngà múyàng, wēixiào zhe zǒukāi le, línzǒu tā yìwèi shēncháng de shuō: "bú shì tā zhèyàng de fùqīn, yě shēngbuchū zhèyàng de érzi lái a!"

90

거짓말을 즐긴 양치기 소년(이솝우화)
Lèyú piàn rén de mùtóng

어린 목동은 매일같이 양떼들을 몰고서 초원에서 방목하는데, 양들은 말을 잘 들어, 언제나 얌전히 어린 목동을 따라서 풀밭에서 풀을 뜯곤 했다. 어린 목동은 매일같이 이런 한가로운 나날을 보냈는데, 그는 점점 일이 재미없게 느껴졌다.

Xiǎo mùtóng měitiān dōu gǎn zhe yángqún zài cǎoyuán shàng fàngmù, yángr men yě dōu hěn tīnghuà, zǒngshì guāiguāi de gēnzhe xiǎo mùtóng zài cǎodì shàng chī cǎo。 Xiǎo mùtóng měitiān dōu guò zhe zhèyàng yōuxián de rìzi, dàn tā què jiànjiàn juéde shífēn méijìn le。

또다시 아주 재미없게 느껴지는 하루였다, 어린 목동은 뭘 해도 기운이 나지 않았다, 그는 축 늘어져서 풀 위에 앉아, 사방을 바라보며, 뭐 좀 재미있는 일이 없을까 생각했다. 그는 멀리 내다보다, 눈길이 갑자기 한 곳에 멈춰졌다. 그는 마을 사람들이 바쁘게 일하는 모습을 발견했다, 농사짓는 사람도 있고, 닭에게 모이 주는 사람도 보이고…… 목동은 또 눈을 양떼들에게 주노라니, 얼굴에는 교활한 웃음이 떠오르는 것이었다, 이유인즉, 이때 그의 머릿속엔 간계한 꾀가 하나 떠올랐기 때문이었다.

Yòu shì yí ge shēn gǎn wúliáo de rìzi, xiǎo mùtóng wúlùn gān shénme dōu tí bu qǐ jīngshén lái, tā lǎnyángyáng de zuò zài cǎodì shàng, sìchùzhāngwàng zhe, xiǎng zhǎo diǎnr shénme yǒuqù de shì zuò zuò! Tā wàng ya wàng ya, yǎnguāng tūrán tíngzhù le。 Tā kànjiàn cūnzi lǐ de rénmen mánglù de shēnyǐng, yǒude zhòngtián, yǒude wèi jī …… Mùtóng yòu bǎ yǎnguāng yìxiàng yángqún, liǎnshàng fúxiàn chū yí ge hěn jiǎohuá de xiàoróng, yīnwèi, zhèshí tā de nǎohǎi zhōng yǐjīng xiǎngchū le yí ge guǐdiǎnzi。

목동은 몸을 일으켜 마을 입구로 돌려, 온힘을 다해, 크게 소리쳤다. "살려주세요! 늑대가 왔어요! 늑대가 왔어요!" 그는 소리치고 또 펄쩍 뛰는 모양이, 마치 진짜로 죽을 것 같고, 진짜로 늑대가 나타난 것 같았다. 마을사람들은 살려달라는 소리를 듣고, 곧바로 하고 있던 일을 내려놓고, 몽둥이와 곡괭이를 들고, 이쪽으로 달려왔다. "늑대 어디 있어? 늑대 어디 있어?" 마을사람들은 급히 달려오느라 헐떡대며, 사방을 둘러보았지만, 늑대의 모습은 하나도 보이지 않았다.

Mùtóng qǐshēn zhuǎnxiàng cūnkǒu, yòngjìn quánshēn de lìqì, dàshēng de hǎn zhe : "Jiùmìng ya! Láng lái le! Láng lái le!" tā yòu jiào yòu tiào, fǎngfú zhēnde méimìng le, zhēnde láng lái le。 Cūnmín men tīngdào qiújiùshēng, lìkè fàngxià shǒu lǐ de huór, zhuā qǐ gùnzi、chútou, cháo zhèbiān gǎn lái。 "Láng zài nǎr? Láng zài nǎr?" Cūnmín men pǎo de shàngqì bù jiē xiàqì, sìchùzhāngwàng, què zhǎobudào yì zhī láng de yǐngzi。

목동은 마을사람들이 모두 자신에게 속임을 당한 것을 보자, 웃느라 허리를 못 필 지경이었다. 놀림을 당한 마을사람들은 죄다 화를 내며, 목동이 너무 개구쟁이 짓이 심하다며 엄하게 꾸짖고는, 마을로 일을 하러 돌아갔다. 목동은 자신의 행동에 대해 전혀 후회하는 기색이 없이, 여전히 재미있어 했다.

Mùtóng kànjiàn cūnmín men dōu bèi tā yúnòng le, xiào de jiǎnzhí zhíbuqǐ yāo lái! Bèi yúnòng de cūnmín men dōu hěn shēngqì, dàjiā xùnchì mùtóng tài tiáopí le, biàn huí dào cūnzi gàn huór qù le。 Mùtóng què duì zìjǐ de xíngwéi háowú huǐyì, hái juéde tǐng yǒuyìsi。

며칠이 안지나, 목동은 또 양떼를 지키는 일이 너무 지겨워져, 또 한 차례 즐거운 일거리를 찾아 시간을 보낼 생각을 했다. 목동은 생각했다. 그래봤자 한 차례 더 욕을 들어먹기밖에 하겠어! 그는 다시 한 번 못된 장난을 치기로 작정했다. 목동은 또 다시 마을 쪽을 향해 소리쳤다. "늑대가 왔어요! 살려주세요! 누구 와서 제 양들 좀 살려주세요!" 마을사람들은 목동의 살려달라는 외침을 듣고, 곧바로 농구들을 들지는 않고, 모두 속으로 혹시나 하는 마음을 가졌다……

Méi guò jǐtiān, mùtóng yòu juéde kānshǒu yángqún shífēn wúliáo le, yòu xiǎng zhǎo diǎnr lèzi lái dǎfā shíjiān. Mùtóng xīnxiǎng : zuìduō zài ái dàjiā yídùn mà bei! Tā juédìng zài yícì èzuòjù. Mùtóng yòu yícì cháo cūnkǒu hǎn zhe : "Láng lái le! Jiùmìng ya! Shéi lái jiù wǒ de yáng ya!" Cūnmín men tīngdào mùtóng de qiújiùshēng, bìng méiyǒu mǎshàng zhuā qǐ gōngjù, dàjiā xīnlǐ pánsuàn zhe ……

하지만 마음씨 착한 마을사람들은 여전히 생각하기를, '만에 하나 정말로 늑대가 왔는데, 아무도 가서 도와주지 않는다면, 저 꼬마애가 너무 불쌍하지!' 그래서, 모두가 다시 무기들을 들고 다급하게 달려왔다, 모두가 도착해보니, 또 목동에게 속은 것임을 알고, 마을사람들은 화가 나 목동을 호되게 꾸짖고는, 다시는 상관하지 않으리라 다짐을 했다.

Dàn shànliáng de cūnmín réng xīnxiǎng : wànyì zhēnde láng lái le, méiyǒu rén qù bāng tā, nà xiǎoháizi jiù tài kělián le! Yúshì, dàjiā háishì ná qǐ wǔqì cōngcōngmángmáng de gǎn guòlái le, dàjiā yí dào, fāxiàn yòu bèi mùtóng yúnòng le, cūnmín men qì de bǎ mùtóng chòumà le yídùn, juéxīn bú zài guǎn tā.

3일이 지나, 목동이 막 양떼를 몰고 초원에 도착한 지 얼마 되지 않아, 갑자기 부근에서 여러 마리의 늑대가 달려 나와, 양떼를 덮치는 것이었다. 목동은 놀라서 갈팡질팡하며, 죽어라 소리를 질렀다. "살려주세요! 살려주세요! 늑대가 정말 왔어요! 정말 왔어요! 정말이에요! 살려주세요!"

Guò le sān tiān, mùtóng gānggāng bǎ yángqún gǎndào cǎoyuán shàng bùjiǔ, tūrán, cóng fùjìn chōng chū hǎo jǐ tiáo yěláng, zhí púxiàng yángqún. Mùtóng jīnghuāngshīcuò, pīnmìng dà jiào : "Jiùmìng ya! Jiùmìng ya! Láng zhēnde lái le! Zhēnde lái le! Zhēnde! Jiùmìng ya!"

마을사람들은 다 들었지만 아무런 행동도 하지 않고, 한 마디만 했다. "흥! 또 거짓말 하는 군! 이번엔 우리를 속일 생각 하지 말거라!"

Cūnmín men tīngjiàn le què méiyǒu rènhé xíngdòng, zhǐshì shuō le jù : "Hēng! Yòu zài sāhuǎng le! Zhècì xiūxiǎng zài yúnòng wǒmen!"

목동은 죽어라 소리쳤다. "늑대가 정말 왔어요! 누구 좀 와서 도와줘요!" 하지만, 그가 아무리 소리쳐도, 아무도 그를 도우러 오는 사람이 없었다. 이리하여, 목동은 눈뜬 채로 늑대가 양떼를 다 먹어치우는 꼴을 바라보기만 할뿐이었다.

Mùtóng pīnmìng de hǎn : "Láng zhēnde lái le! Shéi lái bāng bāng wǒ ya!" Kěshì, wúlùn tā zěnme hǎn, méiyǒu yí ge rén gǎn lái bāng tā. Jiù zhèyàng, mùtóng yǎnzhēngzhēng de kàn zhe yěláng bǎ yángqún dōu gěi chī le.

---

91 배워서 하는 것과 변통의 차이

Zhīshì yǔ jīngyàn zhī jiān

에디슨爱迪生의 실험실에는 일찍이 유명한 대학을 졸업하고, 수학도 잘하는 에디슨의 유능한 조수가 있었다.

Zài Àidíshēng de shíyànshì lǐ, céngjīng yǒu yí ge rén bìyè yú míngpái dàxué, shùxué hěn hǎo, shì Àidíshēng de délì zhùshǒu。

에디슨은 실험을 하느라 바빠서, 조수에게 배 모양의 유리전구를 주며, 어서 이 유리전구의 부피를 계산하라고 했다. 이 조수는 순간 멍해지면서, 큰 곤란을 겪게 되었다. 그는 이 배 모양 물건의 부피를 어떻게 계산할지 궁리했다. 그것은 밑 부분은 둥글고, 윗부분은 길쭉한 것으로, 부피를 계산해낼 수 있는 공식을 찾을 수가 없었다.

Àidíshēng zuò shíyàn, máng bú guòlái, shùnshǒu ná le yí ge lí xíng de bōlípào gěi zhè ge zhùshǒu, ràng tā gǎnkuài bǎ zhè ge lí xíng bōlípào de róngjī jìsuàn chūlái。 Zhè ge zhùshǒu yìshí fāmēng, kě zhēn shì fàn le dà nàn。 Tā xiǎng, zhè ge lí xíng de dōngxi zěnme suàn róngjī? Tā xiàbànduàn shì yuán de, shàngbànduàn shì cháng de, jiùshì zhǎobudào yí ge gōngshì lái jìsuàn tā de róngjī。

에디슨은 한참을 실험에 열중했고, 한참이 지난 후에야, 조수가 거기서 아직도 많은 측정

기를 들고 만지작거리며 측량하고 있는 것을 보았다. 에디슨은 더 이상 참지 못하고, 후다닥 하니 그 배 모양 유리전구를 들어서, 그 안에 물을 가득 채운 후, 그 물을 계량컵에 따른 후, 조수에게 이게 그 용기의 부피라고 말해주었다.

Àidíshēng zhèng máng zhe zuò shíyàn, guò le hǎo cháng shíjiān, kànjiàn zhùshǒu hái zài nàr bǎinòng, ná zhe xǔduō yíqì zài cèliáng jìsuàn. Àidíshēng rěnbuzhù le, shùnshǒu ná guò nà ge lí xíng bōlípào, zài lǐmian guàn mǎn le shuǐ, ránhòu bǎ shuǐ dào zài yí ge liángbēi lǐ, gàosu zhùshǒu, zhè jiùshì tā de róngjī.

배운 것을 실제로 활용한다는 것은 무엇인가? 진정한 학문은 종종 가장 단순한 곳에 있곤 한다. 에디슨의 이 이야기가 그 예증이다.

Shénme shì xuéyǐzhìyòng ne? Zhēnzhèng de xuéwèn wǎngwang shì zài zuì jiǎndān de dìfang. Àidíshēng de zhè ge gùshi jiùshì lìzhèng.

초빙에 얽힌 더욱 재미있는 한 이야기가 있다. 한 회사 사장이 비서를 모집하는데, 세 명의 지원자가 지원을 했다. 한 명은 굉장히 고학력자인 박사이고, 한 명은 10년 이상의 업무 경험을 가진 자였고, 나머지 한 명은 앞선 두 사람만 못해, 학력이 충분하게 높지도 않고, 업무 경험이 많지도 않은, 졸업한 지 얼마 되지 않은 평범한 대학생이었다.

Yǒu yí ge zhāopìn gùshi shuō de gèng yǒuyìsi. Yí ge zǒngjīnglǐ yào zhāopìn zhùlǐ, tóngshí yǒu sān ge yìngpìn de rén: Yí ge rén yǒu fēicháng gāo de xuélì, shì bóshì; ìng yí ge rén yǒu shí nián yǐshàng de gōngzuò jīngyàn; háiyǒu yí ge rén, xiǎnrán bùrú qián liǎng zhě, xuélì búgòu gāo, gōngzuò jīngyàn yě búgòu duō, shì gāng bìyè bù jiǔ de pǔtōng dàxuéshēng.

사장은 자신의 사무실에서 비서에게 말했다. "그들 모두 들어오라고 하시오." 비서가 말했다. "당신은 그들을 어디에 앉히실 겁니까? 당신 책상 앞쪽은 텅 비어있어, 의자 한 개도 없습니다." 사장이 말을 했다. "그대로 진행합시다."

Zǒngjīnglǐ zài zìjǐ de bàngōngshì, duì mìshū shuō: "Jiào tāmen dōu jìnlái ba。" Mìshū shuō: "Nǐ ràng tāmen zuò nǎr? Nǐ de bàngōng zhuō qiánmiàn dōu kōng zhe, méi yì bǎ yǐzi。" Zǒngjīnglǐ shuō: "Jiù zhèyàng ba。"

박사가 첫 번째로 들어왔고, 사장은 웃으며 말했다. "앉으세요." 박사는 유독 난처해하며, 이리저리 쳐다보며 의자가 없자, "그냥 서 있겠습니다."라고 말을 했다. 사장은 다시 말했다. "앉으세요." 박사가 말했다. "앉을 곳이 없습니다." 그러자 사장이 웃으며 그를 보고 몇 가지 질문을 하고는, 곧 그를 내보냈다.

Bóshì dì yí ge jìnlái le, zǒngjīnglǐ xiào zhe gēn tā shuō: "Qǐng zuò。" Nà bóshì tèbié gāngà, sìchù kànkan méi yǐzi, shuō: "Wǒ jiù zhànzhe ba。" Zǒngjīnglǐ hái shuō: "Qǐng zuò。" Bóshì shuō: "Wǒ méiyǒu dìfang zuò a。" Zǒngjīnglǐ kànkan tā, xiào le xiào, wèn le tā jǐ ge wèntí, jiù ràng tā zǒu le。

두 번째 사람이 들어왔고, 사장은 또 그에게 "앉으세요."라고 말했다. 그는 아첨하는 얼굴로 겸손하게 말했다. "아닙니다. 저는 서 있는 것이 습관이 되어있습니다. 그냥 이대로 진행하시죠." 사장은 그와 몇 마디를 나눈 후, 내보냈다.

Dì èr ge rén jìnlái le, zǒngjīnglǐ yòu gēn tā shuō "qǐng zuò", tā jiù yì liǎn chǎnmèi, hěn qiānbēi de shuō: "Búyòng, wǒ dōu zhàn guàn le, zánmen jiù zhème liáo ba." Zǒngjīnglǐ gēn tā liáo le jǐ jù hòu, ràng tā zǒu le.

학생이 세 번째로 들어왔고, 사장은 "앉으세요."라고 말했다. 그는 사방을 둘러보더니 말했다. "제가 밖에서 의자 하나를 옮겨와도 되겠습니까?" 사장은 그러라고 말했다. 이 학생은 밖으로 나가서 의자를 갖고 와, 앉은 후 바로 사장과 면담을 나눴다. 최후엔, 이 학생이 남겨졌다.

Xuésheng dì sān ge jìnlái le, zǒngjīnglǐ shuō "qǐng zuò", tā sìxià kànkan shuō: "Nín néng yǔnxǔ wǒ dào wàimiàn qù bān yì bǎ yǐzi ma?" Zǒngjīnglǐ shuō: "Kěyǐ a." Zhè ge xuéshēng chūqù bān le bǎ yǐzi jìnlái, zuò xià hòu jiù gēn zǒngjīnglǐ liáo qǐlái. Zuìhòu, zhè ge xuésheng bèi liú le xiàlái.

이 이야기는 어떤 의미를 담고 있나? 첫 번째 사람은 지식이 많지만, 융통성이 없었다. 두 번째 사람은 경험은 많았지만, 경험의 한계를 뛰어넘지 못했다. 세 번째 사람은 지식과 경험의 사이에 있어서, 그는 어떻게 하는 것이 가장 적합한지를 알고 있었다.

Zhè ge gùshi shì shénme yùyì ne? Dì yì ge rén kěnéng zhīshì hěn duō, dànshì tā bùnéng biàntōng. Dì èr ge rén jīngyàn hěn duō, dànshì tā yòu shòu jīngyàn de júxiàn. Dì sān ge rén jiè hū zhīshì hé jīngyàn zhī jiān, tā zhīdào zài zěnmeyàng zuò shì zuì héshì de.

92

내 가치는 어디에 있나

Wǒ zìjǐ de jiàzhí hé zaì ?

어떤 젊은 제자가 고승에게 가서 물었다, 그가 말하길, "밝은 인생길을 가르쳐주십시오, 저의 인생은 도대체 얼마만큼의 가치가 있는 것일까요?"

Yǒu yí gè niánqīng de dìzǐ qù wèn yí wèi dà chánshī, tā shuō: "Qiú nǐ zhǐgěi wǒ yì tiáo guāngmíng de rénshēnglù ba。 Nǐ shuō shuō wǒ de rénshēng dàodǐ néng yǒu duō dà jiàzhí?"

이 고승은 무덤덤하게 그에게 물었다. "쌀 한 근의 가치가 얼마나 되겠나?" 젊은이가 넋이 나간 채로 있자, 오직 고승의 대꾸만이 들려왔다. "쌀 한 근은, 시골 아낙의 눈에는, 2, 3그릇의 밥일 뿐이라네. 쌀을 파는 농민의 눈에는 쌀은 그저 1원의 가치밖에 없지. 그러나 만약 이 한 근의 쌀이 쭝쯔를 만드는 사람의 손에 들어가면, 그는 조금 더 가공을 해서 팔아, 3원의 가치가 되네. 그 것이 과자를 만드는 상인의 손에 들어가면, 다시 더 가공을 해서, 이 한 근의 쌀은 5원의 가치가 되네. 만약 그 것이 조미료 만드는 사람의 손에 들어가면, 추출하여, 이 쌀은 8원의 가치를 생산해내기 충분하네. 그것이 양조하는 사람의 손에 들어가면, 그는 이 쌀을 이용해 술을 빚어, 이 한 근 쌀은 40원의 가치를 생산해 낼 것이네. 하지만, 이것이 끝이 아니네, 이 한 근 쌀의 가치는 더 개발 되어 질 수 있네. 하지만, 쌀은 여전히 그 한 근 쌀일 뿐이네. 이해하겠는가?"

Zhège dà chánshī dàndàn de wèn tā: "Nǐ shuō yì jīn mǐ yǒu duō dà jiàzhí?" Niánqīngrén lèngzhù le, zhǐ tīngdào chánshī shuō: "Yì jīn mǐ, rúguǒ zài nóngfù yǎnlǐ, tā jiùshì liǎng sān wǎn mǐfàn éryǐ. Zài yí ge mài mǐ de nóngmín yǎnlǐ, tā jiù zhí yí kuài qián éryǐ. Rúguǒ zhè yì jīn mǐ dào le yí ge bāo zòngzi de rén shǒu lǐ, tā shāowēi jiā jīagōng mài chūqù, jiù zhí sān kuài qián. Tā dào le yí ge zuò bǐnggān de shāngrén shǒu lǐ, zài jiā jīagōng, zhè yì jīn mǐ jiù zhí wǔ kuài qián. Rúguǒ tā dào le yí ge zuò wèijīng de rén shǒu lǐ, tíliàn tíliàn, zhè jīn mǐ jiù nénggòu chǎnshēng chū bā kuài qián de jiàzhí. Tā dào le yí ge niàngjiǔ de rén shǒu lǐ, tā yòng zhège mǐ niàng chū jiǔ lái, zhè yì jīn mǐ jiù kěnéng chǎnshēng sìshí kuài qián de jiàzhí. Dànshì, zhè hái dōu búshì biān, zhè yì jīn mǐ de jiàzhí hái kěyǐ zài kāifā xiàqù. Búguò, mǐ háishì nà yì jīn mǐ. Nǐ míngbai le ma?"

사실, 고승의 요지는 인생의 가치를 어떻게 볼 것이냐는 것이다. 모든 사람들이 이 세계의 구성원이 되면서, 우리 누구나 각자가 손 안에 자기 일생동안의 "한 근 쌀"을 가지고 태어나는 것으로, 우리는 자신의 생명을 한 두 그릇의 밥으로 지어낼 지, 아니면 우리의 생명을 양조로 가게 하여, 추출 가공을 할 지? 당신의 방법을 어떻게 선택할지는, 다른 사람 손에 달린 것이 아니라, 당신 자신의 손에 달린 것이다. 그렇다면, 우리가 아직도 다른 사람이 자신을 알아주지 않는다고 걱정해야 하겠는가? 사실은 당신 스스로가 당신을 이해하지 못하고 있는 것이다. 우리는 말한다, 자신의 마음을 편하게 갖는 것은, 실제로는 내적인 개발과 자신의 가치를 제대로 확인하는 데 있는 것이라고.

Qíshí, chánshī jiǎng de jiùshì gāi rúhé kàndài rénshēng de jiàzhí. Měi ge rén láidào zhège shìjiè shàng, tóngyàng jìnrù shèhuì, wǒmen rén rén shǒulǐ dōu yǒu zìjǐ shēngmìng de "yì jīn mǐ", wǒmen shì bǎ zìjǐ de shēngmìng zuò yì liǎng wǎn mǐfàn, háishì ràng zìjǐ de shēngmìng qù niàngjiǔ, qù tíliàn jīagōng? Rúhé xuǎnzé nǐ de zuòfǎ, zhè ge quánlì bú zài biérén shǒu lǐ, ér zài nǐ zìjǐ shǒu lǐ. Nàme, wǒmen hái huì hàipà biérén bù liǎojiě zìjǐ ma? Qíshí shì nǐ zìjǐ bù liǎojiě zìjǐ。 wǒmen shuō, āndùn hǎo zìjǐ de nèixīn, shíjì shàng jiùshì zài nèixīn kāifā hé quèrèn hǎo zìjǐ de jiàzhí。

또 한 이야기가 있다. 한 젊은이가 한 노인에게 물었다: "이 무한한 모래사장 위에, 작은 모래알이 이렇게 많은 걸 보니, 저는 제 자신이 큰 바다에 던져진 작은 좁쌀처럼 느껴집니다, 저는 어떻게 해야 내 자신의 가치를 잘 드러낼 수 있을까요?"

Yòu yǒu yí ge gùshi shuō de hěn hǎo。 Yí ge niánqīngrén wèn yí wèi lǎorén: "Zhè yípiàn wúyín de shātān shàng, xiǎo shālì jiù yǒu zhème duō, wǒ jiù xiàng cānghǎiyísù yíyàng, wǒ zěnmeyàng cái nénggòu xiǎnshì chū zìjǐ de jiàzhí?"

노인이 작은 모래알 하나를 주우며, 말했다: "자네는 이것이 자네라고 생각하네. 내가 손을 놓아 이것을 모래사장 위에 떨어뜨린다면, 자네는 나에게 발견되어질 수 있겠는가?" 젊은이가 말했다, 그것은 당연히 못 찾지요, 모래사장이 온통 모래투성이이기 때문이죠. 노인이 또 품속에서 진주 한 알을 꺼내며, 툭 소리를 내며 바닥에 떨어뜨리며, 말했다: "자네는 나에게 저것을 주워 줄 수 있겠나?" 젊은이는, 그것은 당연히 가능한 것이, 다르기 때문이라고 답했다. 그는 곧바로 주워들었다.

Lǎorén jiǎn le yí lì shāzi, shuō: "Nǐ juéde zhè jiùshì nǐ ba。 Wǒ yì sāshǒu bǎ nǐ diào zài shātān shàng, nǐ hái néng gěi wǒ zhǎozháo ma?" Niánqīngrén shuō, nà dāngrán zhǎobùzháo, mǎn shātān dōu shì shāzi. Lǎo rén yòu cóng huáilǐ tāo chū yì kē zhēnzhū, pādā yì shēng diào zài dìshàng, shuō: "Nǐ néng gěi wǒ bǎ zhè ge jiǎn qǐlái ma?" Niánqīngrén shuō, nà dāngrán kěyǐ, yīnwèi bùtóng a. Tā jiù jiǎn qǐlái le.

노인이 말했다: "이제 자네는 깨달았겠지. 자네는 어째서 자신을 먼저 진주로 만들지 못하는 가? 이 이치를 안다면, 자네는 아직도 다른 사람이 자신을 찾아내지 못한다고 걱정할 것인가?"

Lǎorén shuō: "Nà nǐ jiù míngbai le ba. Nǐ zěnme jiù bù néng ràng zìjǐ xiān zuò chéng yì kē zhēnzhū ne? Rúguǒ zhèyàng, nǐ hái pà biérén jiǎnbùqǐ nǐ lái ma?"

다른 사람이 자넬 알아주지 않는다고, 반드시 우뢰와 같이 발을 구르고 고함을 쳐야 하겠는 가? 반드시 조급하게 해명을 해야 하겠는가? 반드시 세계를 향해 증명해야 하겠는가? 다른 사람이 자넬 알아주지 않더라도, 자네 또한 분노하지 말게나, 이것이 군자의 마음가짐일세.

Biérén bù liǎojiě nǐ, nǐ jiù yídìng yào bàotiàorúléi ma? Yídìng yào zháojí biànjiě ma? Yídìng yào xiàng shìjiè zhèngmíng ma? Biérén bù liǎojiě nǐ, nǐ yě bú fènnù, zhè cái shì jūnzǐ de qínghuái.

93

단결의 위력
Dān jiàn yì zhé

옛날, 초원에 토고혼(吐谷浑)이라는 부족이 있었는데, 이 부족의 우두머리인 阿豺는 스무 명의 아들이 있었다. 토고혼 부족은 수령인 아차이의 뛰어난 지도 아래 점점 더 강해졌다. 서서히 阿豺는 나이가 들어갔고, 누가 수령 자리를 물려받느냐가 그의 눈앞에 놓인 큰 문제가 되었다. 그의 아들들은 모두 이미 성인이 되어 모두 훌륭하게 되었는데, 누구를 후계자로 뽑아야한다지? 그는 마음속으로 망설이며 결단을 내리지 못했다.

Gǔ shíhòu, cǎoyuán shàng yǒu gè bùluò jiào Tǔgǔhún, zhè ge bùluò de shǒulǐng Āchái yǒu èr shi gè érzi。 Tǔgǔhún bùluò zài shǒulǐng āchái de jiéchū lǐngdǎo xià, fāzhǎn dé yuè lái yuè qiángdà。 Mànmàn de Āchái niánlíng dà le, yóu shuí lái jìchéng shǒulǐng de wèizhi chéng le bǎi zài tā miànqián de yí ge dà wèntí。 Tā de érzi men dōu yǐ zhǎngdà chéngrén, gègè dōu hěn chūsè, yāo xuǎn shuí lái zuò jìchéngrén ne？Tā xīnzhōng yóuyùbúdìng。

그 스무 형제는 저마다 은밀하게 힘겨루기를 하며, 몰래 세력다툼을 하며, 자신이 남과 다른 재능을 가졌음을 과시하려 하였다. 점차, 그들의 경쟁은 갈수록 뚜렷해졌고, 종종 사소한 일로 얼굴을 붉히고, 심지어는 서로를 공격하기도 했다. 부족 내의 신하와 장교들도 서로 다른 후계자를 지지하기 때문에, 몇 개의 파벌로 나뉘어져, 부족의 큰일을 의논할 때에도 종종 중구난방이 되어, 의사결정이 제대로 실행에 옮겨지기 어려웠다. 오랜 시간이 흐르자, 사이가 좋았던 형제들은 관계가 갈수록 악화되어, 지난날의 형제애는 이미 흔적도 없이 사라진 상태가 되었다.

Nà èr shí gè xiōngdì ne, yě gègè móquáncāzhǎng, sīxià lǐ ànàn jiàojìn, dōu xiǎng xiǎnshì chū zìjǐ yǔ zhòng bùtóng de cáihuá. Mànmàn de, tāmen zhēngdǒu de yuèláiyuè míngxiǎn, chángcháng wèi yí jiàn xiǎo shì jiù zhēng de miànhóngěrchì, shènzhì hùxiāng gōngjī. Bùluò lǐ de chénzi jiānglǐng men yě yīnwèi zhīchí bùtóng de jìchéng rén, fēnchéng le jǐ dà pàibié, shāngliáng bùluò dàshì de shíhou yě chángcháng shì zhòngkǒunántiáo, juéyì hěn nán shùnlì shíxíng. Jiǔ ér jiǔ zhī, běnlái xiāngchǔ róngqià de zhòng xiōngdì men, guānxì rìyì èhuà, wǎngrì de xiōngdì qíngyì zǎo yǐjīng xiāoshī de wúyǐngwúzōng le.

환갑을 넘긴 늙은 지도자는 이들의 싸움을 보며, 마음이 아팠고, 만일 그들의 싸움을 방치하면 상황이 더 나빠져, 형제 사이에 비극이 일어나게 되지 않을까 걱정이 되었다. 이것이야말로 그가 가장 보고 싶지 않은 결과인 것이다. 본래 같은 뿌리에서 났거늘, 왜 서로 아웅다웅해야 하나? 阿豺는 더 이상 상상하기도 싫었다. "반드시 저들을 제지할 방법을 생각해내야 한다!"그는 마음 속 깊이 자기에게 다짐했다. 그리하여, 阿豺는 머리를 짜내고 짜내며, 깊이 고민했다. 마침내 어느 날엔가, 그는 한 가지 방법을 생각해냈다.

Nián guò huājiǎ de lǎo shǒulǐng kàndào tāmen xiōngdì xiāngzhēng de zhuàngkuàng, gǎndào fēicháng tòngxīn, tā dānxīn rúguǒ fàngrèn tāmen de zhēngdǒu, qíngkuàng huì yǎnbiàn de yuèláiyuè zāo, gèng yǒu kěnéng xiōngdì xiāngcán. Nà kě shì tā zuì bú yuànyì kàndào de jiéguǒ a, běn shì tóng gēn shēng, xiāng jiān hé tài jí? Āchái dōu bùgǎn zài xiǎngxiàng le : "bìxū xiǎng chū bànfǎ lái zhìzhǐ tāmen !" Tā zài nèixīn shēnchù jiāndìng de gàosu zìjǐ。 Yúshì, āchái jiǎo jìn nǎozhī, míngsīkǔxiǎng。 Zhōngyú yǒu yìtiān, tā xiǎng dào le yí ge bànfǎ。

그는 스무 형제를 불러내어, 그들에게 "너희 각자가 화살 하나를 가지고 와서, 그것을 부러뜨려라!"라고 말하였다. 스무 명의 형제는 서로 얼굴만 마주 본 채 어찌할 바를 몰라 했다. 하지만 아버지가 시키신 일이니, 그들은 시킨 대로 따라할 수밖에 없었다. "찰칵찰칵"하는 소리가 잇따랐고, 스무 명의 형제의 손에 있던 화살들은 하나하나씩 가볍게 부러져 나갔다. 阿豺는 그 광경을 보고 미소를 지으며 그들에게 물었다. "아주 쉽지?" 형제들이 모두 고개를 끄덕였다.

Tā zhǎo lái èr shí gè xiōngdì, duì tāmen shuō : "Nǐmen gèzì dōu ná yì zhī jiàn lái bǎ tā zhēduàn !" Èr shí gè xiōngdì miànmiànxiāngqū, bù zhīdào zěnme huí shì。 Kěshì fùqīn yàoqiú tāmen zuò, tāmen yě zhǐhǎo zhào zuò le。 "Kǎchā kǎchā" de shēngyīn xiāngjì xiǎngqǐ, èr shí gè xiōngdì shǒu zhōng de jiàn yì zhī zhī qīngéryìjǔ de bèi zhēduàn le。 Āchái kàn bì, wēixiào de wèn tāmen, "Shì bú shì hěn róngyì ā ?" Zhòng xiōngdì dōu diǎn le diǎntóu。

그 후, 阿豺는 자신의 동생 慕利延에게 "너는 화살 스무 개를 합쳐서 그것을 부러뜨려라"
라고 말하였다. 慕利延은 명령을 받들어 스무 개의 화살을 가져다가 놓고 최선을 다하여
두 손으로 힘껏 끊어내려 시도하였다. 그러나 그가 아무리 힘을 써도, 그 20개의 화살은 꿈쩍
도 하지 않았고, 끊어질 기미도 보이지 않았다.

Zhīhòu, Āchái yòu duì tā de dìdi Mùlìyán shuō : "Nǐ ná èr shí gēn jiàn bǎ tāmen yìqǐ
zhēduàn。" Mùlìyán fúcóng mìnglìng, ná lái èr shí zhī jiàn fàngzài yìqǐ, jiéjìn quánlì,
shuāngshǒu shǐjìn de bāi qǐlái。 Kěshì, búlùn tā zěnme yònglì, nà èr shí zhī jiàn háishì wénsī
bú dòng, sīháo méiyǒu yào duàn de jīxiàng。

이를 본 阿豺는 의미심장하게 그의 스무 아들에게 말을 했다. "너희들 똑똑히 보았겠지?
하나의 화살은 쉽게 부러질 수 있지만, 스무 개를 함께 꺾기는 매우 어려운 일이다. 여기에는
어떤 이치가 있을까? 그것은, 너희가 한마음으로 협력하기만 한다면, 우리 강산과 국가의
사직은 영원히 튼튼하게 오래 갈 수 있다는 것이다. 하지만, 너희들이 서로 싸운다면, 우리
강산과 사직은 위험해진다는 것이다."

Kàndào zhè, Āchái yìwèi shēncháng de duì tā de èr shí gè érzi shuō : "Nǐmen dōu
kàndào le ba？ yì gēn dānjiàn hěn róngyì jiù zhē duàn le, kěshì èr shí gēn fàngzài yìqǐ zhé
jiù fēicháng kùnnán le。 Zhè lǐmiàn yǒu shénme dàolǐ ne？ zhè jiù shuōmíng, zhǐyào nǐmen
tóngxīn xiélì, wǒmen de jiāngshān shèjì jiù nénggòu yǒngyuǎn de gǒnggù chángjiǔ le。 Kěshì,
rúguǒ nǐmen gèzì zhēngdǒu, nà wǒmen de jiāngshān qiánjǐng jiù bǐjiào wēixiǎn le。"

모든 형제는 진지하게 아버지의 가르침을 받아들이게 되었고, 방금 전 화살을 꺾던 모습을 생각하면서, 모두 부끄러워하며 고개를 숙였다. 그 후로, 그들은 더 이상 싸우지 않게 되었고, 서로서로 의지하며, 서로서로 단결하였고, 그들의 부족도 점점 더 강하게 발전하게 되었다.

Zhòng xiōngdì rènrènzhēnzhēn de tīngzháo fùqin de jiàodǎo, yě xiǎng zhe gāngcái zhé jiàn de qíngjǐng, gègè dōu cánkuì de dīxià le tóu。 Cóngcǐ zhīhòu, tāmen zài yě bù zhēngdòu le, hùxiāng fúchí zhe, hùxiāng tuánjié, tāmen de bùluò yě jiù fāzhǎn de yuèláiyuè qiángdà le。

한 개의 화살은 쉽게 부러지지만, 한 줌의 화살은 쉽게 부러지지 않는다. 이 이야기는 단결이 곧 힘이라는 이치를 드러내는 것이다.

Yì zhī jiàn hěn róngyì bèi zhē duàn, yì bǎ jiàn què hěn nán zhéduàn。 Zhè ge gùshì jiēshì le yí ge dàolǐ : Tuánjié jiùshì lìliàng。

'大材小用'이란?
Shénme jiào dàcáixiǎoyòng?

옛날, 제나라에 개에 대해 연구를 많이 한 사람이 있었는데, 어떠한 개든 그에게 한 번 보여주기만 하면, 그는 그 개가 훌륭한 지 그렇지 않은 지, 민첩한지 둔한지를 가려낼 수 있었다. 사방 수십 리 되는 마을의 이웃들이 모두 그를 찾아와 개의 관상을 보게 했고, 그는 그때마다 모두를 만족한 상태로 돌아가게 했다.

Gǔshíhòu, Qíguó yǒu yī ge rén duì gǒu hěn yǒu yánjiū, bùguǎn shénmeyàng de gǒu gěi tā kàn yì yǎn, tā jiù néng fēnchū shì hǎo shì liè, shì mǐnjié háishì chídùn. Fāngyuán jǐ shí lǐ de xiānglǐ xiànglín dōu zhǎo tā xiàng gǒu, ér tā měicì dōu néng ràng dàjiā mǎnyì ér húi.

제나라 사람의 이웃 중에, 어찌된 일인지 집에는 항상 쥐들이 들끓는 집이 있었는데, 이 쥐들은 항상 구석진 곳에 숨어 있어서, 무슨 수를 써도 녀석들을 박멸할 수가 없었다. 쥐의 수는 갈수록 많아져, 곡창의 곡식을 먹다 말아 썩게 하거나 곡식을 훔쳐 먹는 것은 둘째 치고, 나중엔 책상과 의자를 물어뜯어 망가뜨리는 건 물론, 집 안의 옷가지까지도 안전치 못한 지경이 되어버렸다. 이웃은 너무나 고통스러워하여, 이 쥐들을 끔찍이도 저주했다. "이 못된 쥐들아, 내 반드시 너희들을 깨끗이 없애버리고 말겠다."

Qírén yǒu gè línjū, bù zhīdào zěnme huí shì, jiālǐ zǒngshì yǒu hěn duō lǎoshǔ, érqiě zhèxiē lǎoshǔ zǒngshì duǒ zài jījiǎo gālá lǐ, bùguǎn yòng shénme fāngfǎ jiùshì xiāomiè bù liǎo tāmén. Lǎoshǔ yuèláiyuè dūo, yǎolàn liángcāng tōuchī liángshi bù shūo, dào hòulái jìngrán kěn huài zhuōyǐ bǎndèng, jiù lián jiā lǐ de yīfú yě dōu bù néng xìngmiǎn. Línjū

286

fēicháng kǔnǎo, tā tèbié de tònghèn zhèxiē lǎoshǔ, "Zhèxiē kěwù de lǎoshǔ, wǒ yídìng yào bǎ nǐmén xiāomiè de gāngānjìngjìng!"

제나라 사람이 개의 관상을 잘 본다는 사실을 생각해낸 그는, 좋은 개를 한 마리 구해서 이 쥐들을 제압할 생각을 했다. 제나라 사람은 그의 생각이 어떠한지 알지 못했지만, 이웃이 그에게 도움을 청하자마자, 진지하게 그를 대신하여 개를 찾아주기로 생각하여, 그는 인내심을 갖고 고르기 시작하여, 꼬박 1년이 지나서야 한 마리를 찾아냈다. 제나라 사람은 개를 이웃에게 건네며, 만족스러운 표정으로 말했다. "이 녀석은 정말 좋은 개입니다. 몸집은 날렵하고, 후각도 예민한 것이, 저는 여태껏 이처럼 훌륭한 개는 본 적이 없습니다." 이웃은 너무나 기뻐서, 제나라 사람에게 연신 고맙다고 했는데, 그 흥분된 감정이 표정에 그대로 드러났다.

Xiǎngdào Qírén shàn yú xiàng gǒu, tā jiù xiǎngdào zhǎo yì zhī hǎo gǒu lái zhìfú zhèxiē lǎoshǔ。 Qírén bùzhīdào tā de xiǎngfǎ, yí kàn línjū zhǎo tā bāngmáng, yě jiù rènzhēn de tì tā zhǎo gǒu, tā nàixīn de wèi tā tiāoxuǎn, zúzú guò le yì nián zhōngyú zhǎodào le yì zhī。 Qírén bǎ gǒu jiāo gěi línjū, mǎnyì de duì tā shuō: "Zhè kě shì yì zhī hǎo gǒu ā, tā tǐxíng jiǎojiàn, xiùjué língmǐn, wǒ cónglái dōu méiyǒu jiàn guò zhèyàng hǎo de gǒu a!" Línjū fēicháng gāoxìng, duì Qírén liánshuō xièxiè, xīngfèn zhī qíng yì yú yánbiǎo。

제나라 사람이 떠나자, 이웃은 그 개를 쓰다듬으며 진지하게 말했다. "좋은 개야, 좋은 개야, 넌 날 위해 저 얄미운 쥐들을 하나도 남김없이 없애버려야 한다!" 그때부터 훌륭한 먹이로 개를 세심하게 돌보기 시작했다. 시간은 흐르는 물과 같아, 어느덧 1년이 지나갔다, 하지만 이웃집 쥐는 조금도 줄지 않고, 쥐로 인해 발생하는 재해는 이전보다도 더 심해진 것 같았다. 그 개는 훨씬 더 건장해져서, 눈에선 힘이 느껴졌지만, 쥐를 한 마리도 잡는 것을 본 적이 없고, 쥐는 개 턱밑까지 들락날락거리고, 심지어 상대의 눈을 끌고자하는 것처럼 큰 몸짓으로 나다니는 품이, 마치 상대를 인지하지 못하는 듯했다.

Qírén zǒu hòu, línjū fǔmō zhe nà gǒu, rènzhēn de duì tā shūo: "Hǎo gǒu a hǎo gǒu, nǐ kě yào gěi wǒ zhēngqì a, bǎ nàxiē kěwù de lǎoshǔ xiāomiè de yí gè bú shèng!" Cóngcǐ ne, tā yòng hǎo cài hǎo ròu xīxīn de zhàogù qǐ tā le。 Shíjiān rú líushuǐ, yíhuàng yì nián yòu guòqù le, kěshì línjū jiā de lǎoshǔ yìdiǎnr yě méiyǒu shǎo, shǔ zāi nào de sìhū bǐ yǐqián gèng yánzhòng le。 Nà zhī gǒu ne, zhǎng de dàoshì gèng jiànzhuàng le, mùguāng jiǒngjiǒng yǒushén, dàn cónglái méi kànjiàn tā bǔ gùo yì zhī lǎoshǔ, lǎoshǔ zài tā yǎnpí dǐxià cuàn lái cuàn qù, zhāoyáo guòshì, tā fǎngfú gēn méi kànjiàn yíyàng。

이웃은 더 이상 화를 억누를 수 없는 지경까지 되어, 씩씩거리며 제나라 사람을 찾아가 따지려 했다. 그의 넋두리를 듣고 난 제나라 사람은 더 이상 참지 못하고 깔깔 웃었다. "제가 찾아낸 개는 확실히 훌륭한 개입니다. 하지만 그녀석이 잡고자하는 것은 고라니, 사불상, 돼지, 사슴 같은 짐승이거늘, 당신은 그놈더러 쥐를 잡으라고 하니, 이 얼마나 우스운 일이 아니겠소?" 이웃이 여전히 매우 낙심한 채 불평해댔다. "그럼 난 저 녀석을 그렇게 오래도록 잘 먹여 키웠건만, 이것이 다 헛수고였단 말이오? 저 녀석은 정말 쥐는 잡을 수 없는 겁니까?" 제나라 사람은 하소연을 듣고, 잠시 멍하니 있다가, 한숨을 쉬며 대답했다 "안 되는 건 아닙니다, 만약 당신이 개의 뒷다리를 묶어 놓으면, 쥐를 잡을 수 있겠죠. 하지만 이렇게 된다면, 그야말로 이 훌륭한 개를 아깝게 만드는 것입니다." 말을 마치자, 제나라 사람은 자신도 모르게 난처해져버렸다.

Línjū bùyóude nùhuǒ zhōngshāo, tā qìfèn de qù zhǎo Qírén xiǎng wèn ge jiūjìng. Tīng bà tā de xùshù, Qírén rěnbuzhù hāhā dàxiào: "Wǒ zhǎo de gǒu díquè shì yì zhī hǎo gǒu a, dàn tā xiǎng bǔzhuō de shì zhāng、mí、zhū、lù zhè lèi yěshòu, ér nǐ què ràng tā lái bǔzhuō lǎoshǔ, zhè bú shì hěn kěxiào ma?" Línjū háishì hěn jǔsàng, tā bàoyuàn de shuōdào: "Nà wǒ yǎng le tā nàme jiǔ, chéngtiān hǎochī hǎohē de wèi zháo, nándào gōngfū dōu yào báifèi ma? Tā jiù zhēnde bùnéng bǔzhuō lǎoshǔ le ma?" Qírén yì tīng, léng le yíxià, tàn le yì kǒu qì, húidá shuō: "Yě búshì bù kěyǐ, rúguǒ nǐ bǎ gǒu de hòutuǐ shuān qǐlái, tā jiù néng bǔ lǎoshǔ le: dànshì zhèyàng de huà, kě zhēnde jiù kěxī le zhè zhī hǎo gǒu le!" Shuō bà, Qírén bùyóude nánguò le qǐlái。

야생동물을 잘 잡는 훌륭한 개더러 쥐를 잡게 시키는 것은, 황당한 노릇이다. 인재에 대한 억압과 매몰도, 훌륭한 개의 뒷다리를 매어 놓아 쥐를 잡게 시키는 것과 같은 이치이다. 이야 기 속의 제나라 사람은 伯樂으로, 그는 이웃이 개의 훌륭한 재능을 썩히는 것을 마음 아파하 고, 큰 재능을 허접한 용도로 쓰는 것에 난감해한 것이다.

Ràng shànyú bǔzhuō yěshòu de liǎng gǒu qù bǔ shǔ, zhè shì hěn huāngtáng de zuòfǎ; Duì réncái de yāyì hé máimò, jiù rútóng bǎng qǐ liǎng gǒu de hòutuǐ ràng tā bǔ lǎoshǔ yíyàng; Gùshì zhōng de Qírén shì shí gǒu de BóLè, tā àixī zhè zhī liǎng gǒu, wèi tā de cáihuá bèi yāyì hé máimò ér tòngxīn, wèi línjū duì tā dàcáixiǎoyòng ér nánguò。

고수의 경지
Gāoshǒu de jìngjiè

백락은 옛날 상마의 명수로, 진목공은 그를 매우 중용했다.

Bó Lè shì gǔshíhòu xiàngmǎ de gāoshǒu, Qín Mùgōng fēicháng zhōngyòng tā。

그러나 하루하루가 지나가면서, 백락은 서서히 노쇠해졌고, 진목공은 더 이상 백락처럼 정확하게 좋은 말을 골라낼 수 있는 자가 없을까봐 걱정이 되었다. 그리하여 어느 날, 그는 근심 가득하게 백락에게 말하길, "당신은 나이가 많은데, 당신 가족 중에 좋은 말을 찾아 올 수 있는 자가 있습니까?"

Kěshì rìzi yī tiān tiān guòqù, Bó Lè mànmàn de shuāilǎo le, Qín Mùgōng dānxīn zài yě méiyǒu rén néng xiàng Bó Lè nàyàng nénggòu jīngzhǔn de xiàng chū hǎo mǎ。 Yúshì, yǒu yì tiān, tā yōuxīn chōngchōng de duì Bó Lè shuō: Nǐ niánjì dà le, nǐ de jiāzú zhōng háiyǒu qítā rén nénggòu pàichū qù xúnzhǎo hǎomǎ ma?

백락은 자신의 희끗희끗한 수염을 만지작거리며 느릿느릿 대답했다. "보통 좋은 말은 형체, 외모, 근육의 분포, 뼈대로 알아낼 수 있습니다. 천하의 명마라고 할 수 있는 것은, 보일락 말락 하고, 있는 것도 같고 없는 것도 같이 확실치가 않습니다. 이런 말은 질주하기 시작하면, 모두 먼지를 일으키지도 않은 채, 자취를 감추곤 하죠."

Bó Lè niǎn le niǎn tā huābái de húzi, mànyōuyōu de huídá shuō: "Yìbān de hǎo mǎ kěyǐ cóng xíngtǐ, wàimào, jīnluò, gǔjià shàng kàn chūlái. Ér chèngdeshàng tiānxià juélún hǎomǎ de, nà shì ruò yǐn ruò xiàn, ruò yǒu ruò wú de: zhèyàng de mǎ bēnchí qǐlai, dōushì zú bù yáng chén, guò bú jiàn jì de."

진목공은 그러한 말을 본 적이 없는지라, 흥미가 동해서, 자신도 모르게 물었다. "그런 신마는 어디로 가야 찾을 수 있을까요? 누구를 보내 찾게 하는 게 옳을까요?"

Qín Mùgōng cónglái méiyǒu jiàn guo zhèyàng de mǎ, tīng de tā xìngqù shízú, bùyóudé wèndào: "Shì a, zhèyàng de shén mǎ yào dào nǎlǐ cái néng zhǎodào ne? Pài shéi qù zhǎo bǐjiào héshì ne?"

백락은 엷은 미소를 띠며 말했다. "저는 이미 늙고 쇠약해서, 아마도 이 일을 제대로 감당 해내지 못할 듯합니다. 제 자식들은 단지 저급한 수준의 인물들이라, 그들은 어떤 것이 좋은 말인지는 말할 수 있지만, 어떤 것이 천하의 명마인지를 밝힐 능력은 되지 않습니다. 저는 九方皋라고하는 짐꾼이자 나무꾼 친구가 있는데, 그의 말을 보는 능력은 저에 뒤지지 않습 니다. 제가 그를 추천해도 되겠습니까?"

Bó Lè wēiwēi xiào zhe shuō : "Wǒ yǐjing nián lǎo tǐ shuāi, kǒngpà shì lì bù cóng xīn le, wǒ de érzi men dōu zhǐshì xiē xiàděng de réncái, tāmen nénggòu shuō chū shénme shì hǎomǎ, dàn què shuō chū shénme shì tiānxià juélún zhī mǎ. Wǒ yǒu gè dān wù dǎ chái de péngyǒu jiào Jiǔ Fānggāo, tā xiàngmǎ de nénglì bú zài wǒ zhī xià. qǐng rhàng wǒ bǎ tā tuījiàn gěi nín."

진목공은 상을 잘 보는 후계자가 있다는 말을 듣자, 속으로 무척 기뻐하면서, 이내 九方皐를 불러서, 그에게 충분한 재물과 식량을 주어, 천하절륜의 말을 찾아 나서게 하였다.

Qín Mùgōng yì tīng xiàngmǎ hòujì yǒu rén, xīnzhōng dāngrán fēicháng gāoxìng, tā mǎshàng zhàojiàn le Jiǔ Fānggāo, pài fā gěi tā chōngzú de cáiliáng, ràng tā chūqù xúnzhǎo tiānxià juélún zhī mǎ。

석 달 뒤, 九方皐가 돌아와 진 목공을 뵙고 보고하기를, "좋은 말을 이미 찾았습니다. 바로 사구에 있습니다!" 진목공이 "어떻게 생긴 말인지 묘사할 수 있겠소?" 九方皐는 간단하게 아뢰길, "노란색 암말입니다." 진목공은 몹시 흥분해서, 급히 사람을 시켜 찾게 하였고, 얼마 지나지 않아, 말을 끌고 왔으나, 검은 수컷 말이었다. 진 목공은 화가 나서, 얼굴색이 곧바로 변하였고, 九方皐도 그에 의해 감금되어지고 말았다.

Sān gè yuè hòu ,Jiǔ Fānggāo jiù huílái le, bàijiàn Qín Mùgōng, bàogào shuō :"Hǎo mǎ yǐjing zhǎodào le, jiù zài shāqiū nàlǐ !" Qín Mùgōng wèn :"Shì shénmeyàng de mǎ ne? Nǐ néng miáoshù yīxià ma?" Jiǔ Fānggāo jiǎndān de huídá shuō: "Shì pǐ huángsè de mǔmǎ。" Qín Mùgōng tèbié xīngfèn, jímáng mìng rén qù zhǎo, bùyíhuìr, mǎ jiù qiān huílái le, quèshì pǐ hēisè de gōngmǎ。Qín Mùgōng hěn shēngqì, yánsè lìkè jiù biàn le, Jiǔ Fānggāo yě bèi tā guān qǐlái le。

진목공은 백락을 불러들여 책망하며 말했다. "이게 어찌된 일이오? 완전 엉터리이지 않소! 당신이 추천한 상마꾼은 색깔도 암수도 구분하지 못하거늘, 어찌 상마가 가능하겠소?"

Qín Mùgōng zhào lái Bó Lè, zéguài tā shuō: "Nǐ zhè shì zěnme huíshì ma? Jiǎnzhí shì zāogāo tòu le! Nǐ tuījiàn de xiàng mǎ rén, lián yánsè cíxióng dōu fēn bù qīngchu, zěnme nénggòu xiàng mǎ ne?"

백락은 듣기를 마치자 큰소리로 웃으며 말을 했다, "이것은 대왕께서 모르시는 말씀입니다." 진 목공의 의혹은 풀리지 않았다.

Bó Lè tīng le, hāhā dàxiào shuō: "Zhè dàwáng nín jiù yǒusuǒ bùzhī le。" Qín Mùgōng yíhuò bù jiě。

백락은 지체 없이 감탄을 연발하며 말을 받았다. "그가 이런 경지에까지 도달했군요! 이게 바로 그가 저보다 나은 점입니다! 구방고가 본 것은 모두 신의 경지에서야 느낄 수 있는 것들입니다. 그는 요점만 보고 하찮은 것은 보지 않았으며, 안쪽의 중심만 보고 겉모습은 지나쳤으며, 그가 관찰할 필요가 있는 것만 관찰하고 관찰할 필요가 없는 것은 빠트렸습니다. 구방고가 이렇게 파악해내는 말은 일반적인 우수한 말보다 훨씬 진귀한 좋은 말임이 분명합니다."

Bó Lè ne, zì gù zì de zézé zàntàn de jiēzhe shuōdào: "Méi xiǎngdào tā jìngrán dádào le zhè zhǒng dìbù le! zhè zhèng shì tā gāochū wǒ de dìfāng a! Jiǔ Fānggāo suǒ kàndào de, dōushì tiānjī a! Tā zhǐ kànjiàn jīng ér hūshì le cū, zhǐ kànjiàn nèi zhōng ér hūshì le wàibiǎo, zhǐ kànjiàn le tā suǒ xūyào kàn de ér hūshì le tā suǒ bù xūyào kàn de, zhǐ guānchá dào tā suǒ xūyào guānchá de ér yílòu le tā suǒ bù xūyào guānchá de。 Jiǔ Fānggāo zhèyàng xiàng chū de mǎ, yídìng shì bǐ yìbān de liáng mǎ gèng zhēnguì de hǎo mǎ a!"

진목공은 그래도 믿음이 덜 가는 지, 말을 아는 여러 사람을 찾아가 관찰해 보고 타보게 한 결과, 모두가 이 말에 대해 칭찬이 끊이지 않는 것이었다. 진 목공은 결국 백기를 들고 말았다. 九方皐는 결국 백락의 뒤를 이어 진나라의 전문 상마인이 되었다.

Qín Mùgōng sìhū hái yǒu diǎn bù gǎn xiāngxìn, háishì zhǎo le hǎo jǐ gè dǒng mǎ de rén, ràng tāmen qù guānchá qù qí shì, dàjiā dōu duì nà mǎ zàn bù juékǒu。 Qín Mùgōng zuìhòu yě xīnfúkǒufú le。 Jiǔ Fānggāo ne, yě chéngwéi le jì Bó Lè zhī hòu Qín guó zhuānmén de xiàng mǎ rén。

구방고의 상마법은 말의 겉모습에만 머물지 않고, 그는 말의 내재된 면을 살펴, 말의 주된 특징을 잘 포착하여 좋은 말을 색출해냈으니, 비록 말의 색깔과 암수여부를 주의하지 않았으나, 이런 것들은 모두 좋은 말을 판단하는데 있어 별반 중요치 않은 것들이다. 우리들도 모두 사람, 일, 사물을 대할 때, 본질적인 특징을 다잡아야지, 표상만을 중시해서는 안 된다.

Jiǔ Fānggāo xiàngmǎ bù dāndān tíngliú zài mǎ de wàibiǎo, tā gèng zhùzhòng guānchá mǎ de nèizài, tā zhuāzhù hǎomǎ de zhǔyào tèzhēng xiàng chū hǎo mǎ, suīrán hūshì le mǎ de yánsè hé cíxióng, dàn zhèxiē dōu shì wúguān jǐnyào de。 Wǒmen měi gè rén zài duìdài rén、 shì、 wù de shíhou. yào zhuāzhù běnzhì tèzhēng ér bù néng zhǐ zhùzhòng biǎoxiàng。

곧은 심지의 중요성
Cháng Yáng xué jiàn

옛날 옛적에 常羊이라 불리는 사람이 있었는데, 그는 현지의 명궁수인 屠龍子朱에게 활 쏘기를 배우고 싶어 했다.

Gǔ shíhòu yǒu gè jiào ChángYáng de rén, tā xiǎng xiàng dāngdì de shénjiànshǒu Tú Lóngzǐzhū xuéxí shèjiàn。

활쏘기를 배우기 전에, 屠龍子朱가 상양에게 물었다. : "자네는 활쏘기의 이치를 이해하고 있는가? 자네는 화살을 어떻게 쏴야 명중시킬 수 있는지 아는가?"

Kāishǐ xuéxí qián, Tú Lóngzǐzhū wèn tā: "Nǐ míngbái shèjiàn de dàolǐ ma? Nǐ zhīdào jiàn zěnyàng cái néng shèzhòng ma?"

상양은 고개를 절레절레 흔들며, 아무것도 알지 못한다 하였다.

ChángYáng yáoyáo tóu, biǎoshì shénme yě bù zhīdào。

屠龍子朱는 웃으며 말했다.: "그럼 내가 자네에게 이야기를 하나 들려주겠네. 옛날에 초나라 왕이 雲夢澤 사냥터에서 사냥을 하였을 때, 하인들에게 모든 짐승들을 몰아내어, 자신이 그것을 쏠 수 있도록 하라고 명령하였다네. 그 결과, 깜짝 놀란 짐승들은 날짐승이든, 들짐승이든, 전부 은닉된 곳으로부터 도망쳐 나왔지. 초나라 왕 앞엔 순식간에 온통 짐승들로 가득해져서, 사슴은 왼쪽에서 달리고 있는데, 사불상은 오른쪽에서 뛰어다녔지. 楚王은 마음속으로 무척 흥분되어, 반드시 잡겠노라는 마음으로 이번에는 너희들이 날 벗어날 수 없지." 하고 생각했다네.

Tú Lóngzǐzhū wēixiào zhe shuō: "Nà ràng wǒ lái gěi nǐ jiǎng yí gè gùshì ba. Cóngqián Chǔ wáng zài Yúnmèngzé lièchǎng dǎliè de shíhòu, fēnfù púrén men bǎ suǒyǒu de qínshòu men gǎn chūlái, ràng zìjǐ shèjī. Jiéguǒ, shòu dào jīngxià de qínshòu men, fēi de fēi, pǎo de pǎo, quán cóng yǐnnì de dìfang cuàn le chūlái. Chǔ wáng miànqián chànà jiān quán shì lièwù, lù zài zuǒbiān bēn, mí zài yòubiān pǎo. Chǔ wáng xīn zhōng fēicháng gāoxìng, zhìzàibìdé de xiǎng zhe zhè xià nǐmen kě dōu pǎo bu liǎo le."

상양은 눈앞에 온통 사냥감이 있다는 말을 듣자, 흥분하며 말을 가로챘다. : "그럼 초나라 왕은 분명 사슴을 명중시키고, 또 사불상을 포획했겠군요!"

ChángYáng yī tīng yǎn qián dōu shì lièwù, xìngfèn de chā zuǐ dào: "Nà Chǔ wáng yídìng shì shè dào le lù, yòu qín huò le mí ba!"

屠龍子朱는 그에겐 대꾸도 하지 않고, 계속 이야기를 이어갔다. : "초나라 왕은 준비를 마치고, 막 활을 당기려는데, 갑자기 새하얀 백조 한 마리가 의장대의 깃발을 스쳐서 지나더

니, 초나라 왕 쪽으로 날아왔다네. 그 백조는 굉장히 아름다웠고, 두 날개를 우아하게 흔들어 대는 것이, 마치 하늘에 떠가는 구름 같았지. 초나라 왕은 넋을 잃고 보게 되어, 백조가 다시 초나라 왕에게 깊은 흥밋거리를 불러일으켜, 이제 어느 것을 쏴야할지 고민하게 되었지. 사 불상과 사슴이 모두 지척에 있는지라, 초나라 왕은 망설이며 결정하질 못해서, 활을 쥐고 상하좌우로 왔다 갔다 하며, 한참이 지나도 결정을 내리지 못했던 거지."

Tú Lóngzǐzhū méiyǒu huídá tā, jiē zhe wǎng xià jiǎng: "Chǔ wáng zuò hǎo zhǔnbèi, gāng yào lā gōng shèjiàn, tūrán yī zhī jiébái de tiān'é luě guò yízhàngduì de qízhì, jìng zhí cháo Chǔ wáng miànqián fēi lái。 Nà tiān'é fēicháng měilì, liǎng zhī chìbǎng yōuyǎ de shàndòng zhe, fǎngfú tiān biān liúdòng zhe de yúncǎi。 Chǔ wáng kàn de dōu yào dāi le, tiān'é yòu tí qǐ le tā nónghòu de xìngqù, gāi shè nǎ gè ne? Mí hé lù dōu jìn zài zhǐchǐ,Chǔ wáng yóuyù bu dìng, ná zhe gōngjiàn shàngxià zuǒyòu bǐhua zhe, děng le hǎojiǔ dōu xià bu liǎo juéxīn。"

상양은 초나라 왕이 어떤 사냥감도 쏘질 못했다는 말을 듣고, 조금은 실망한 듯했다. 하지 만 그가 입장을 바꾸어 곰곰이 생각해보더니, 자신도 모르게 혼잣말을 내뱉었다. : "이것도 이상할 게 없지요, 초나라 왕 앞엔 매력적인 사냥감이 널려있으니, 초나라 왕도 당연히 망설 일 수밖에 없었던 거지요! 저라도 마찬가지였을 겁니다."

Cháng Yáng tīngdào Chǔ wáng shénme lièwù yě méiyǒu shè dào, sìhū yǒu diǎn shīwàng。 Dàn tā shèshēn chùdì de zǐxì yī xiǎng, bùyóude zìyánzìyǔ shuō: "Zhè yě nánguài a, Chǔ wáng miànqián dōu shì yòurén de lièwù, tā dāngrán yóuyù bu dìng le a! Huànchéng wǒ yě shì yíyàng de a!"

屠龍子朱는 상양의 말을 듣고, 엄숙하게 말했다. : "절대 이래선 안 되는 것이네!" 상양은 의아해하며 입을 삐죽 내밀어 이해할 수 없다는 표정을 지었다. 도룡자주는 계속해서 초나라 왕의 이야기를 이어나갔다, "초나라 왕이 주저하며 결단을 내리지를 못하고 있을 때, 대열에서 養叔이라는 대부가 앞으로 나와 초나라 왕에게 말했지: '소신이 활쏘기를 할 때, 나뭇잎을 하나하나 백보 밖에까지 놓고 활을 쏘면, 열 번 쏴서 열 번을 다 맞추는데: 만약 열 개의 나뭇잎이 함께 거기에 놓이게 한다면, 전 명중시킬 자신이 없습니다.'라고. 초나라 왕은 이 말을 듣고, 잠시 생각에 잠기더니, 마치 무언가를 깨달은 듯했지. 초나라 왕은 가까이 있는 사슴 한 마리를 정조준하여, 활을 당겼고, 사슴은 신음소리와 함께 곧바로 쓰러졌지. 그리곤 일시에, 환호성이 울렸다네."

Tú Lóngzǐzhū tīng dào tā de yányǔ, yánsù de shuō: "Qiānwàn bù kěyǐ zhèyàng ā!" ChángYáng yíhuò de nǔ le nǔ zuǐ, biǎoshì bù jiě 。Tú Lóngzǐzhū jìxù jiǎng tā de gùshì, "Jiù zài Chǔ wáng chóuchú bu dìng de shíhòu, duìliè lǐ yígè jiào YǎngShū de dàifū zǒu le chūlái duì Chǔ wáng shuō: 'Wǒ shèjiàn de shíhòu, bǎ shùyè yí piàn piàn fàng zài bǎi bù zhī wài, shè shí cì zhòng shí cì; dànshì yàoshi bǎ shí piàn shùyè yì qǐ fàng dào nàlǐ, wǒ jiù méiyǒu bǎwò le'。Chǔ wáng tīng le , chénsī le yíhuìr, sìhū míngbái le shénme。Tā zhuānxīn zhìzhì zhǎo zhǔn jiùjìn de yī zhī dà lù, fàng jiàn chūqù, lù mǎshàng yīng shēng dǎo dì。dùnshí, huānhūshēng yí piàn。"

이야기를 마치자, 屠龍子朱는 다시 상양에게 물었다.: "이제 자네는 초나라 왕이 어찌하여 사냥감을 명중시킬 수 있었는지 이해하였는가?"

Jiǎng wán le gùshì, Tú Lóngzǐzhū zài wèn ChángYáng : "Zhè xià nǐ míngbái le Chǔ wáng wèishénme néng shèzhòng lièwù le ma?"

상양은 마치 아직도 이해가 되지 않는다는 표정을 하자, 도룡자주는 의미심장하게 설명해 나갔다. : "활쏘기는 정신을 집중해야하네, 딴 데 한눈을 팔아선 안 되며, 절대 잡념에 영향을 받아서도 안 되네. 게다가 절대로 유혹을 버텨내지 못한다면, 목표물을 확실하게 포착하지 못하게 되고, 이런 식으로 연습을 해나간다면 영원히 제대로 된 연습을 할 수가 없다네."

ChángYáng sìhū háishì fēicháng yíhuò, TúLóngzǐzhū yìwèi shēncháng de jiěshì dào: "Shèjiàn , jiù yào jùjīnghuìshén, yì xīn bù néng èr yòng, qiějì bèi zániàn suǒ yǐngxiǎng。 Érqiě wànwàn bù néng jīngbuzhù yòuhuò, suǒdìng bu liǎo mùbiāo, zhèyàng liànxí xiàqù shì yǒngyuǎn dōu bù néng liàn hǎo de!"

스승의 족집게 식 수업을 듣자, 상양은 모든 상황이 이해되었고, 상양은 기뻐하며 말했다.: "막 사냥을 시작했을 땐, 초나라 왕이 각종 사냥감의 유혹으로 인해 정확한 사격을 할 수 없었지만, 후엔 養叔 대부의 경험에서 우러난 훈수를 듣고, 초나라 왕은 마침내 모든 잡념을 떨쳐내고, 목표를 명중시킬 수 있었던 것이군요."

Tīng wán lǎoshī de diǎnbō, ChángYáng zhèxià quán míngbái le, tā gāoxìng de shuō: "Gāng kāishǐ, Chǔ wáng shì shòudào gèzhǒng lièwù yòuhuò de gānrǎo bù néng zhǎo zhǔn mùbiāo, suǒyǐ shè bu dào lièwù; hòulái YǎngShū dàifū yǐ zìjǐ de jīngyàn yǐndǎo tā, Chǔ wáng zuìzhōng cái nénggòu pāo chú yíqiè zániàn, shèzhòng mùbiāo a!"

도롱자주는 더 이상 아무런 말을 하지 않은 채, 희끗희끗한 수염을 쓰다듬으며 상양을 바라보고 슬며시 웃음을 지어보였다.

TúLóngzǐzhū bú zài shuō shénme le , fǔmō zhe huābái de húxū kàn zhe ChángYáng wēiwēi xiào le。

세상만물 중엔 유혹이 수없이 많아, 얻는 것이 있으면 잃는 것도 있게 마련이다. 우리들은 어떤 한 가지 일을 할 때엔, 반드시 자기의 궁극의 목표를 선정해, 모든 유혹과 잡념의 방해를 떨쳐버려야 한다. 과녁을 정확히 조준하여 목표물을 쏘고, 정신을 집중해야만, 궁극적인 목적을 달성할 수 있는 것이다; 마음이 산만하거나, 집중하지 못하고 널뛰기를 하면, 꿩도 알도 다 놓치게 되어, 끝내는 아무것도 이루지 못하게 된다.

Shìjiān wànwù, yòuhuò duō duō, yǒu suǒ dé jiùhuì yǒu suǒ shī。 Wǒmen zài zuò yí jiàn shìqíng de shíhòu, yídìng yào xuǎn zhòng zìjǐ de zuìzhōng mùbiāo, pāokāi yíqiè yòuhuò hé zániàn de gànrǎo。 Yǒu dì fàng shǐ, zhuān xīn zhì zhì, zhèyàng cái néng dáchéng zuìzhōng de mùdì; Sān xīn èr yì, xīn yuán yì mǎ, zhèyàng zhǐnéng shì diū le xīguā yě jiǎnbudào zhīmá, zuìzhōng yí shì wú chéng。

미녀의 조건은 자신감
Měinǚ de piàoliàng láizì yú zìxìnxīn

한 우화가 있다. 우화에서 어느 작은 마을에 매우 가난한 여자 아이가 있었는데, 그녀는 아버지를 잃고 엄마와 서로 굳게 의지하며 수공 일을 하며 생계를 꾸리고 있었다. 그녀는 열등감이 컸는데, 그도 그럴 것이 여태껏 예쁜 옷과 장신구를 입어본 적이 없었기 때문이었다. 이렇게 찢어지는 가난 속에서 그녀는 8살이 되었다.

Yǒu yí ge Yùyán, tā shuō zài mǒu xiǎozhèn shàng yǒu yí ge fēicháng qióngkùn de nǚháizi, tā shīqù le fùqīn, gēn māma xiāngyīwéimìng, kào zuò shǒugōng wéichí shēnghuó. Tā fēicháng zìbēi, yīnwèi cónglái méi chuāndài guò piàoliang de yīfu hé shǒushì. Zài zhèyàng jíwéi pínhán de shēnghuó zhōng, tā zhǎng dào le bā suì.

_____

_____

_____

그녀가 열여덟 살이 되던 해의 성탄절에, 엄마는 처음으로 그녀에게 20달러를 주며, 그녀에게 이 돈으로 맘에 드는 성탄 선물을 사라고 일렀다. 그녀는 뜻밖의 횡재에 크게 기뻐했지만, 아직 큰 길에 나가 자연스럽게 걸을 용기가 없었다. 그녀는 이 돈을 쥐고, 사람들이 많은 곳을 피해. 벽 쪽으로 붙어서 상점을 향해 걸어갔다.

Zài tā shí bā suì nà nián de Shèngdànjié, māma pòtiānhuāng gěi le tā èr shí měiyuán, ràng tā yòng zhège qián gěi zìjǐ mǎi yífèn Shèngdànjié lǐwù. Tā dàxǐguòwàng, dànshì hái méiyǒu yǒngqì cóng dàlù shàng dàdàfāngfāng de zǒuguò. Tā niē zhe zhè diǎn qián, ràokāi rénqún, tiē zhe qiángjiǎo cháo shāngdiàn zǒu.

가는 내내 그녀는 모든 사람들의 생활이 자기보다 더 좋은 것을 보고, 마음속으로 유감스러움을 느끼며, 나는 이 작은 마을에서 가장 고개를 들 수 없고, 가장 초라한 여자 아이라고 생각했다. 자신의 마음에 쏙 드는 젊은이를 보고도, 그녀는 또 질투심과 함께 어찌해볼 수 없음을 느끼며, 오늘 밤 성대한 무도회에서 누가 그의 댄싱 파트너가 될까나 하고 생각했다.

Yílù shàng tā kànjiàn suǒyǒurén de shēnghuó dōu bǐ zìjǐ hǎo, xīnzhōng bù wú yíhàn de xiǎng, wǒ shì zhège xiǎozhèn shàng zuì táibuqǐ tóu lái, zuì hánchèn de nǚháizi. Kàndào zìjǐ tèbié xīnyí de xiǎohuǒzi, tā yòu suānliūliū de xiǎng, jīntiān wǎnshàng shèngdà de wǔhuì shàng, bùzhīdào shéi huì chéngwéi tā de wǔbàn ne?

그녀는 이렇게 내내 애태우며 인파들을 피해 상점에 도착했다. 문에 들어서자, 그녀는 자신의 눈이 따끔해짐을 느꼈다. 그녀는 진열대에 진열되어있는 한 무더기의 아주 예쁜 비단으로 만들어진 꽃이 장식된 머리핀과 머리 장식들을 보았다.

Tā jiù zhèyàng yílù dídígūgū duǒ zhe rénqún láidào le shāngdiàn. Yí jìn mén, tā gǎnjué zìjǐ de yǎnjing dōu bèi cì tòng le, tā kàndào guìtái shàng bǎi zhe yìpī tèbié piàoliang de duànzi zuò de tóuhuā、fàshì.

그녀가 거기에 멍하니 서서 있자니, 판매원이 그녀에게 말을 걸었다, "꼬마 아가씨, 당신의 아마씨 같은 머리카락이 정말 예쁘네요! 만약 연두색의 장식품을 한다면 틀림없이 정말 아름다울 거예요." 그녀는 가격표 위에 16달러라고 쓰인 것을 보고는, 살 수 없다 말하며, 써보지도 않는 것이었다. 그러나 이때 판매원은 벌써 머리핀을 그녀의 머리에 꽂아 보였다.

Zhèng dāng tā zhànzài nàlǐ fādāi de shíhòu, shòuhuòyuán duì tā shuō, "Xiǎogūniáng, nǐ de yàmá sè de tóufa zhēn piàoliang! Rúguǒ pèi shàng yì duǒ dànlǜsè de tóuhuā, kěndìng měi jíle." Tā kàndào jiàqiān shàng xiě zhe shí liù měiyuán, jiù shuō "Wǒ mǎibuqǐ, háishì bú shì le." Dàn zhè ge shíhòu shòuhuòyuán yǐjīng bǎ tóuhuā dài zài le tā de tóushàng.

판매원은 거울을 들고 와서 그녀더러 들여다보게 했다. 이 소녀는 거울안의 자신을 보자, 갑자기 놀라 어리둥절해졌다. 그녀는 여태껏 자신의 이러한 모습을 본 적이 없었다. 그녀는 이 머리핀이 그녀를 천사처럼 환한 얼굴이 되게 했다고 생각했다.

Shòuhuòyuán náqǐ jìngzi ràng tā kànkàn zìjǐ. Dāng zhège gūniang kàndào jìngzi lǐ de zìjǐ shí, tūrán jīngdāi le, tā cónglái méi kàndào guò zìjǐ zhège yàngzi, tā juéde zhè yì duǒ tóuhuā shǐ tā biàn de xiàng tiānshǐ yíyàng róngguānghuànfā!

그녀는 더 이상 주저하지 않고, 돈을 꺼내서 이 장식품을 샀다. 그녀의 마음속은 비할 바 없이 도취되었고, 감동받았다, 판매원에게서 4달러를 돌려받은 후, 몸을 돌려 밖으로 뛰었는데, 그만 방금 문 안으로 들어오던 나이 지긋한 신사와 몸이 부딪히고 말았다. 그녀는 그 노인이 그녀를 부르는 것 같은 소리를 들은 듯했지만, 이미 그런 것들은 돌볼 겨를이 없어서, 계속 앞으로 미끄러지듯 달려 나갔다.

Tā bú zài chíyí, tāo chū qián lái mǎixià le zhè duǒ tóuhuā. Tā de nèixīn wúbǐ táozuì, wúbǐ jīdòng, jiē guò shòuhuòyuán zhǎo de sì měiyuán hòu, zhuǎnshēn jiù wǎng wài pǎo, jiéguǒ zài yí ge gānggāng jìn mén de lǎo shēnshì shēnshàng zhuàng le yíxià. Tā fǎngfú tīngdào nà ge lǎorén jiào tā, dàn yǐjīng gùbushàng zhèxiē, jiù yílù piāopiāohūhū de wǎng qián pǎo.

그녀는 자신도 모르는 사이에 읍내의 가장 중심가에 있는 큰길로 달려 나갔다, 그녀는 사람들이 모두 그녀에게 놀라워하는 눈빛인 것을 보았고, 사람들이 이 마을에 이처럼 아름다운 여자아이가 있었느냐며, 누구네 아이인지 의견이 분분한 소리를 들었다, 그녀는 또 자기가 남몰래 좋아하던 그 소년과도 마주쳤는데, 그 소년은 갑자기 그녀를 불러 세우더니 "오늘 밤에 제가 당신을 성탄절 무도회의 파트너로 영광스럽게 부탁드려도 되겠습니까?"하는 것이었다.

Tā bùzhībùjué jiù pǎo dào le xiǎozhèn zuì zhōngjiān de dàlù shàng, tā kàndào suǒyǒurén tóu gěi tā de dōu shì jīngyà de mùguāng, tā tīngdào rénmen zài yìlùn shuō, méixiǎngdào zhège zhènzi shàng háiyǒu rúcǐ piàoliang de nǚháizi, tā shì shéi jiā de háizi ne? Tā yòu yícì yùdào le zìjǐ ànàn xǐhuan de nàge nánhái, nàge nánhái jìngrán jiào zhù tā shuō: "Bùzhī jīntiān wǎnshàng wǒ néng bù néng róngxìng de qǐng nǐ zuò wǒ Shèngdànwǔhuì de wǔbàn?"

이 여자아이는 정말로 가슴이 콩닥거릴 만큼 기뻤다! 그녀는 내친 김에 맘껏 한번 사치를 부려보자 생각했고, 남은 이 4원을 가지고 돌아가서 또 다른 물건을 사야겠노라 마음먹었다. 그렇게 그녀는 내내 우쭐한 상태로 상점으로 돌아갔다.

Zhège nǚháizi jiǎnzhí xīnhuānùfàng! Tā xiǎng, wǒ suǒxìng jiù shēchǐ yìhuí, yòng shèngxià de zhè sì kuài qián huíqù zài gěi zìji mǎi diǎn dōngxi ba. Yúshì tā yòu yílù piāopiāorán de huídào le xiǎo diàn。

문을 막 들어서자, 그 노신사가 미소를 지으며 그녀에게 말하는 것이었다. "얘야, 그래 난 네가 다시 돌아올 줄 알았지, 네가 방금 전에 나와 부딪혔을 때, 이 머리핀이 떨어졌었단다. 나는 네가 찾으러오기를 내내 기다렸단다."

Gāng yí jìn mén, nàge lǎo shēnshì jiù wēixiào zhe duì tā shuō, "Háizi, wǒ jiù zhīdào nǐ huì huílái de, nǐ gāngcái zhuàngdào wǒ de shíhou, zhège tóuhuā yě diào xià lái le, wǒ yìzhí zài děngzhe nǐ lái qǔ。"

이 이야기는 이렇게 끝이 났다. 정말로 한 개의 머리핀이 이 소녀의 생명 중에 존재하던 불충분한 점을 메꾸어 주었을까? 사실, 불충분한 점을 메꾸어 준 것은 그녀의 되찾은 자신감 이었던 것이다. 그렇다면 한 사람의 자신감은 어디서 오는 걸까? 그것은 마음의 침착함과 편안함에서 오는 것이다.

Zhège gùshì jiéshù le. Zhēn de shì yì duǒ tóuhuā míbǔ le zhège nǚhái shēngmìng zhōng de quēhàn ma? Qíshí, míbǔ quēhàn de shì tā zìxìnxīn de huíguī. Ér yí ge rén de zìxìnxīn láizì nǎlǐ? Tā láizì nèixīn de dàndìng yǔ tǎnrán.

98 어머니 때문에 생기는 가슴통증
Zēng Shēn wèi mǔ tòngxīn

    유가의 성인 공자는 삼천 명의 제자를 거두었는데, 그 중 뛰어난 제자가 72 명이었다, 이 72명은 모두 학문과 고상한 품성을 지닌 자들로, 曾參은 72명의 제자 중에서도 가장 우수한 사람 중 한 명이었다. 공자는 曾參을 매우 높이 평가하여, 그에게 많은 지식과 인간으로서의 도리를 가르쳤다. 曾參은 근면하고 배우기를 좋아하여, 공자의 지도 아래 진정한 군자가 되었는데, 그는 사람을 대할 때는 예의 바르고, 겸손하고 신중하게 처세하고, 부모를 모심에 있어서는 효성이 지극하였다.

    Jùshuō rúJiā de shèngrén Kǒngzǐ shōu le sān qiān méntú, qízhōng chūlèibácuì de yǒu qī shí èr rén, zhè qī shí èr rén měirén dōu yǒu yuānbó de xuéwèn hé gāoshàng de pǐnzhì, ér Zēng Shēn zé shì zhè qī shí èr dìzi zhōng zuì yōuxiù de rén zhī yī。Kǒngzǐ duì Zēng Shēn hěn shì zànshǎng, jiāo gěi tā hěn duō zhīshi hé zuòrén de dàolǐ。Zēng Shēn qínfèn hàoxué, zài Kǒngzǐ de zhǐdǎo xià chéngwéi le yí ge zhēnzhèng de jūnzi, tā dài rén yǒu lǐ, qiānxū jǐnshèn, shìfèng fùmǔ jíwéi xiàoshùn。

    증삼의 집안 형편은 그다지 좋지는 않았지만, 그는 부모님을 지극히 잘 돌보아, 부모님이 뭘 먹고 싶은지 뭘 하고 싶은지 그는 모두 미리 생각해서, 나이 드신 분들로 하여금 고생을 하지 않도록 하곤 했다. 증삼의 아버지 이름은 曾點으로, 역시 공자의 자랑스러운 제자 중한 명이었다. 증점은 고기와 술을 매우 좋아했다. 집엔 술과 고기를 살 돈이 없었던지라, 증삼은 고생을 마다않고 매일 날이 밝기도 전에 산으로 나무를 하러 올라가, 저녁이 되어서야 산에서 내려와서, 해온 땔감을 술과 고기로 바꾸어 아버지께 효도하였다. 증점이 매우 감동받은 것이, 아들은 매일 나무를 베고 돌아오니 온몸이 땀투성이지만, 식탁 위의 술과 고기는 하루도 끊이지 않았던 점이었다. 후에 증점이 세상을 떠나자, 증삼은 울음을 멈추지 못하고, 연달아 며칠 동안을 음식을 입에 댈 생각조차 하지 않았다. 증점이 생전에 대추를 가장 즐겨 먹었었는데, 증삼은 이후로는 다시는 대추를 먹지 않았으니, 이것으로 부친을 기념했던 것이다.

Zēng Shēn de jiājìng bìng bú shì hěn hǎo, dàn tā duì fùmǔ de zhàogù wúwēibúzhì, fùmǔ xiǎng chī shénme xiǎng zuò shénme tā dōu néng tíqián xiǎngdào, bú ràng niánmài de tāmen chī yìdiǎn kǔ。 Zēng Shēn de fùqīn míng jiào Zēng Diǎn, yě shì Kǒngzǐ de déyì dìzi zhī yī。 Zēng Diǎn hěn xǐhuan chī ròu, yě xǐhuān yǐnjiǔ。 Jiālǐ bìng méiyǒu tài duō de qián qù mǎi jiǔròu, Zēng Shēn jiù búgù xīnkǔ, měitiān tiān bú liàng jiù shàngshān dǎ chái, dào le wǎnshang cái xiàshān, yòng kǎn xià de chái huàn lái jiǔròu xiàojìng fùqin。 Zēng Diǎn shífēn gǎndòng, érzi měitiān dǎchái huílái hòu dōu lèi de mǎntou dà hàn, zhuō shàng de jiǔròu què yìtiān yě méiyǒu duàn guò。 Hòulái Zēng Diǎn qùshì le, Zēng Shēn tòngkū bùzhǐ, yìlián jǐtiān cháfàn bù sī。 Zēng Diǎn shēngqián zuì ài chī yángzǎo, Zēng Shēn cóngcǐ zhī hòu zài bù chī yángzǎo, yǐ cǐ lái jìniàn fùqin。

부친이 돌아가신 후, 어머니는 증삼의 유일한 근심거리가 되었다, 그는 어머니에게 백이면 백 죄다 순종하며, 단지 어머니의 마음에 들지 않을까 걱정했다. 그는 늘 어머니의 심정을 헤아리게 되어, 오랜 시간이 흐르자, 어머니가 무엇을 하고 싶어 하면, 늘 말하기도 전에, 그는 이미 그녀를 위해 준비하곤 했다. 이날도, 증삼은 평소와 같이 땔감을 하러 산에 갔고, 모친 혼자서 집을 지키게 되었다. 막 비가 와서, 산에 오르는 길은 축축하고 미끄러워, 걸음을 걷기가 매우 불편했다, 증삼은 머리엔 광주리를 메고, 손에는 도끼를 든 채, 조심스레 걸으며, 미끄러져 넘어질까 몹시 조심을 했다. 황량한 산길을 혼자 걸어도 두려움이나 번뇌를 느끼지 않았던 것은, 땔감을 해서 식량으로 바꿀 수 있다 생각하니, 오히려 마음이 평온하고 즐거웠다.

　　Fùqīn qùshì hòu, mǔqīn chéng le Zēng Shēn wéiyī de qiānguà, tā duì mǔqīn bǎiyībǎishùn, wéikǒng bù hé mǔqīn de xīnyì. Tā shícháng chuǎimó mǔqīn de xīnsi, jiǔérjiǔzhī, mǔqīn xiǎng zuò shénme, jīngcháng hái méi děng kāikǒu, tā jiù yǐjīng wèi tā zuò hǎo le. Zhè yì tiān, Zēng Shēn zhàocháng qù shān shàng kǎn chái, liú mǔqīn yí ge rén shǒuhóu zài jiā. Yóuyú gāng xià guò yǔ, shàngshān de lù yòu shī yòu huá, hěn bù hǎo zǒu, Zēng Shēn bèi zhe dà zhúkuāng, shǒu zhōng ná zhe fǔtou, zǒu de hěn xiǎoxīn, shēngpà huádǎo hòu cóng shān shàng gǔn xiàqù. Jíshǐ yí ge rén zǒu zài huāngliáng de shānlù shàng, tā yě bù juéde hàipà huòzhě kǔnǎo, yì xiǎngdào kǎn chái hòu kěyǐ zài huànqǔ yìxiē liángshi, xīn zhōng fǎnér juéde píngjìng kuàilè.

....

....

....

....

　　한바탕 큰비가 내린 후, 산의 나무는 더욱 빨리 자라고, 베어 낼 땔감거리도 더욱 많아져, 증삼은 땀을 닦으면서 끊임없이 도끼로 나무를 팼다. 정오가 다 되어가자, 베어낸 땔감이 이미 광주리를 거의 다 채운 데다, 증삼의 팔도 시큰거리기 시작하는지라, 그는 큰 돌 위에 앉아 쉬게 되었다. 그는 언제나 쉴 때면 자신을 되돌아보고, 자신이 어떤 일을 잘못했는데도 그것을 알아차리진 못한 것이 있지는 않나 되돌아보곤 했다. 그는 자꾸만 자신을 되돌아보고 있자니, 갑자기 자신의 가슴이 따끔거림이 느껴졌다, 처음엔 의식하지 못했지만, 얼마 지나지 않아, 마음이 더욱 아파지더니, 마치 바늘로 매섭게 찌르는 것 같았다.

　　Yì chǎng dàyǔ guò hòu, shān shàng de shùmù zhǎng de gèng kuài le, néng kǎn xià de mùchái yě gèng duō le, Zēng Shēn yìbiān cā hàn, yìbiān bùtíng de yòng fǔzi kǎn chái. Kuài dào zhōngwǔ le, mùchái yǐjīng kǎn le yǒu dàbàn kuāng, Zēng Shēn de gēbo yě suāntòng qǐlai, yúshì tā zuò zài yí kuài dà shítóu shàng xiūxi. Tā shícháng zài xiūxi de shíhou fǎnxǐng zìjǐ, huíxiǎng zìjǐ yǒu méi yǒu shénme dìfāng zuò de bù hǎo ér zìjǐ méiyǒu chájué. Tā xiǎng zhe xiǎng zhe, hūrán juéde zìjǐ de xīn hǎoxiàng cìtòng le yíxià, tā kāishǐ méiyǒu lǐhuì, guò le méi yíhuìr, juéde xīn gèng téng le, jiù xiàng yì gēn zhēn hěnhěn de zhā jìnqu le yíyàng.

증삼은 예전에 어머니가 밥을 하다 손가락을 베었을 때, 그의 마음도 일찍이 이렇게 아픈 적이 있었던 일이 퍼뜩 떠올라, 혹시 어머니한테 무슨 일이라도 생긴 건 아닐까하는 마음이 들었다. 생각이 여기에 미치자, 증삼은 벌떡 일어나, 대나무 광주리를 메고 산 아래를 향해 뛰어갔다. 산길은 온통 물이 고여 질퍽거렸지만, 그는 미끄러져 넘어지는 것은 아무렇지도 않게 여기고, 오로지 어머니만을 생각하며, 비록 여러 번 넘어지기는 했지만, 여전히 서둘러 앞으로 달려 나갔다. 가까스로 산 아래에 도착해서야, 그는 대나무 광주리 안에 있던 대부분의 땔감이 날아가 버렸고, 도끼도 산 속에 놓고 왔음을 알아차렸다. 그러나 지금은 이런 것들을 돌볼 겨를이 없어서, 그는 황급히 집으로 뛰어 들어갔다.

Zēng Shēn hūrán xiǎngdào, zhīqián mǔqīn zuòfàn gēshāng shǒuzhǐ shí, tā de xīn yě céngjīng zhèyàng tòng guò, huì bú huì shì mǔqīn chū le shénme shì? Zēng Shēn yíxiàzi tiào qǐlái, bēi qǐ zhúkuāng jiù xiàng shān xià pǎo qù. Shānlù shàng dàochù dōu shì jīshuǐ, kě zhèshí tā yě gùbushàng huì huádǎo, yìxīn jìguà zhe mǔqīn, suīrán yìlián shuāi le hǎo jǐ cì, háishì jiājǐn wǎng qián pǎo. Hǎo bú róngyì pǎo dào shān xià, tā cái fāxiàn zhúkuāng lǐ de mùchái sànshī le dàbàn, fǔtou yě wàngzài le shān shàng. Kě xiànzài yǐjīng gùbude zhèxiē le, tā jíjímángmáng de chōng jìn le wūlǐ.

증삼의 어머니는 집에서 초조해하며 쩔쩔매고 있던 차에, 증삼이 돌아온 것을 보고서야, 안도의 한숨을 내쉬었다. 원래는 증삼이 외출한 지 얼마 되지 않아, 집에 손님 한 분이 왔는데, 이 먼 길을 온 손님은 오느라 아직 밥을 먹지 않은 상태였다. 증삼의 어머니는 연세가 많이 드셔서, 다리가 제대로 말을 듣지 않아, 밥을 지어 손님을 대접할 수가 없었다. 손님이 집에 와 있는데, 제대로 접대하지 않으면, 그것은 결례가 되는 행위이므로, 증삼의 어머니는 아들이 빨리 돌아오기를 간절히 바랐으나, 아무리 기다려도 오지 않아, 그녀는 초조해서 손가락을 입에 물었는데, 그만 실수로 손가락을 깨물어 손가락이 찢어졌던 것이다. 증삼은 어머니에게 말했다. "어머님이 손가락을 깨물어 깨졌기 때문에, 제 마음이 찢어지는 듯 아픔이 전해져서, 이제야 서둘러서 돌아오게 되었습니다." 그 손님은 이 일로 증상에 대해 찬탄을 금치 못하게 되었고, 후에 사람을 만나면 바로 이 일을 알려주며, 이렇게 말을 하곤 했다. "멀리 떨어져 있어도, 어머니가 손가락을 깨물어 다치면 가슴이 아프게 되는 것이, 진정한 효도가 아니겠습니까!"

Zēng Shēn de mǔqīn zhèng zài jiālǐ jí de tuántuánzhuàn, kànjiàn Zēng Shēn huílai, cái sōng le yìkǒu qì. Yuánlái jiù zài Zēng Shēn chūmén bùjiǔ, jiāzhōng lái le yí wèi kèrén, zhè wèi kèrén yuǎndào ér lái hái méiyǒu chīfàn. Zēng Shēn de mǔqīn niánjì dà le, tuǐjiǎo bú tài língbiàn, bù néng zuòfàn zhāodài kèrén. Kèrén dào jiāzhōng, rúguǒ bù hǎohāo zhāodài, nà shì shīlǐ de xíngwéi, Zēng Shēn de mǔqīn pànwàng érzi zǎo diǎn huílái, kěshì zuǒ děng bù huí yòu děng bù huí, tā jiù zháojí de yǎo qǐ le shǒuzhǐ, yī bù xiǎoxīn jiāng shǒuzhǐ yǎo pò le. Zēng Shēn duì mǔqīn shuō : "Zhèng shì yīnwèi nín yǎo pò le shǒuzhǐ, wǒ de xīn cái yīnchǐ téngtòng qǐlái, zhè cái cōngmáng gǎn le huílái a." Nà ge kèrén yīncǐ duì Zēng Shēn zàntàn bùyǐ, hòulái féng rén jiù shuō zhè jiàn shìqíng, bìng shuō : "Xiāng gé nàme yuǎn, hái néng yīnwèi mǔqīn yǎo pò shǒuzhǐ ér xīn tòng, zhè cái shì zhēnzhèng de xiàoshùn a!"

....
참고문헌

- 中華忠孝故事, 中華書局, 2012
- 中華學習故事, 中華書局, 2012
- 莊子故事, 中華書局, 2012
- 于丹《論語》感悟, 北京聯合出版公司, 2016
- 于丹《論語》心得, 中華書局, 2012
- 中國古代寓言故事, 吉林出版集團有限責任公司, 2009
- 萬事溯源奇趣, 靑島出版社, 2008
- 羅蘭小語, 海天出版社, 深圳, 1990
- 讀史拾趣, 中華地圖學社, 濟南, 1992
- 이솝우화

| 지은이 소개 |

이종구

한국외국어대 중국어과 졸업
臺灣 高雄師範大 중국문학 석사
중국 復旦大學 漢語史전공 박사
백석대 어문학부 중국어전공 전임교수
담당과목: 중국어문법, 중국어작문, 중국어학개론 등 강의

저서
《중국어를 말하다》
《중국어학개론》
《101文 중국어 글쓰기》

논문
〈異體字 '閘'字에 관한 小考〉
〈대조를 통해 본 《中原音韻》音과 明代官話音의 관계〉 등
중국 어음관련 논문 다수

흥미로운 중국어 글쓰기

2020. 9. 15. 1판 1쇄 인쇄
2020. 9. 25. 1판 1쇄 발행

지은이 이종구
펴낸이 김미화   **펴낸곳** 인터북스
주소 경기도 고양시 덕양구 통일로 140 삼송테크노밸리 A동 B224
전화 02.356.9903   팩스 02.6959.8234
이메일 interbooks@naver.com   홈페이지 www.hakgobang.co.kr
출판등록 제2008-000040호
ISBN 978-89-94138-70-1 93720   정가 20,000원